DR. GOLDMANN

TOP SECRET

Die ultimative Offshore-Bibel

Ebozon Verlag

Buch

Das einzige Werk, dass Sie als (zukünftiger) Weltbürger wirklich benötigen!

Anonymität, Offshore-Firmen, Auswanderung und Kapitalvermehrung sind Themen, die Sie brennend interessieren? Hier bleibt keine Frage offen!

Der Autor zeigt Ihnen auf, wie Sie sich seit den Enthüllungen von Edward Snowden unauffällig und anonym bewegen können. Ohne dass Ihre Mails und Telefonate beim Geheimdienst landen. In ausführlicher Weise wird Ihnen geschildert, wie und wo Sie heute überhaupt noch Ihre Offshore Firma sinnvoll gründen und betreiben können und was Sie dabei unbedingt beachten müssen.

Im Rahmen einer geplanten Auswanderung erfahren Sie, wie Sie ganz einfach und legal an eine neue, steuerbefreite Residenz und Staatsbürgerschaft kommen. Erdrückende Schuldenberge können Sie mit der vorgestellten Schritt-für-Schritt-Anleitung endlich aus der Welt schaffen und so der Schuldenfalle entkommen. Natürlich praxisorientiert und nicht nur bloße Theorie.

Erfahren Sie nur hier die besten Insiderangebote aus der Welt der Anlagestrategien und Investitionen. (Fast) nichts ist besser als Kapitalvermehrung und Rendite. Der Autor stellt Ihnen exklusiv in diesem Werk bewährte Adressen zur Verfügung, die alleine bereits schon mehr als Gold wert sind! Setzen Sie jetzt noch Ihrem Leben die Prestige-Krönung auf und holen Sie sich den Titel eines Honorarkonsuls und einen Diplomatenpass. Aber ohne dafür schmerzliches Lehrgeld bezahlen zu müssen, wie so viele Unwissende zuvor.

Das Werk enthält zusätzlich eine Vielzahl von aktuellen Kontaktadressen und Webseiten mit denen Sie Ihre Pläne sofort in die Tat umsetzen können. Für weitere Hilfestellung steht Ihnen der Autor im Anschluss auch gerne per Chat oder Mail zur Verfügung, so dass für Sie keine Frage mehr offen bleiben muss.

Dr. Goldmann

Top Secret

Die ultimative Offshore-Bibel

Ebozon Verlag

Dieses Buch ist auch als eBook erhältlich.

Bibliografische Information der Deutschen Nationalbibliothek:
Die Deutsche Nationalbibliothek verzeichnet diese Publikation in der Deutschen Nationalbibliografie; detaillierte bibliografische Daten sind im Internet über http://dnb.dnb.de abrufbar.

Printausgabe 2. Auflage August 2017

ein Unternehmen der CONDURIS UG (haftungsbeschränkt)
www.ebozon-verlag.com

Umschlaggestaltung: media designer 24
Layout / Satz: Ebozon Verlag
Druck: KN Digital Printforce GmbH,
Ferdinand-Jühlke-Straße 7, 99095 Erfurt

ISBN: 978-3-95963-421-2

INHALTSVERZEICHNIS

1 | EINLEITUNG

Nicht erst nach der Enthüllung von Edward Snowden ist Ihre Privatsphäre so wichtig wie noch nie zu vor, diese Enthüllungen waren nur die Bestätigung dessen was Insidern schon Jahre lang bekannt war. In diesem Buch werden Ihnen Möglichkeiten aufgezeigt, wie Sie Ihre Privatsphäre so gut wie möglich schützen können und was Sie dabei zu beachten haben.

Sie erhalten mit diesem Werk ausführliche Details, Sachschilderungen, Fallbeispiele für die Praxis mit entsprechenden Kontaktdaten. Egal ob Sie auf der Suche nach einem entsprechenden Offshore-Gebiet für Ihre Auslands-Firma sind oder Sie sich gleich für eine neue Staatsbürgerschaft entschieden haben, Sie werden mit diesem Werk in die Materie eingeführt.

Immer mehr verschuldete Staaten versuchen Ihre Bürger vom Mittelstand bis zur Oberschicht kräftig zur Kasse zu bitten oder versuchen den Mittelstand in Kürze sogar gänzlich abzuschaffen. Ebenso Fakt ist, dass die meisten Staaten genau so pleite sind wie Argentinien (bereits schon zum zweiten Mal innerhalb zwei Dekaden), dieses aber dem normalen Bürger und Wähler nur verheimlichen und vertuschen.

Wer all dies nicht mehr möchte, sollte schleunigst auch die Koffer packen! In diesem Buch finden Sie Erläuterungen und Vorschläge für ein sorgenloses, steuerfreies und einigermaßen anonymes Leben. Beginnen Sie noch heute damit die entsprechenden Vorkehrungen zu treffen, bevor es zu spät ist. Hier finden sie die richtige Anleitung um Ihnen einen sofortigen Start im Ausland zu ermöglichen, egal ob Sie aufgrund eines Bankrottes oder aber als Millionär gehen müssen, hier wird Ihnen Schritt für Schritt aufgezeigt wie Sie einen Neuanfang durchführen müssen um nicht in die typische Becker- oder Hoeneß-Falle zu tappen.

Den ersten Schritt haben Sie schon mit dem Kauf dieses Buches gemacht, wozu ich Ihnen recht herzlich gratuliere!

2 | PT – PERMANENT TRAVELER

DIE PT-PHILOSOPHIE

Als PT bezeichnet man in der Regel einen dauerhaft Reisenden oder dauerhaften »Steuersparer«. Die Bezeichnung kommt aus dem Englischen und bedeutet PERMANENT TRAVELER / PERMANENT TOURIST / PERMANENT TAX AVOIDER / PRIOR TAXPAYER / PERPETUAL TRAVELER oder ähnliche Ausdrücke die für diese Gruppierung verwendet werden.

PT kann somit eine Form des Lifestyle sein aber auch eine Philosophie.

Als PT bezeichnet man normal die Gruppe von Leuten, die auf eine solche Art Ihr Leben gestaltet haben, dass sie in keinem Land wirklich richtig ansässig sind, oder zumindest nicht in den Ländern ansässig sind in denen Sie sich regelmäßig aufhalten oder in denen sie ihre Geschäfte tätigen. Durch diese Lebensart der »nicht Ansässigkeit« versuchen die PTs ihren Verpflichtungen als Staatsbürger aus dem Weg zu gehen wie z.B. Abgabe von Steuern, Einhalten von bestimmten Gesetzen und das Absolvieren des Militärdienstes.

Die meisten PTs sind nicht länger als 3 Monate am Stück in einem bestimmten Land und haben Ihren Wohnsitz in einem anderen Land als von dem sie die Staatsbürgerschaft besitzen, meist in einer Steueroase. Diese Version oder Lebensphilosophie ist besonders für wohlhabende Europäer beliebt und geeignet.

Sie können z.B. als Staatsbürger von Deutschland, Frankreich oder auch Großbritannien Ihren Wohnsitz einfach z.B. nach Monaco oder Campione verlegen und Sie sind somit nicht mehr in Deutschland steuerpflichtig, da in Deutschland die Steuerpflicht an Ihren Wohnsitz gekoppelt ist, zu beachten ist hier lediglich das deutsche Außensteuergesetz! Dies ist bei einem amerikanischen Staatsbürger wesentlich schwieriger, da dieser selbst wenn er für immer aus den USA auswandert und seinen Wohnsitz in eine Steueroase verlegt, jährlich die amerikanische Steuererklärung abgeben muss und seine weltweiten Einkünfte in den USA versteuern muss. Es sind allerdings auch für deutsche oder europäische Auswanderer bestimmte Voraussetzungen zu erfüllen, auf die ich später noch ausführlich eingehen werde.

Die Philosophie eines PTs hat die 3-Flaggen-Theorie zur Grundlage welche von den meisten PTs auf eine 5-Flaggen-Theorie erweitert wurde, bzw. diese als die gängigste PT Form in der Praxis verwendet wird.

Gelegentlich kann diese auch in eine 6 Flaggen-Theorie ausgeweitet werden. Ich werde Ihnen nun alle 3 Theorien ausführlich darstellen, so dass Sie die für Sie Beste Version annehmen können.

DIE DREI-FLAGGEN-THEORIE:

1. Nehmen Sie eine Staatsbürgerschaft eines Staates an der keine Steuern auf Ausländische Einkünfte weltweit erhebt.
2. Tätigen Sie Ihre weltweiten Geschäfte außerhalb des Landes an dem Sie Ihren Wohnsitz haben und außerhalb dem Land von dem Sie Staatsbürger sind.
3. Leben Sie in den Ländern in denen Sie Ihre Hobbies und Ihren Lifestyle ungestört betreiben und ausleben können. Diese Länder sollten außerhalb der oben genannten Staaten sein von denen Sie Ihren Wohnsitz oder die Staatsbürgerschaft haben.

Diese Theorie hat zur Grundlage, dass Sie für Ihren Wohnsitz, Ihre Staatsbürgerschaft, Ihre Geschäftstätigkeit und Ihren Freizeitbereich jeweils andere Länder und Rechtsbereiche benützen, die im Problemfall nicht ineinander übergreifen können. D.h. wenn Sie z.B. in Panama mit Ihrer Offshore Firma in Konkurs gehen interessiert dies nur in Panama jemand, allerdings sind Übergriffe auf Sie persönlich außerhalb Panamas sehr schwierig und kostspielig, da Sie z.B. in Monaco Ihren Wohnsitz haben aber Staatsbürger aus Großbritannien sind Ihr Kapital in Singapur und Hongkong gebunkert haben und Golf im Nobel-Club von Puerto Banus in Spanien spielen.

DIE FÜNF-FLAGGEN-THEORIE:

1. Pass und Staatsbürgerschaft eines Staates der Sie nicht für Ihre Auslandseinkünfte besteuert.
2. Wohnsitz in einer Steueroase.
3. Staaten in den Sie Ihre Firmen etablieren, hier werden Staaten bevorzugt die Niedrigsteuerländer oder Steueroasen sind.
4. Staaten in den Sie Ihr Kapital investieren oder Anlegen, bevorzugt werden hier sehr sichere Gebiete wie Singapur oder Hongkong.
5. Staaten in den Sie Ihr Geld für Hobbies und Lifestyle ausgeben.

Zwischenzeitlich haben manche PTs auch noch eine Sechste-Flagge adoptiert:

6. Staaten in denen Sie Ihre Webserver und Webseiten registriert haben, am besten Empfehlen sich hier Staaten mit sehr niedrigen Vorschriften und Regelungen.

Wichtig bei dieser Theorie ist, dass die 5 oder 6 Flaggen jeweils ein anderer Rechtsbereich sein sollten also für jede Flagge benützen Sie einen anderen Staat, so dass Sie am Schluss von mindestens 5 Staaten aus operieren.

Die Philosophie der PTs ist wie folgt:

Oberflächlich gesehen haben PTs einige Dinge gemeinsam mit den sogenannten Weltbürgern, indem sie sich selbst nicht einer bestimmten Nation verschreiben. Viele PTs schließen sich eng den libertären oder anarchistischen Denkschulen an, die die individuelle Souveränität befürworten - und Souveränität im Einzelnen nicht den Nationalstaaten übertragen wollen.

DIE BELIEBTESTEN ORTE FÜR IHREN DAUERAUFENTHALT

CAMPIONE

Länder oder Orte mit bürgerfreundlichen Steuersätzen werden immer seltener, speziell in Europa, wo Brüssel kleine Länder systematisch erpresst und unter Druck setzt. Da ist es fast ein Wunder, dass in Campione die Welt noch in Ordnung scheint…

Von W. T. Hill

Campione ist die einzigartige italienische Enklave mitten in der Schweiz, am Ufer des Luganer Sees. Obwohl auf drei Seiten von

Schweizer Territorium umgeben, gelten hier kein Schweizer Recht, keine Schweizer Steuern, keine Schweizer Steuerabkommen. Polizisten aus der Schweiz haben keinerlei Recht, in Campione tätig zu werden.

Auf den Punkt gebracht: Mit einem Wohnsitz in Campione profitieren Sie von allen Vorteilen der Schweiz, ohne sich gleichzeitig mit deren Nachteilen herumärgern zu müssen. Hier warten keine jährlichen, militärischen Sommercamps auf Sie und keine Schweizer Einkommensteuer. Gleichzeitig können Sie den größten Vorteil Italiens nutzen: die lasche Steuerpolitik. Bei Reisen in der EU haben Sie mit Wohnsitz Campione nicht den Schweizer Status eines EU-Ausländers – was Vor- und Nachteile haben kann.

Einfach anmelden – und schon sind Sie die meisten Steuersorgen los

Campione gehört zu Italien und damit zur EU. Das heißt für seine Bürger Reisefreiheit und die Möglichkeit, überall in der EU zu arbeiten und geschäftlich tätig zu sein. Campione hat eine Sonderregelung für Ausländer, was die Einkommensteuer betrifft, dazu gleich mehr. Alle Steuern sind niedrig oder gleich Null. Beispiel...Immobilien: Ein Privatmann zahlt darauf überhaupt keine Steuern, eine Firma sehr niedrige. In der Praxis läuft's hier andersrum: die Verwaltung bezahlt Sie dafür, dass Sie Immobilienbesitzer sind.

Campione ist einer der wenigen Orte in der EU, an dem es keine Mehrwertsteuer gibt. Allein das macht Waren und Dienstleistungen aus Campione 20 bis 40 Prozent billiger als im Rest der EU. Hier die wichtigsten Vorteile von Campione auf einen Blick:

— Ein offizieller Wohnsitz besteht darin, dass Sie sich einfach anmelden. Das kostet nichts. Dazu brauchen Sie auch keinerlei Hilfe. Sie erhalten einen einfachen Ausweis, der Sie als Bewohner von Campione identifiziert.

— Wenn Sie sonstige Amtshandlungen erledigen, kann es sinnvoll sein, dass Sie einen verlässlichen Einheimischen zu Hilfe nehmen, schon wegen der Sprache, falls Sie nicht Italienisch sprechen. Solche Hilfe kann auch nützlich sein und Zeit sparen, wenn Sie ein Schweizer Telefon anmelden, einen Führerschein des Tesin beantragen und Ihr Auto in der Schweiz zulassen.

— Ein Aufkleber an der Windschutzscheibe, Kosten 50 Schweizer Franken im Jahr, weist Sie als Bewohner von Campione aus. Damit sparen Sie die ziemlich happigen Parkgebühren, die fast überall im Ort erhoben werden.

— Ihre Geldgeschäfte erledigen Sie über ein Konto in der Schweiz oder in Liechtenstein. Die meisten Bewohner Campiones haben ihre Konten in Lugano oder Chiasso. Das neue Auskunftsabkommen zwischen Deutschland und der Schweiz kann Ihnen egal sein. Auch in Campione selbst gibt es zwei Banken.

— Ihre Korrespondenz wird Ihnen von der zuverlässigen Schweizer Post (PTT) ins Haus gebracht. Ihr frisches Leitungswasser kommt direkt aus den Schweizer Bergen. Sie genießen Schweizer Ordnung und Sauberkeit sowie das ausgezeichnete Schweizer Gesundheitssystem.

— Sie leben in einer Umgebung ohne Kriminalität. Gewaltverbrechen oder Betrugsfälle sind in Campione praktisch unbekannt, Einbrüche extrem selten.

Eine Laune der Geschichte sorgte für eine seltene rechtliche Grauzone

Campione d'Italia ist eine ungewöhnliche und wohl einzigartige Enklave. Ein kleiner Ort in der Schweiz, der durch eine Laune der Geschichte zu Italien kam. Dadurch entstand eine Art rechtlicher Limbo. Während vieler Jahrhunderte war Campione Besitz der katholischen Kirche. Der bestand aus einer Handvoll Häusern an einem Berghang am Luganer See, etwas weniger als ein Quadratkilometer. Es gab einige sehenswerte Kirchen dort, und eine Handvoll prächtiger Villen. Politisch war der Bischof von Mailand für Campione zuständig.

Als die Schweizer Konföderation entstand, wurde Campione als Besitz des Papstes anerkannt, um Differenzen mit der mächtigen Kirche zu vermeiden. Viele Jahre später, als aller Landbesitz der Kirche an Italien gefallen war, wurde auch Campione italienisch. Niemand kümmerte sich um seinen ungewöhnlichen Status.

Bis zum Zweiten Weltkrieg war Campione nur ein felsiger Hang am See mit einigen Sommerhäusern am Seeufer und einem Weinberg, um den sich ein paar Mönche kümmerten. Niemand verschwendete damals einen Gedanken an die steuerliche Situation der Einwohner Campiones.

Im Casino trafen sich nach dem Krieg Spione und Schwarzhändler

Nur eine Besonderheit gab es, für die Campione damals berühmt war: seine Kunsthandwerker. Während der Jahrhunderte bis 1940 bildeten die Mönche junge Männer aus der Gegend darin aus, wie man Kirchen und große Villen aus Natursteinen baut. Spektakuläre Kirchen in Europa, Amerika und Argentinien wurden von Baumeistern aus Campione errichtet. Auch am Ort selbst entstanden einige dieser Bauwerke. Viele dieser Baumeister gingen ins Ausland und schickten Geld nach Hause. Da es in Campione keine nennenswerte Wirtschaft oder gar Industrie gab, lebte der Ort während vieler Generationen vom Export seiner Naturstein-Baumeister.

Dies änderte sich erst kurz vor dem Zweiten Weltkrieg, als Mussolini örtlichen Unternehmern 1938 die Lizenz für ein Casino erteilte, das im Besitz der Gemeinde war. Casinos gab es in Italien sonst nur in San Vincente, Venedig und San Remo. Die Regierung in Rom bekam einen Anteil aus den Einnahmen, der Großteil kam allerdings Campione selbst zugute. Daran hat sich bis heute kaum etwas geändert.

Busladungen voller Glückspieler füllen die Kassen der Gemeinde

Die Einwohnerzahl ist deutlich gestiegen, von knapp 100 vor dem Krieg auf über 3.000. Kein Vergleich also zu Monaco, wo auf wenig mehr Fläche 35.000 Menschen wohnen. An den Wochenenden im Sommer wird es trotzdem ziemlich laut und lebhaft in Campione, wenn Busladungen voller Spieler aus Italien kommen. Sie bleiben nicht über Nacht, denn in Campione gibt es keine Hotels. Zum Glück für die Bewohner kommen die Besucher kaum in die ruhige Wohngegend am Berg. Die Busse parken an der Hauptstraße, und die Fahrgäste strömen direkt ins Casino.

Der Casino-Tourismus zahlt praktisch alle Rechnungen für die Bewohner von Campione. Rom bekommt nach wie vor seinen Anteil, und im Gegenzug bekommt Campione Zugeständnisse, von denen andere italienische Gemeinden nur träumen. Der Ort bzw. seine Bewohnet sind von den meisten Steuern, Währungskontrollen und sonstigen Auflagen wirtschaftlicher Art befreit.

Campiones Casino, der größte Glückspiel-Tempel Europas, entstand kurz vor dem Zweiten Weltkrieg. Im Krieg und danach war es ein Treffpunkt für Spione und Schwarzmarkt-Händler auf neutralem Boden. Das alte Casino wurde inzwischen durch einen modernen Neubau ersetzt, der seit 2010 in Betrieb ist. Die Einnahmen daraus ermöglichen ein Gemeindeleben und kommunale Infrastruktur auf höchstem Niveau sowie die Befreiung von Grundsteuer, Mehrwertsteuer und den meisten städtischen Gebühren.

Auf den Straßen finden Sie kein Schlagloch, vom Bürgersteig können Sie fast essen. Gärten und Parks gleichen Open-Air-Galerien. Öffentliche Gebäude, Kirchen und Schulen sind in Bestzustand.

Ein weiteres Geheimnis von Campione ist sein Mittelmeer-Ambiente, ein Mikroklima, wie es dies in den Bergen nur im Tessin gibt, dem kleinen Kanton der italienischen Schweiz, in dem auch Campione liegt. Am Lido-Sandstrand stehen Palmen. Wenn Sie sich ein Haus am See leisten können, dürfen Sie sich auf der Terrasse wie am Mittelmeer fühlen, mit weniger Luftfeuchtigkeit.

Das hier hat nichts zu tun mit verschneiten Schweizer Bergen oder den Gnomen von Zürich in ihren langen Wollunterhosen. Campione und Lugano, das ist der Schweizer Bananengürtel. Trotzdem kommen Skifahrer nicht zu kurz: Die Schneegipfel sehen Sie am Horizont, und nach einer halbstündigen Fahrt mit einer Standseilbahn sind Sie im Pulverschnee.

Nach dem Krieg entdeckten Ausländer langsam die spezielle Situation Campiones und begannen, diese für ihre Zwecke nutzten. Bald hatten sich 1.500 ausländische Steuersparer in Campione angesiedelt, die meisten aus Deutschland. Eine belgische Adlige zog damals nach Campione, ein arabischer Finanzier, und aus

Monaco kamen allerlei Promis auf der Suche nach mehr Ruhe und Privatsphäre.

Aus dem felsigen Weinberg wurde Bauland. Freie Parzellen wechselten zu schnell steigenden Preisen den Besitzer.

Naturstein-Baumeister wurden aus dem Ruhestand aktiviert, um größere Mansiones zu errichten. Der Zuzug reicher Ausländer hielt an, die die hohen Steuern in der Schweiz oder in ihrem Land nicht zahlen wollten. Sie begannen, Villen am See zu bauen. Immer mehr alte Gebäude wurden durch moderne Wohnblocks ersetzt, sechs bis sieben Stockwerke hoch. Heute haben sich die Landschaftsschützer durchgesetzt, die keinen Fortschritt in Form von Beton wollen: es darf nichts mehr gebaut werden, was mehr als fünf Etagen hat.

Idealer Standort für ein Leben ohne Bürokraten und Finanzamt

Jetzt wohnen 3.500 Menschen in Campione, etwa 10 Prozent der Bevölkerung Monacos, bei fast der gleichen Fläche und gleicher Küstenlänge. Campione heute ist wie Monaco 1955, bevor Grace Kelly den internationalen Jet Set anlockte und das Fürstentum zu einem Mini-Manhattan wurde.

Immobilien in Campione sind nicht billig, aber viel preiswerter als in Monaco. Momentan stagnieren die Preise wegen der Krise. Aber sie fallen kaum. Irgendwann werden sie wieder anziehen. Nach meinem Geschmack und meiner Ansicht ist Campione ein erstklassiger Ort zum Leben, ohne Belästigung von Bürokraten und dem Fiskus. In 10 oder 20 Jahren, wenn immer mehr Europäer hinziehen, wird vielleicht auch Campione ein Ort, den Menschen auf der Suche nach Privatsphäre meiden sollten. Dann dürfte ihre Villa, die heute eine Million kostet, als Bauplatz eines Hotels oder Wohnblocks 15 bis 20 Millionen wert sein. Bis dahin haben Sie einen Stützpunkt in 1ALage in Europa. Wenn Sie wollen, beantragen Sie nach fünf bis sieben Jahren einen italienischen Pass. Vor allem aber genießen Sie Ihr Leben an einer der ruhigsten und gesündesten Orte Europas.

Es gelten die Steuersätze Italiens – aber Ausländer werden nicht belästigt

In einer Beziehung unterscheidet sich Campione von Monaco, Liechtenstein und allen anderen steuergünstigen Orten: Steuerparadiese sind in der Regel souveräne Staaten, die sich irgendwann entschlossen haben, durch niedrige oder keine Steuern zahlungskräftige Weltbürger anzuziehen. Monaco, Sark oder die Cayman Islands sind Staaten, die von Ihren Bewohnern keinerlei Einkommensteuer verlangen. Campione dagegen hat die gleiche, recht heftige Einkommensteuer wie Italien, zumindest offiziell. Praktisch sieht es so aus, dass Italien von Ausländern in Campione keine Einkommensteuer kassiert. Es ist zwar italienisches Gebiet, aber es gibt keine Außenstelle eines Finanzamts dort. Como, für Campione zuständig ist, schickt keine Inspektoren oder gar Steuerprüfer in die Enklave. Como hat zwar reiche Italiener auf seiner Liste, zu verhandelbaren Sätzen, aber ich habe noch nie von einem Ausländer gehört, der vom italienischen Fiskus belästigt wurde. Mögliche Ausnahme: Er fordert eine steuerliche Verfolgung geradezu heraus, etwa durch offensichtliche Geschäfte am Ort. Fairerweise muss ich sagen, dass diese steuerliche Situation für Ausländer generell in ganz Italien gilt.

Campiones zusätzlicher Vorteil: die Hintertür in die Schweiz

Steuerhinterziehung ist in Italien Nationalsport. Es heißt, die Finanzämter sind so sehr mit ihren eigenen Landsleuten beschäftigt, dass sie sich praktisch nicht um Ausländer kümmern – egal wo im Land – solange sich diese nicht in die Politik einmischen oder sichtbare örtliche Geschäfte machen. Campiones Status als Steueroase für Ausländer gilt also für ganz Italien. Aber Campione hat besondere Vorteile. Unter anderem den der Hintertür in die Schweiz.

Wird sich die Lage Campiones ändern, wenn die Schweiz einmal in ungewisser Zukunft zur EU kommen sollte – und dann mit ihrer Gründlichkeit mit dem Sonderstatus Schluss macht? Kann sein – aber ich glaube nicht, dass dies in näherer Zukunft passiert. Wenn Sie Bedenken dieser Art haben, ist es auf jeden Fall besser, sich nicht mit einer teuren Immobilie zu fest an den Ort zu binden. Sollte es je zu einer gravierenden Änderung kommen, dann erhalten bestimmt jene die ersten Rechnungen vom Finanzamt, deren Reichtum weithin sichtbar ist.

Wenn Sie unbedingt ein eigenes Haus wollen, dann können Sie es absichern, indem Sie es zusammen mit Ihrem teuren Auto auf eine Gesellschaft oder Stiftung eintragen, die Sie zum Beispiel in Liechtenstein gründen. Sowas ist freilich nicht ganz billig: Rechnen Sie für die Gründung mit mindestens 3.000 Franken sowie jedes Jahr mit 1.500 Franken für den Unterhalt. In der Regel halte ich sowas für eine unnötige Ausgabe.

Keine Deals mit der EU: Campione ist interne Angelegenheit Italiens

Nochmal in aller Deutlichkeit: Campione ist kein Zwergstaat, es führt keine Verhandlungen mit der EU und kann deshalb auch nicht direkt von Brüssel unter Druckgesetzt werden. Campione ist innere Angelegenheit von Italien. Es ist eine italienische Commune, ein Gemeinde im Bezirk Como. Es gibt auch keine Handelskammer, die Unternehmer nach Campione holen will. Ganz im Gegenteil: Jede größere geschäftliche Aktivität wäre inoffizieller Art, außer dem Casino natürlich.

Steuerabkommen mit Italien gelten theoretisch auch für Campione. Aber dort gibt es niemanden, bei dem ausländische Dienststellen Auskunft einholen könnten. Auch keine größere Bank, bei der Anfragen wegen Ausländerkonten sinnvoll wären. Die beiden Banken am Ort sind kleine Zweigstellen italienischer Banken, Banca di Sondrio und Credito Bergamesco, bei denen Ausländer höchstens Konten für's Kleingeld führen, von denen Wasser und Strom für ihre Wohnung bequem abgebucht wird.

Wenn Sie als Ausländer in Campione leben, mag am Finanzamt in Como zwar Ihr Name bekannt sein, belästigt werden Sie aber deswegen nicht. Zwischen der Polizeistation in Campione, wo Sie Ihren Wohnsitz anmelden, und den Finanzbehörden gibt es keinerlei Auskunftsverkehr.

DOMINIKANISCHE REPUBLIK

Wer träumt nicht hin und wieder von der Karibik oder einem mittelamerikanischen Urlaubsparadies? Die Karibik ist in der Tat verheißungsvoll, besonders für Sie als neu gebackener PT. Die Verlockungen die die Dom. Rep. oder von manchen auch DDR genannt, bietet, sind geradezu perfekt für den PT. Sie haben dort Steuerfreiheit, unendliche Geschäftsmöglichkeiten und natürlich die völlige Befreiung vom gesamten Ballast der eigenen Biographie im ehemaligen Heimatland, seien es Schulden, Scheidung, Alimente oder Strafverfolgung. Ein neues unbelastetes Leben kann beginnen in dem Sie sich eine erfolgsversprechende neue Existenz aufbauen können.

Die Dominikanische Republik hat kein Rechtshilfe- und Auslieferungsabkommen mit Deutschland und auch kein Doppelbesteuerungsabkommen.

Ausgeliefert wird grundsätzlich nur wegen schwerwiegender Delikte wie Raub, Mord, Drogenhandel etc. Steuerstraftaten werden relativ unbeachtet und provozieren normalerweise keine Auslieferung.

Die Lebenshaltungskosten dort sind erträglich und wesentlich billiger als in anderen Steueroasen. Sie haben sehr gute Flugverbindungen und bekommen auch sonst dort alles was Sie aus der europäischen Welt gewohnt sind.

Um sich in der Dom. Rep. legal niederzulassen, muss eine ordnungsgemäße Aufenthaltsgenehmigung beantragt werden. Hierzu habe ich Ihnen im Anschluss eine Kontaktmöglichkeit einer Kanzlei, die Ihnen gerne behilflich ist. Sie bekommen dann zuerst eine provisorische Aufenthaltsgenehmigung die für 1 Jahr ausgestellt wird und danach bekommen Sie die volle Daueraufenthaltsgenehmigung ausgestellt die meist 2 Jahre gültig ist und dann problemlos erneuert wird. Mit dieser Daueraufenthaltsgenehmigung können Sie dann auch später problemlos die Staatsbürgerschaft beantragen. Für einen PT empfiehlt sich ein Zweitpass ohnehin immer!

Ihr Kontakt in der Dominikanischen Republik:

Rechtsanwältin Brigitte Stuckmann:

http://www.sosuarentals.com/Deutsche_Anwaelte_Dominikanische_Republik.html

brigitte.struckmann@rechtsanwalt-dominkanische-republik.com

oder:

www.drlawyer.com

www.ascot-advisory.com

ISLA MARGARITA

Die Isla Margarita gehört zu Venezuela und befindet sich auf der Karibik Seite. Die Insel hat ungefähr 500.000 Einwohner und befindet sich ca. 300 km östlich der Hauptstadt Caracas. Die Lebenshaltungskosten sind unter dem westlichen Standard. Sie bekommen dort alles was Ihr Herz begehrt. Die Isla Margarita ist obendrauf eine Zollfreie Zone, so dass Sie dort allerlei zollfrei einkaufen können. Venezuela hat ebenso kein Auslieferungsabkommen mit Deutschland und es läuft dort fast alles mit Schmiergeld, sofern Sie kein US Bürger sind, können Sie sich dort immer noch, trotz des verstorbenen Rothemdes Chavez, einigermaßen bewegen.

MALTA

Zu Malta müsste man noch anmerken, dass dieses Gebiet zu der Gruppe »seriöse Steueroasen« zählt und nicht von der OECD schwarz gelistet und EU- Vollmitglied ist. Malta bietet auch die EU-Staatsbürgerschaft mit einem Investment-Programm an, ganz zum Ärger der anderen EU Staaten!

Komplette Information zu Malta erhalten Sie unter:

St. Matthew Steuerkanzlei www.steuerkanzlei.co.uk

PARAGUAY

Paraguay ist bekannt durch den Fußball und aber auch durch einige hochkarätige Deutsche Steuer-und Strafflüchtlinge wie der ehemalige schöne Konsul H.H. Weyer, seines Zeichen Graf Von Yorck, oder ein ehemaliger Südzucker Manager und noch viele andere weniger bekannte schillernde Persönlichkeiten die Paraguay zu Ihrer Fluchtburg gemacht hatten. Doch dies sollte für Sie nicht zum Hindernis werden in Ihrem Bemühen nach einem Ort zu suchen der Ihnen Frieden und Freiheit bietet und wo Sie ungestört Ihrer Geschäfte und Hobbies frönen können. Paraguay ist ein Land in Mitten Südamerikas ohne Zugang zu einem Ozean und mit mehr als 250.000 deutschstämmigen.

Tatsächlich findet sich weltweit kein anderes Land, das es Einwanderern so leicht macht wie Paraguay. Mit ein paar hundert Dollar können Sie Ihre Daueraufenthaltsgenehmigung beantragen und nach 3 jähriger Wartezeit können Sie dann obendrauf auch noch problemlos die Staatsbürgerschaft bekommen.

Dieses Land bietet Ihnen alles was Sie als PT benötigen und sich nie zu träumen gewagt haben. Das meiste können Sie gegen Bakschisch bekommen. Auch wenn Sie in Südamerika ewig Gringo sein werden, egal welchen Pass Sie in der Hand halten, gibt es trotz gegenteiliger Bemerkungen in Paraguay weniger Banditos im ganzen Land wie in einem Straßenzug in Rio de Janeiro oder Sao Paolo!

DOMINICA

Einziger Staat der den Repressalien der USA standgehalten hat und an seinem Economic-Citizen-Programm zur Einbürgerung von Ausländern durch ein Investment festhält, war der Karibikstaat Commonwealth of Dominica. Deren Einbürgerungsbestimmungen durch Investment können Sie auf der Webseite der Regierung von Dominica entnehmen (www.dominica.gov.dm). Dies ist das einzige verbliebene legale sofortige Einbürgerungsprogramm weltweit, welches zu einer sofortigen Daueraufenthaltsgenehmigung und Staatsbürgerschaft mit Pass führt!

https://www.isla-offshore.com/services/citizenship-dominica/

www.dominica.gov.dm

RAS AL KHAIMAH

Sollte es Sie lieber nach Arabien ziehen wollen, so beachten Sie bitte nachstehendes Kapitel zum Firmenparadies Emirate.

DAS DEUTSCHE AUSSENSTEUER GESETZ

Dritter Teil Behandlung einer Beteiligung im Sinne des § 17 des Einkommensteuergesetzes bei Wohnsitzwechsel ins Ausland

§ 6 Besteuerung des Vermögenszuwachses

2 frühere Fassungen von § 6 des AStG | 7 Vorschriften zitieren § 6 des AstG

(1) Bei einer natürlichen Person, die insgesamt mindestens zehn Jahre nach § 1 Abs. 1 des Einkommensteuergesetzes unbeschränkt steuerpflichtig war und deren unbeschränkte Steuerpflicht durch Aufgabe des Wohnsitzes oder gewöhnlichen Aufenthalts endet, ist auf Anteile im Sinne des § 17 Abs. 1 Satz 1 des Einkommensteuergesetzes im Zeitpunkt der Beendigung der unbeschränkten Steuerpflicht § 17 des Einkommensteuergesetzes auch ohne Veräußerung anzuwenden, wenn im Übrigen für die

Anteile zu diesem Zeitpunkt die Voraussetzungen dieser Vorschrift erfüllt sind. Der Beendigung der unbeschränkten Steuerpflicht im Sinne des Satzes 1 stehen gleich

1. die Übertragung der Anteile durch ganz oder teilweise unentgeltliches Rechtsgeschäft unter Lebenden oder durch Erwerb von Todes wegen auf nicht unbeschränkt steuerpflichtige Personen oder

2. die Begründung eines Wohnsitzes oder gewöhnlichen Aufenthalts oder die Erfüllung eines anderen ähnlichen Merkmals in einem ausländischen Staat, wenn der Steuerpflichtige auf Grund dessen nach einem Abkommen zur Vermeidung der Doppelbesteuerung als in diesem Staat ansässig anzusehen ist, oder

3. die Einlage der Anteile in einen Betrieb oder eine Betriebsstätte des Steuerpflichtigen in einem ausländischen Staat oder

4. der Ausschluss oder die Beschränkung des Besteuerungsrechts der Bundesrepublik Deutschland hinsichtlich des Gewinns aus der Veräußerung der Anteile auf Grund anderer als der in Satz 1 oder der in den Nummern 1 bis 3 genannten Ereignisse.

§ 17 Abs. 5 des Einkommensteuergesetzes und die Vorschriften des Umwandlungssteuergesetzes bleiben unberührt. An Stelle des Veräußerungspreises (§ 17 Abs. 2 des Einkommensteuergesetzes) tritt der gemeine Wert der Anteile in dem nach Satz 1 oder 2 maßgebenden Zeitpunkt. Die §§ 17 und 49 Abs. 1 Nr. 2 Buchstabe e des Einkommensteuergesetzes bleiben mit der Maßgabe unberührt, dass der nach diesen Vorschriften anzusetzende

Gewinn aus der Veräußerung dieser Anteile um den nach den vorstehenden Vorschriften besteuerten Vermögenszuwachs zu kürzen ist.

(2) Hat der unbeschränkt Steuerpflichtige die Anteile durch ganz oder teilweise unentgeltliches Rechtsgeschäft erworben, so sind für die Errechnung der nach Absatz 1 maßgebenden Dauer der unbeschränkten Steuerpflicht auch Zeiträume einzubeziehen, in denen der Rechtsvorgänger bis zur Übertragung der Anteile unbeschränkt steuerpflichtig war. Sind die Anteile mehrmals nacheinander in dieser Weise übertragen worden, so gilt Satz 1 für jeden der Rechtsvorgänger entsprechend. Zeiträume, in denen der Steuerpflichtige oder ein oder mehrere Rechtsvorgänger gleichzeitig unbeschränkt steuerpflichtig waren, werden dabei nur einmal angesetzt.

(3) Beruht die Beendigung der unbeschränkten Steuerpflicht auf vorübergehender Abwesenheit und wird der Steuerpflichtige innerhalb von fünf Jahren seit Beendigung der unbeschränkten Steuerpflicht wieder unbeschränkt steuerpflichtig, so entfällt der Steueranspruch nach Absatz 1, soweit die Anteile in der Zwischenzeit nicht veräußert und die Tatbestände des Absatzes 1 Satz 2 Nr. 1 oder 3 nicht erfüllt worden sind und der Steuerpflichtige im Zeitpunkt der Begründung der unbeschränkten Steuerpflicht nicht nach einem Abkommen zur Vermeidung der Doppelbesteuerung als in einem ausländischen Staat ansässig gilt. Das Finanzamt, das in dem nach Absatz 1 Satz 1 oder 2 maßgebenden Zeitpunkt nach § 19 der Abgabenordnung zuständig ist, kann diese Frist um höchstens fünf Jahre verlängern, wenn der Steuerpflichtige glaubhaft macht, dass berufliche Gründe für seine Abwesenheit maßgebend sind und seine Absicht zur Rückkehr un-

verändert fortbesteht. Wird im Fall des Erwerbs von Todes wegen nach Absatz 1 Satz 2 Nr. 1 der Rechtsnachfolger des Steuerpflichtigen innerhalb von fünf Jahren seit Entstehung des Steueranspruchs nach Absatz 1 unbeschränkt steuerpflichtig, gilt Satz 1 entsprechend. Ist der Steueranspruch nach Absatz 5 gestundet, gilt Satz 1 ohne die darin genannte zeitliche Begrenzung entsprechend, wenn

1. der Steuerpflichtige oder im Fall des Absatzes 1 Satz 2 Nr. 1 sein Rechtsnachfolger unbeschränkt steuerpflichtig werden oder

2. das Besteuerungsrecht der Bundesrepublik Deutschland hinsichtlich des Gewinns aus der Veräußerung der Anteile auf Grund eines anderen Ereignisses wieder begründet wird oder nicht mehr beschränkt ist.

(4) Vorbehaltlich des Absatzes 5 ist die nach Absatz 1 geschuldete Einkommensteuer auf Antrag in regelmäßigen Teilbeträgen für einen Zeitraum von höchstens fünf Jahren seit Eintritt der ersten Fälligkeit gegen Sicherheitsleistung zu stunden, wenn ihre alsbaldige Einziehung mit erheblichen Härten für den Steuerpflichtigen verbunden wäre. Die Stundung ist zu widerrufen, soweit die Anteile während des Stundungszeitraums veräußert werden oder verdeckt in eine Gesellschaft im Sinne des § 17 Abs. 1 Satz 1 des Einkommensteuergesetzes eingelegt werden oder einer der Tatbestände des § 17 Abs. 4 des Einkommensteuergesetzes verwirklicht wird. In Fällen des Absatzes 3 Satz 1 und 2 richtet sich der Stundungszeitraum nach der auf Grund dieser Vorschrift eingeräumten Frist; die Erhebung von Teilbeträgen entfällt; von der Sicherheitsleistung kann nur abgesehen werden, wenn der Steueranspruch nicht gefährdet erscheint.

(5) Ist der Steuerpflichtige im Fall des Absatzes 1 Satz 1 Staatsangehöriger eines Mitgliedstaates der Europäischen Union oder eines anderen Staates, auf den das Abkommen über den Europäischen Wirtschaftsraum vom 3. Januar 1994 (ABl. EG Nr. L 1 S. 3), zuletzt geändert durch den Beschluss des Gemeinsamen EWR-Ausschusses Nr. 91/2007 vom 6. Juli 2007 (ABl. EU Nr. L 328 S. 40), in der jeweils geltenden Fassung anwendbar ist (Vertragsstaat des EWR-Abkommens), und unterliegt er nach der Beendigung der unbeschränkten Steuerpflicht in einem dieser Staaten (Zuzugsstaat) einer der deutschen unbeschränkten Einkommensteuerpflicht vergleichbaren Steuerpflicht, so ist die nach Absatz 1 geschuldete Steuer zinslos und ohne Sicherheitsleistung zu stunden. Voraussetzung ist, dass die Amtshilfe und die gegenseitige Unterstützung bei der Beitreibung der geschuldeten Steuer zwischen der Bundesrepublik Deutschland und diesem Staat gewährleistet sind. Die Sätze 1 und 2 gelten entsprechend, wenn

1. im Fall des Absatzes 1 Satz 2 Nr. 1 der Rechtsnachfolger des Steuerpflichtigen einer der deutschen unbeschränkten Einkommensteuerpflicht vergleichbaren Steuerpflicht in einem Mitgliedstaat der Europäischen Union oder einem Vertragsstaat des EWR-Abkommens unterliegt oder

2. im Fall des Absatzes 1 Satz 2 Nr. 2 der Steuerpflichtige einer der deutschen unbeschränkten Einkommensteuerpflicht vergleichbaren Steuerpflicht in einem Mitgliedstaat der Europäischen Union oder einem Vertragsstaat des EWR-Abkommens unterliegt und Staatsangehöriger eines dieser Staaten ist oder

3. im Fall des Absatzes 1 Satz 2 Nr. 3 der Steuerpflichtige die Anteile in einen Betrieb oder eine Betriebsstätte in einem anderen

Mitgliedstaat der Europäischen Union oder einem anderen Vertragsstaat des EWR-Abkommens einlegt.

Die Stundung ist zu widerrufen,

1. soweit der Steuerpflichtige oder sein Rechtsnachfolger im Sinne des Satzes 3 Nr. 1 Anteile veräußert oder verdeckt in eine Gesellschaft im Sinne des § 17 Abs. 1 Satz 1 des Einkommensteuergesetzes einlegt oder einer der Tatbestände des § 17 Abs. 4 des Einkommensteuergesetzes erfüllt wird;

2. soweit Anteile auf eine nicht unbeschränkt steuerpflichtige Person übergehen, die nicht in einem Mitgliedstaat der Europäischen Union oder einem Vertragsstaat des EWR-Abkommens einer der deutschen unbeschränkten Einkommensteuerpflicht vergleichbaren Steuerpflicht unterliegt;

3. soweit in Bezug auf die Anteile eine Entnahme oder ein anderer Vorgang verwirklicht wird, der nach inländischem Recht zum Ansatz des Teilwerts oder des gemeinen Werts führt;

4. wenn für den Steuerpflichtigen oder seinen Rechtsnachfolger im Sinne des Satzes 3 Nr. 1 durch Aufgabe des Wohnsitzes oder gewöhnlichen Aufenthalts keine Steuerpflicht nach Satz 1 mehr besteht.

Ein Umwandlungsvorgang, auf den die §§ 11, 15 oder 21 des Umwandlungssteuergesetzes vom 7. Dezember 2006 (BGBl. I S. 2782, 2791) in der jeweils geltenden Fassung anzuwenden sind, gilt auf Antrag nicht als Veräußerung im Sinne des Satzes 4 Nr. 1, wenn die erhaltenen Anteile bei einem unbeschränkt steuerpflichtigen Anteilseigner, der die Anteile nicht in einem Betriebsvermögen hält, nach § 13 Abs. 2, § 21 Abs. 2 des Umwandlungssteuergesetzes mit den Anschaffungskosten der bisherigen Anteile angesetzt werden könnten; für Zwecke der Anwendung des Satzes 4 und der Absätze 3, 6 und 7 treten insoweit die erhaltenen Anteile an die Stelle der Anteile im Sinne des Absatzes 1. Ist im Fall des Satzes 1 oder Satzes 3 der Gesamtbetrag der Einkünfte ohne Einbeziehung des Vermögenszuwachses nach Absatz 1 negativ, ist dieser Vermögenszuwachs bei Anwendung des § 10d des Einkommensteuergesetzes nicht zu berücksichtigen. Soweit ein Ereignis im Sinne des Satzes 4 eintritt, ist der Vermögenszuwachs rückwirkend bei der Anwendung des § 10d des Einkommensteuergesetzes zu berücksichtigen und in Anwendung des Satzes 6 ergangene oder geänderte Feststellungsbescheide oder Steuerbescheide sind aufzuheben oder zu ändern; § 175 Abs. 1 Satz 2 der Abgabenordnung gilt entsprechend.

(6) Ist im Fall des Absatzes 5 Satz 4 Nr. 1 der Veräußerungsgewinn im Sinne des § 17 Abs. 2 des Einkommensteuergesetzes im Zeitpunkt der Beendigung der Stundung niedriger als der Vermögenszuwachs nach Absatz 1 und wird die Wertminderung bei der Einkommensbesteuerung durch den Zuzugsstaat nicht berücksichtigt, so ist der Steuerbescheid insoweit aufzuheben oder zu ändern; § 175 Abs. 1 Satz 2 der Abgabenordnung gilt entsprechend. Dies gilt nur, soweit der Steuerpflichtige nachweist, dass die Wertminderung betrieblich veranlasst ist und nicht auf eine gesellschaftsrechtliche Maßnahme, insbesondere eine Gewinnausschüttung, zurückzuführen ist. Die Wertminderung ist höchstens im Umfang des Vermögenszuwachses nach Absatz 1 zu berücksichtigen. Ist die Wertminderung auf eine Gewinnausschüttung zurückzuführen und wird sie bei der Einkommensbesteuerung nicht berücksichtigt, ist die auf diese Gewinnausschüttung erho-

bene und keinem Ermäßigungsanspruch mehr unterliegende inländische Kapitalertragsteuer auf die nach Absatz 1 geschuldete Steuer anzurechnen.

(7) Der Steuerpflichtige oder sein Gesamtrechtsnachfolger hat dem Finanzamt, das in dem in Absatz 1 genannten Zeitpunkt nach § 19 der Abgabenordnung zuständig ist, nach amtlich vorgeschriebenem Vordruck die Verwirklichung eines der Tatbestände des Absatzes 5 Satz 4 mitzuteilen. Die Mitteilung ist innerhalb eines Monats nach dem meldepflichtigen Ereignis zu erstatten; sie ist vom Steuerpflichtigen eigenhändig zu unterschreiben. In den Fällen des Absatzes 5 Satz 4 Nr. 1 und 2 ist der Mitteilung ein schriftlicher Nachweis über das Rechtsgeschäft beizufügen. Der Steuerpflichtige hat dem nach Satz 1 zuständigen Finanzamt jährlich bis zum Ablauf des 31. Januar schriftlich seine am 31. Dezember des vorangegangenen Kalenderjahres geltende Anschrift mitzuteilen und zu bestätigen, dass die Anteile ihm oder im Fall der unentgeltlichen Rechtsnachfolge unter Lebenden seinem Rechtsnachfolger weiterhin zuzurechnen sind. Die Stundung nach Absatz 5 Satz 1 kann widerrufen werden, wenn der Steuerpflichtige seine Mitwirkungspflicht nach Satz 4 nicht erfüllt.

DIE PT-STRATEGIE IN DER PRAXIS

In der Praxis sollten Sie den ersten Schritt wagen, in dem Sie sich von Ihrem bisherigen Hochsteuerland erstmals abmelden. Und dies dann nicht direkt in eine Steueroase oder Niedrigsteuerland sondern erst mal unauffällig in ein benachbartes Land wie z.B. Niederlande, Belgien, UK, Österreich, Italien etc. von dort aus machen Sie sich dann nach paar Monaten zu Ihrem wirklichen Ziel auf. Wenn Sie nicht gerade mit einem Millionen-Kapital und mit einer ganzen Hundertschaft von Arbeitern, wie Müller Milch, abwandern, dann können Sie sich ganz unauffällig mit dieser Step-by-Step Methode verziehen.

Von dort aus gehen Sie dann in diesen Staat in dem Sie Ihren Daueraufenthalt beantragen wollen. Dies sollte am besten eine Steueroase oder Niedrigsteuer Land sein, wie z.B. Campione, Kanal Inseln, Monaco, Bahamas, Turks & Caicos, Paraguay, Dominikanische Republik etc. Dort beantragen Sie dann reibungslos Ihren Daueraufenthalt.

Sobald Sie Ihren Daueraufenthalt in einer Steueroase etabliert haben gehen Sie daran Ihre Offshore Firmen in den entsprechenden Gebieten und für die entsprechenden Zwecke zu gründen. Setzen Sie hier nicht alles auf eine Karte und gründen Sie in mehreren verschiedenen Gebieten für die unterschiedlichsten Unternehmungen und Zwecke Ihre Firmen, so kann nicht alles auf einmal drauf gehen im Falle mal was mit einem Geschäft schief läuft!

Onassis hatte auch für jeden seiner Öltanker eine eigene Gesellschaft gegründet und nicht alle unter einer Firma verwaltet! Hierzu eignen sich die folgenden Gebiete sehr gut: Hongkong, Singapur, Ras Al Khaimah, Dubai, Belize, Malta, Mauritius.

Achten Sie bei Firmengründungen immer darauf, dass Sie grundsätzlich versuchen sollten, Ihre Firma immer nach Möglichkeit ohne Treuhänder zu gründen, so sind Sie auf niemand angewiesen und bleiben in ihren Unternehmungen äußerst flexibel. Die meisten Gebiete bieten Ihnen Treuhand-Direktoren und Aktienhalter an. Dies ist in Ordnung so lange Sie eine Generalvollmacht bekommen und sich frei damit bewegen können.

Sie sehen selbst wie schnell und unkompliziert Sie somit bereits schon Ihre 3 Flaggen etabliert haben. Sie haben Ihre Staatsbürgerschaft, Ihren steuerfreien Wohnsitz und Ihre steuerfreien Firmen! Jetzt müssen Sie nur noch Ihre Webseite auf einen Server in Uruguay oder Vanuatu verlegen und zum Golfspielen nach Honolulu oder sollte es für Sie mehr Exotik und Erotik sein, dann machen Sie doch einen Abstecher in Thailand und auf die Philippinen und fliegen dann weiter nach Singapur und Hongkong um dort Ihr Konto einzurichten bzw. Ein- oder Auszahlungen vorzunehmen.

Noch eine Anmerkung zu Bargeld in Singapur. Dies ist das einzige Land das einen 10.000 Singapur-Dollar-Schein hat. Dies ist der größte Nominalwert der auf einem Schein weltweit existiert. Dies entspricht umgerechnet (6.000 Euro!!). Jetzt müssen Sie nur noch Ihr neues Leben als frischgebackener PT genießen! Viel Spaß dabei!

EIGENE ERFAHRUNGEN

Sicherlich gibt es noch andere Flecken der Erde als die hier genannten, an denen Sie sich niederlassen können. Ich selbst war in etlichen Steueroasen beheimatet und kann Ihnen erst mal so viel dazu sagen, dass alle Steueroasen gemeinsam haben, dass Sie immer etwas haben das Ihnen nicht passt, meist ist es die Unzugänglichkeit die mich in manchen Oasen gestört hatte. So z.B. auf der kleinen Kanalinsel Isle of Sark.

Diese Insel hatte damals keinerlei Steuern und man konnte hunderte Firmen dort problemlos ansässig machen. Den Rekord brach ein von einer Londoner Steuerkanzlei eingesetzter Treuhänder mit sage und schreibe über 3.000 Firmen. Wenn man bedenkt, dass die Insel nur 500 Bewohner hatte und einige Schafe ist das schon erstaunlich. In jedem Schrebergarten der Insel war damals eine Briefkastenzentrale mit mehreren hundert Firmen ansässig! Nachteil war, dass Sie um auf die Insel zu kommen zuerst einmal von London aus nach Guernsey oder Jersey fliegen mussten und dann von dort mit dem Postboot oder im Sommer von Jersey aus mit einem Katamaran auf die Insel fahren konnten. Die letzte Fähre zurück ging um 17 Uhr dann war Feierabend.

Die Insel hatte 3 Hotels und 3 Pubs und ein paar Familien-Restaurants.

Es gab keine Straßenbeleuchtung, keine Autos und es war wie im Mittelalter. Bei stürmischer See konnte es im Winter durchaus passieren dass Sie eben 2 oder 3 Tage überhaupt kein Boot auf die nächst größere Insel hatten. Also für einen Jet-Set aus Monaco wäre dies der absolute Horror gewesen und dieser hätte sich wahrscheinlich im Vergleich mit einer Suite im Palace Hotel wie bei Napoleons Verbannung auf Elba gefühlt! Hier waren auch ehr Gummistiefel und Regenschirm angesagt, wie Lackschuhe und Smoking! Die Millionen wurden in der Plastiktüte transportiert und zwischen Milch und Käse versteckt anstatt in einem Gucci-Koffer!

Nicht viel besser hatte sich die Sache in Andorra verhalten. Schon die Anfahrt zieht sich unheimlich lange in die Pyrenäen hinein, egal ob Sie nun von der französischen Seite oder der spanischen Seite aus Richtung Barcelona anreisen. Einzige, vernünftige Alternative hierzu war ein Helikopter-Service von Barcelona aus direkt nach Andorra La Vella. Nachdem Sie sich dann in den ersten Wochen durch alle Restaurants gefüttert haben wird es Ihnen so todlangweilig, dass Sie freiwillig wieder nach Barcelona zurück wollen!

Und noch schlimmer erging es mir auf den Turks & Caicos Inseln, welches die nächste Inselkette nach den Bahamas ist. Sie haben unendlich türkisblaues Wasser, einige Ferien-Clubs und herrlichen Sonnenschein, sowie ein paar Insel Schönheiten und jeder Menge kanadischer und amerikanischer besoffener Touristen. Nach 14 Tagen fangen Sie an die ersten Depressionen zu bekommen, nach 4 Wochen haben Sie nicht nur einen Sonnenstich sondern auch einen Inselkoller und nach spätestens 8 Wochen müssen Sie dringend in den Flieger der Sie in eine Metropole zurück befördert!

Wie gesagt, diese Ansichten sind sehr subjektiv und von Mensch zu Mensch verschieden, deshalb sollten Sie Ihr eigenes Paradies entdecken und erforschen!

3 | TOTAL ANONYM

DATENSCHUTZ:

Die wenigsten der Leser wissen, dass Sie selbst und nur Sie selbst dafür verantwortlich sind, dass über Sie Informationen und Daten verwaltet, ausgewertet und gesammelt werden. Meist geben Sie selbst diese Daten und Informationen unwissentlich preis und präsentieren sich somit selbst auf dem Servierteller.

Dies beginnt mit dem sinnlosen ausfüllen von Lockangeboten, Gewinnspielen, Preisausschreiben oder ähnlichem Nonsens. Füllen Sie NIE ein derartiges Formular aus oder nehmen Sie NIE an der artigen Dingen Teil. Meist dienen diese Lockangebote und Gewinnversprechen dazu an Ihre persönliche Gewohnheiten und Daten zu gelangen und um diese dann selbst gegen Sie in Kaufangeboten zu verwenden oder diese an entsprechende Unternehmen weiterzuverkaufen die Sie dann mit Post, Anrufen und anderen Machenschaften kontaktieren. Nehmen Sie auch nie an Umfragen teil die übers Telefon oder per Post bei Ihnen eingehen. Antworten Sie NIE auf Ihnen nicht bekannte Absender von E-Mails und löschen Sie diese.

Sollten Sie bereits den Fehler gemacht haben und diese Dinge immer brav ausgefüllt mit Ihren Daten zurückgesandt haben und jetzt von Werbung, Anrufen und Spam-Mails überflutet werden, dann wechseln Sie Ihre Postanschrift und lassen Sie alle ungewünschte Post vom Postboten mit dem Vermerk »unbekannt verzogen« zurücksenden oder löschen Sie Ihre E-Mail Adresse. Sie werden sehen, dass Sie schon bald wieder Ruhe im Kasten haben.

Und bedenken Sie immer, dass der erste Datenschutz bei Ihnen selbst stattfinden muss! Geben Sie Ihre persönlichen Daten grundsätzlich nur dann an Dritte weiter wenn es unumgänglich ist.

Richten Sie sich für Bestellungen übers Internet oder für Auskünfte die Sie über das Internet anfordern stets eine dafür gesondert eingerichtete E-Mail Adresse ein, die Sie anonym bei einem Anbieter einrichten und ausschließlich für Bestellungen und Anfragen verwenden. Halten Sie diese Mails getrennt von privaten Mails und Nachrichten und vermischen Sie diese NIE.

Für Ihre Bestellungen richten Sie sich ein anonymen E-Mail Account ein wie z.B.: bestellungen@gmail.com diesen Account verwenden Sie ausschließlich für Ihre Online-Bestellungen und Anfragen an Firmen und Anbieter. Versuchen Sie Ihre Bestellungen bar per Überweisung zu bezahlen oder bestellen Sie über einen Bekannten, Verwandten oder Freund oder über eine eigene (schein) Firma, so können Sie sich aus jeder Kundendatei fernhalten.

Sollten Sie Informationen oder Preise oder Angebote über das Internet anfordern geben Sie NIE ihre richtige Telefonnummer an, verwenden Sie NIE Ihre eigene Adresse, man sendet Ihnen die Informationen ohnehin per E-Mail, wieso diese Daten dann weitergeben? Geben Sie Ihre E-Mail Adresse an die sie unter einem Pseudonym eröffnen und machen Sie sich zu »Hans Meier«!

Dies sind die ersten Schritte, die Sie aus sämtlichen Karteien wieder verschwinden lässt bzw. dort besser überhaupt nicht erst auftreten oder eben nur mit Pseudonym auftreten lässt. Antworten Sie NIE auf sogenannte »Nachhaker«, dies sind Mails die Sie meist nach einem Flug, Hotelaufenthalt, einer Bestellung, einer Dienstleistung oder ähnlichem bekommen um festzustellen ob Sie mit dem Service, der Ware oder der Dienstleistung und der Beratung zufrieden waren. In jedem dieser Schreiben bestätigen Sie erstens, dass Sie auch Empfänger der Dienstleistung waren und zweitens geben Sie Ihre Gewohnheiten und Ihr Verhaltensmuster preis. Dies muss nicht sein! Einfach LÖSCHEN! Die erste nun hier gewonnene Grundregel lautet:

GEBEN SIE NIE IHRE PERSÖNLICHE DATEN AN DRITTE WEITER, AUSSER DIES IST UNUMGÄNGLICH UND DRINGEND ERFORDERLICH!

Gleiches gilt natürlich für ALLE Rabatt-Karten, Meilen-Karten, Mitglieder-Karten, Payback-Karten und sonstigen Unfug der Ihren Geldbeutel mit einer Unzahl von Karten nur unnötig aufblähen lässt. Grundsätzlich gilt hier, dass Ihnen NIEMAND nur einen einzigen Cent schenkt! Sondern diese »Schenkung« bereits schon in dem Preis der normal verkauften Produkte mit einkalkuliert wurde. Mit anderen Worten Ihre »Schenkung« haben Sie bereits schon bezahlt ohne dies zu merken.

Bei Flugreisen bekommen Sie normalerweise je nach Airline jeden 10.-15. Flug in der gleichen Klasse geschenkt. Für Vielflieger durchaus interessant auch wegen der Upgrades, für normale Urlauber die einmal im Jahr in den Urlaub fliegen absolut uninteressant. Überlegen Sie daher genau welche Mitgliedskarten für Sie überhaupt Sinn machen und ob Sie diese auch wirklich benötigen, denn eines ist klar, dass diese Karten nur und einzig das Ziel haben Ihre Konsumgewohnheiten zu speichern, und dass bei jedem Kauf, Flug oder Hotelbesuch Ihre Daten verwertet werden können. Man kann hier jederzeit ein eindeutiges Bewegungs- und Gewohnheitsprofil von Ihnen erstellen!

Gleiches gilt für Kreditkarten! Man weiß genau wann und wo Sie getankt haben und wie viel Sie getankt haben, wann Sie mit wie vielen Personen im Restaurant oder Hotel zu Abend gegessen haben, was Sie gegessen haben, wann und wohin Sie zu welcher

Zeit mit wem geflogen sind, wann Sie an der Bar waren etc., etc. überlegen Sie genau ob Sie dieses möchten und ob Ihnen der eine Freiflug oder Freidrink im Hotel dieses wert ist und Sie Ihre Daten für dieses Geschenk eintauschen wollen?! Dies kann nur jeder für sich selbst beantworten. Ich persönlich bevorzuge auf alle Geschenke zu verzichten und dafür aus den Datenbanken dieser Daten-Schnüffler außen vor zu bleiben.

WOHNSITZ:

Ihren Wohnsitz sollten Sie auch stets so geschützt wie möglich halten. Natürlich sind Sie ein ehrlicher Bürger und haben nichts zu verstecken, dennoch sollten Sie trotzdem Ihren Wohn- und Lebensraum schützen. Alle VIP und Prominente machen dies genau so!

Legen Sie sich am besten immer zwei Adressen zu. Eine für Ihre Post und sonstigen Datenkram und die andere an der Sie sich real befinden. Für manche besonders nach Schutz suchende Personen empfiehlt es sich auch den Wohnsitz aus den verschiedensten Gründen sofort abzumelden.

Suchen Sie sich dann einen Wohnsitz im benachbarten Ausland oder aber einem Land das am besten KEINE Meldepflicht hat. Zu diesen Ländern gehören z.B. Großbritannien, Paraguay, Panama und viele andere Staaten. Es ist von großem Vorteil, wenn Sie an einem Ort wohnen können, ohne dass Sie bei irgendeiner Behörde oder Amt einen Meldeschein ausfüllen müssen. Machen Sie sich Ihren Hauptwohnsitz z.B. in London, niemand wird Sie dort behelligen sofern Sie nichts Illegales machen. Lassen Sie Ihre Post und andere Dinge an ein sogenanntes Maildrop (Postfachadresse) senden, die Sie weltweit bei verschiedenen Anbietern anmieten können oder suchen Sie sich jemand der gegen einen kleinen Betrag bereit ist Ihre Post an seiner Adresse in Empfang zu nehmen und Ihnen auf Wunsch zu öffnen und einzuscannen oder an eine Adresse weiterzuleiten. So weiß niemand nach Ihrer Abmeldung wo Sie sich aktuell aufhalten. Sollten Sie bei der Abmeldung eine Adresse angeben müssen, so geben Sie eine fiktive Adresse an, am besten einfach eine aus dem Internet herausfischen wie z.B. eine Adresse an dem sich ein Hotel befindet.

Also sollten Sie vorhaben sich real nach London zu begeben dann melden Sie sich nach Italien ab in die Via do Lores in Rom (Schauen Sie in ein Hotelverzeichnis von Rom und suchen Sie sich ein größeres Hotel an einem belebten Platz aus und nehmen Sie diese Adresse für Ihre Abmeldung, natürlich nur die Straße und Stadt nicht das Hotel benennen).

Fliegen Sie nie direkt zu Ihrem Endziel sondern grundsätzlich immer über Umwege. Fliegen Sie zuerst z.B. nach Italien wenn Sie nach London oder Paris wollen. Nehmen Sie nie einen Gabelflug sondern kaufen Sie die Tickets einzeln. Zuerst den Flug nach Italien und in Italien kaufen Sie sich ein neues Ticket nach London oder wo immer Sie eben hin möchten. Machen Sie es eventuellen Verfolgern so schwer wie möglich. Schütteln Sie alles und so viel ab wie nur möglich, denn Sie wollen ja an Ihrem neuen Domizil Ihre Ruhe haben.

Sollten Sie auf Ihrer Reise in Hotels übernachten müssen versuchen Sie dies stets über andere Leute zu buchen, sollte Ihnen dies nicht gelingen, bei akutem Schutzbedürfnis, nehmen Sie sich eine Prostituierte und mieten Sie sich mit deren Papiere im Hotel ein oder lachen Sie sich eine Thai oder Philippinin an die Sie für geraume Zeit mit ihren Papieren bekleidet, achten Sie jedoch darauf dass die Person legale Visums und Aufenthaltsgenehmigungen für das Land besitzt in dem Sie sich gerade aufhalten, sonst kommen Sie schneller in ein Problem wie es Ihnen lieb sein könnte.

Sie können auch in Thailand oder den Philippinen solange Sie ein Visum haben, sich aufhalten wo Sie wollen, leben Sie mit Ihrer Thai-Freundin und niemand interessiert sich für Ihre Adresse. Achten Sie darauf dass Sie immer ein gültiges Visum haben und reisen Sie dann um es zu erneuern wieder aus und am selben oder nächsten Tag wieder ein, niemand interessiert sich für Sie.

Verwischen Sie Ihre Spuren und reisen dann von Thailand aus auf dem Landwege nach Vietnam oder Kambodscha oder Laos um dort einige Zeit zu verbringen, niemand weiß wo Sie sind. Bus-Tickets und Bahntickets werden nirgendwo in diesen Ländern registriert. Fliegen Sie dann von Vietnam zurück nach Europa anstatt von Thailand wo Sie eingereist waren. Es wird somit evtl. Verfolgern sehr erschwert nachzuvollziehen, wo Sie sich gerade aufhalten und wohin Sie weitergereist sind.

VERSICHERUNG:

Um so unauffällig wie nur möglich zu leben tragen Sie dafür Sorge, dass Sie aus den Dateien des Finanzamtes, Versicherungen, Rentenversicherung, Sozialversicherungen etc. komplett verschwinden! Dies erreichen Sie natürlich nur durch eine Abmeldung und Wegzug aus Ihrem bisherigen Wohnort und Land. Bezahlen Sie Ihre Arztkosten selbst und versichern Sie sich für größere Schäden nur im Ausland.

Melden Sie sich ab und treten Sie an Ihrem neuen Wohnsitz nirgendwo in der artige Versicherungs- und Sozialsysteme ein.

Legen Sie sich für Notfälle genügend finanzielle Reserven bereit und versichern Sie sich nur gegen Unfall und unvorhergesehene Krankenhausaufenthalte und Operationen bei einer sogenannten Expat-Versicherung (Bupa International www.international-health-insurance.com oder Expatriate Group www.expatriategroup.com) für Auswanderer. Das gleiche gilt auch für Ihr Auto. Versuchen Sie ohne Auto auszukommen, sollten Sie genügend finanzielle Mittel haben, dann können Sie sich ein Auto für entsprechende Zwecke mieten oder aber auch für besondere Anlässe eine Limousine komplett mit Chauffeur ausleihen. Derartigen Service gibt es fast in jeder großen Stadt oder in dringenden Fällen auch in allen Fünf Sterne Hotels oder Flughäfen oder aber versuchen Sie wenn es überhaupt nicht anders geht ihr Auto bei einem Bekannten auszuleihen oder eines über diesen anzumelden.

Vermeiden Sie alle Register wie Finanzamt, Sozial-Rentenversicherung, Krankenkasse, KFZ-Anmeldung, KFZ-Steuer, KFZ-Zulassung und KFZ-Versicherung, alle Rabatt und Payback Karten, Vereins- und Clubmitgliedschaft etc., sowie alle Kreditkarten (bezahlen Sie bar!).

Versuchen Sie grundsätzlich aus ALLEN Registern immer außen vor zu bleiben, wann immer dies Ihnen möglich ist. Hinterlassen sie nie einen sogenannten »Paper-Trial« also einen Rattenschwanz von Dokumenten, Rechnungen, Mitgliedschaften etc. aus denen man genau ersehen kann wo Sie sich gerade aufhalten, welche Gewohnheiten sie haben und wo Sie sich davor aufgehalten hatten. Bitte beachten sie dass der Datenaustausch zwischen Ländern in der heutigen Zeit in Sekunden schnelle erfolgen kann.

BANKING:

Beim Wegzug ins Ausland lösen Sie Ihre bisherigen Konten komplett auf! Sollten Sie nicht ins Ausland ziehen können, versuchen Sie über Ihr bisheriges Konto nur noch kleinere Tagesgeschäfte abzuwickeln.

Für alle anderen Geschäfte richten Sie sich ein Konto im Ausland ein, hierzu können Sie jeden europäischen Staat nehmen um ein Konto zu eröffnen, da es ein Bankgeheimnis ohnehin nirgendwo mehr gibt ist es egal wo Sie Ihr Konto haben.

Wir sprechen hier von einem normalen Girokonto und nicht von einem Konto über das Sie große Summen oder Geschäfte abwickeln sollten, hierfür können Sie an einen sogenanntes Offshore Zentrum ausweichen.

Legen Sie sich über das Girokonto nur eine Prepaid Kreditkarte zu und eine normale Bankkarte für Barabhebungen. Eine Alternative bietet hierzu die Prepaid Kreditkarte mit Girokonto Funktion von Viabuy! Hier wird Ihre Karte in England verwaltet, Sie können aber auf ein deutsches Sammelkonto einbezahlen. So haben Sie eine Auslandskarte und ein Auslands-Konto das Sie ohne Probleme weltweit einsetzen können, ohne dass es irgendjemand auffällt, da die Karte über ein deutsches Sammelkonto abgewickelt wird. Kontopfändung und andere Schnüffeleien werden dadurch erschwert. Hier der direkte Link zur Karte:

http://www.viabuy.com/r/9d545c32bcf42d21b2b112c-c13e2e9468144b560

Ein weiterer Vorteil den Sie bei diesem Kreditkartenanbieter haben ist dieser, dass Sie hier bis zu 4 Zusatzkarten zu Ihrer Hauptkarte über das gleiche Konto anfordern können und diese auf jeden beliebigen Namen ausgestellt bekommen! Dies bedeutet Sie können auf jeden Phantasienamen inklusive Doktor-Titel eine Zusatzkarte beantragen. Ihre Karte lautet dann z.B. Dr. James Bond, läuft aber über das selbe Hauptkonto. Diese Zusatzkarten können Sie verwenden um nach außen hin völlig anonym Käufe übers Internet zu tätigen. Besonders geeignet ist diese Version auch für Geschäfte die Sie unter Dr. James Bond tätigen wollen und Sie können Ihrem Geschäftspartner sogar beweisen, dass Sie Dr. James Bond sind, indem Sie sich mit Ihrer neuen Kreditkarte verifizieren. Unbedingt zu beachten ist hier, dass dieser Schutz und die Anonymität nur oberflächlich nach außen gewahrt ist, sollte es jedoch zu einer Nachforschung oder genaueren Überprüfung im Falle einer Straftat, Betrug oder anderen illegalen Tätigkeiten kommen, ist natürlich nachvollziehbar wer der Besitzer des Hauptkartenkontos ist. Bedenken sollten Sie auch, dass Sie mit einer derartigen Phantasie Karte auch besser nicht in einem Hotel einchecken oder ein Auto anmieten sollten, oder grundsätzlich nicht bei Dingen verwenden sollten bei denen Sie sich zusätzlich ausweisen müssen. Für einen anonymen Einkauf und die Verwendung im Internet ist die Karte jedoch absolut empfehlenswert und problemlos einsetzbar.

Wo Sie ein anonymes Sammelkonto auch für Ihre Offshore Firma eröffnen können erfahren Sie auf S. 174 unter der Rubrik Bank-Konten.

Sie sollten also Ihre hauptsächliche Kontoführung immer im Ausland haben egal an welchem Ort der Welt Sie sich gerade aufhalten. Versuchen Sie in dem Land in dem Sie leben am besten KEIN Konto zu unterhalten und wenn dieses unumgänglich ist, wickeln Sie darüber nur kleinste Beträge und Geschäfte ab.

Für größere Geschäfte uns Transfers richten Sie sich eine Offshore-Firma mit einem Offshore-Konto ein. Entsprechende Vorschläge dazu werden in mehreren Kapiteln dieses Buches behandelt.

Versuchen Sie grundsätzlich so viel wie möglich bar zu bezahlen und keine Kreditkarte zu verwenden damit Sie so wenig Datenspuren wie möglich hinterlassen.

GESCHÄFTE:

Wickeln Sie Ihre Geschäfte grundsätzlich über sogenannte Offshore-Zentren ab und versuchen Sie die größte möglichste Anonymität dabei zu wahren bei gleichzeitiger größter eigener Kontrolle über die Firma oder das Geschäft.

Die derzeit besten und sichersten Offshore-Gebiete sind hierfür Dubai, RAK, Singapur und Hong Kong. Diese Gebiete wurden detailliert in meinen anderen Kapiteln behandelt.

Wickeln Sie grundsätzlich Ihre Geschäfte nie in dem Land ab in dem Sie wohnen, sondern verlagern Sie Ihren Firmensitz immer außerhalb Ihres Lebensmittelpunktes.

Wickeln Sie Ihre Geschäfte grundsätzlich über einen Treuhänder oder Strohmann ab, achten Sie jedoch unbedingt darauf, mit wem Sie sich hier einlassen, nicht dass der Schuss nach hinten losgeht, was bei derartigen Konstrukten durchaus passieren kann, wenn Sie nicht sorgfältig Ihre Personen hierfür auswählen. Sollten Sie das Geld für ein komplettes Offshore-Konstrukt nicht haben oder nicht aufbringen wollen oder wenn Sie sich über den Ausgang eines geplanten Geschäftes nicht sicher sind oder aber nur ein einmaliges Geschäft abschließen wollen, dann empfiehlt sich die folgende »Billig-Lösung«:

Gründen Sie für Ihr Geschäft oder für jede einzelne Tätigkeit einfach billig und anonym eine englische Limited. Dies können Sie online bei folgendem Anbieter problemlos einrichten:

www.companiesmadesimple.com

Ihre Firma ist innerhalb eines Tages gegründet und für ein paar Euros legal ins Handelsregister eingetragen. Sollten Sie mit Ihrem eigenen Namen in den Firmenunterlagen kein Problem haben verwenden Sie Ihren eigenen Namen bei der Registrierung, geben Sie aber als Adresse die Adresse des Firmengründers an, dieser bietet diesen Service zum Schutz des Kunden regulär an. Sie haben dann zwar Ihren Namen aber nicht Ihre Adresse und Lebensmittepunkt bekannt gegeben.

Sollte Ihnen auch dies zu viel sein, dann greifen Sie einfach zu folgender Lösung:

Suchen Sie sich nach einem Freund am besten in einem weit entlegenen Gebiet wie Afrika oder Brasilien (der kann ruhig auch aus den Favelas oder Slums sein) und tragen dessen Namen und Adresse als Direktor ein. Das englische Handelsregister überprüft grundsätzlich keine Eintragungen der Direktoren oder Gesellschafter einer Firma und Sie können eintragen was Sie wollen! Dies ist völlig anonym für Sie, es ist im Handelsregister eingetragen und die Firma ist sofort einsetzbar.

In nur einem Tag haben Sie Ihre »Money Power Ltd.« mit Direktor Hugo Gonzales aus Brasilien gegründet und dies für schlappe 30 Britten Pfund! Schwieriger dürfte es sein für diese Firma ein Konto zu eröffnen, außer Sie kennen Hugo Gonzales wirklich und er unterschreibt Ihnen eine Generalvollmacht mit der Sie dann auch ein Konto eröffnen können oder noch besser Hugo Gonzales eröffnet es mit seinem brasilianischen Pass übergibt Ihnen aber alle Internetbanking Zugänge und kann nicht selbst auf Ihr Konto zugreifen. Sicher können Sie sich selbst diesen Gedanken für Ihre Zwecke weiterstricken die Basis dazu wurde Ihnen geliefert.

MAILDROP:

Ein Maildrop ist schlicht und einfach eine Briefkastenadresse, die Sie sich bei professionellen Anbietern wie Regus oder anderen kleineren Firmen anmieten können. Sie können sich weltweit sogenannte virtuelle Büros einrichten ohne jemals nur einen Schritt in dieses Land gemacht zu haben.

Lassen Sie sich grundsätzlich, wenn möglich nie Post zu sich direkt nach Hause senden. Geben Sie nie Ihre eigene Wohnadresse bei Verträgen, Bestellungen oder sonstigen Papierkram an, sondern verwenden Sie eine Adresse die Ihnen von einem Bekannten zur Verfügung gestellt wird oder nehmen Sie sich ein Maildrop. Es kommt hier natürlich auf die Brisanz Ihrer Geschäfte und Post an die Sie empfangen müssen.

Je nach dem sollten Sie bedenken, dass auch hier natürlich die Anonymität dort aufhört, wo man die Kette nachverfolgen kann. Die meisten Maildrops wollen wissen wer Sie sind, fordern Vorkasse und wollen eine Kopie des Ausweises von Ihnen. Versuchen Sie daher stets kleinere Anbieter zu finden die dies nicht fordern!

Vielleicht kann Ihnen aber auch Hugo Gonzales aus Brasilien hier behilflich sein und Ihnen das Maildrop anmieten und die Post zuerst zu sich nach Brasilien senden lassen und Sie holen diese dort persönlich ab oder wenn Gonzales in der Nähe des Maildrops wohnt holt er die Post für Sie ab und sendet diese Ihnen bzw. scannt Ihnen diese ein. Auch hierfür können Sie am besten selbst ein geeignetes Netzwerk aufbauen, das Ihren Anforderungen entspricht und Ihrer Situation angepasst ist.

WICHTIG: GRUNDSÄTZLICH GILT, DASS SIE BEI ALLEN ANONYMEN KONSTRUKTEN VERSUCHEN MÜS-

SEN DIE KETTE UND DEN DIREKTEN LINK ZU IHNEN AB EINER BESTIMMTEN STELLE ZU UNTERBRECHEN!!

TELEFON / FAX / HANDY:

Dies ist nicht nur seit der Enthüllung von Snowden die meist überwachte und kontrollierte Kommunikation neben den E-Mails. Daher gilt grundsätzlich höchste Vorsicht im Gebrauch mit diesen Kommunikationsmitteln. Natürlich sind diese in unserem täglichem Leben nicht mehr wegzudenken, jedoch sollten Sie Ihre Gewohnheiten und Ihren Umgang damit völlig ändern, wenn Sie nicht unbedingt auf der ersten Seite des Überwachungsapparates aufschlagen wollen.

Zur Beruhigung aller neurotischen Verfolgten, es werden zwar täglich Millionen von Mails, SMS, Telefonate und Faxe abgefangen. Der meiste Teil davon wird nur abgelegt und nicht ausgewertet und wenn Sie bedenken wie viel Schwachsinn den ganzen Tag per Mail und SMS rund um den Globus unterwegs ist, dann ist die Gefahr, dass sich irgendjemand für Ihre private Liebeserklärung an Ihre Freundin interessiert oder was Sie bei Ihrer Großmutter heute zu Mittag gegessen haben, etc. doch sehr gering. Dennoch sollte man größte Vorsicht walten lassen besonders bei empfindlichen Informationen.

Die Frage ist hier, wie können Sie sich dagegen schützen? Diese Frage ist ganz einfach und schnell zu beantworten, in dem Sie nur kurz und nur verschlüsselt telefonieren oder überhaupt nicht!

Vermeiden Sie grundsätzlich verdächtige Wörter und Sätze wie z.B. Millionen, Milliarden und hunderttausende Beträge in Euro und Dollar kürzen Sie bei Mails und Gesprächen dem englischen Sprachgebrauch die Beträge grundsätzlich ab und schreiben oder sprechen Sie die Nullen der Beträge nie aus. Wenn Sie über einen Betrag von 500.000 sprechen dann schreiben Sie 500TSD und sprechen 500Gross oder bei einer Million sprechen und schreiben Sie nur 1M usw. lassen Sie sich was einfallen und seien Sie kreativ und machen Sie sicher, dass Ihr Gegenüber das Selbe versteht wie Sie!

Fassen Sie sich kurz und erzählen Sie keine Romane mit Unmengen von Informationen darin die Namen, Daten oder Beträge oder sonstiges enthalten könnten was für Ihre Widersacher von Interesse sein könnten. Versuchen Sie so wenig wie möglich zu telefonieren, Sie werden sehen das es geht! Geben Sie sensitive Daten nur persönlich weiter oder werfen Sie Ihrem Partner einen Brief in den Kasten den Sie persönlich einwerfen.

Vergessen Sie grundsätzlich Blueberry, Blackberry und sonstige Berries alles Schnick Schnack den Sie nicht benötigen! Nehmen Sie sich ein sogenanntes »Einweghandy« für 20 Euro und setzen dort eine beim Türken gekaufte Prepaidkarte ein die Sie OHNE Hinterlegung Ihrer Ausweis- und sonstigen Adressdaten freigeschaltet bekommen! Hier erhalten Sie komplett anonyme Karten ohne Ihre Daten zu registrieren:

www.anonym-phone.de

Für Viel-Telefonierer wird empfohlen sich gleich 10 Handys und 10 Karten zu kaufen, so haben Sie immer und überall eines parat und können für jedes Geschäft ein anderes einsetzen. Wechseln Sie grundsätzlich in regelmäßigen Abständen Ihre Nummer und schleppen nicht Ihr Leben lang die gleiche Nummer mit sich herum, denn Sie hinterlassen dabei einen Schwulst voll Daten und Informationen über Sie.

Richten Sie sich einen anonymen Skype Account als James Bond ein den Sie anonym im Internet Café eröffnen und der keinerlei Daten und Verbindungen zu Ihnen zulässt. Telefonieren Sie über Skype mit Ihren Partnern und machen Sie dabei KEINE Videokonferenz bzw. Telefonate zu denen Sie Ihre Cam dazu schalten können, wenn Ihre Gesprächspartner das von sich machen möchte kein Problem, Sie sollten dies jedoch gut möglichst von sich selbst vermeiden!

Sie können über Skype auch Nummern aus verschiedenen Ländern für mehrere Monate mieten über die Sie dann von Ihren Geschäftspartnern und Freunde angerufen werden können. Legen Sie sich eine Nummer für die Privatgespräche zu und eine für Ihre geschäftlichen Gespräche und trennen Sie beides strikt voneinander. Niemand weiß durch diese Nummern wo Sie sich wirklich gerade aufhalten. Sie können sich über Brasilien oder Südafrika bis hin zu Japan weltweit anrufen lassen. Sie erhalten eine Festnetznummer in diesen Ländern und keine dubiose Handynummer, dies macht bei Ihren Partnern am anderen Ende der Leitung Eindruck und schafft Ihnen Sicherheit und Anonymität. Sie können auch von diesen Nummern aus gebührenpflichtig telefonieren und Gesprächspartner weltweit mit Nummernerkennung Ihrer Auslandsnummer anrufen oder die Nummer unterdrückt lassen.

Achten Sie dabei darauf, dass Sie Ihr Guthaben zum telefonieren mit diesen Nummern nur per Paypal oder Kreditkarte aufladen können, was wiederum eine Verbindung zu Ihnen herstellt. Dies jedoch nur wenn Sie mit diesen Nummern in ein Mobil oder Festnetz telefonieren wollen, bei einem Skype zu Skype Gespräch ist Ihre Anonymität dagegen gewährleistet.

Anonyme Faxe können Sie über einen Anbieter wie z.B. e-fax oder auch unzählige andere empfangen, die Ihnen eine ausländische Faxnummer zur Verfügung stellen die dann eingehende Faxe direkt per E-Mail als PDF Datei an Ihre E-Mail Adresse weiterleiten.

E-MAILS:

Bei den Mails verhält es sich genauso wie im vorherigen Kapitel über Telefone beschrieben. Grundsätzlich gilt, eröffnen Sie Ihre E-Mail Accounts grundsätzlich immer anonym! D.h. legen Sie sich den Account OHNE Angabe und Hinterlegung Ihrer persönlichen Daten an. Verwenden Sie immer Fantasienamen und am besten welche die weit verbreitet sind wie Müller, Meier oder Schulze. Um ganz sicher zu gehen, dass keine direkte Verbindung zu Ihnen hergestellt werden kann, eröffnen Sie den E-Mail Account im Internet Café oder über einen sogenannten Safer Surfer dieser verhindert, dass Sie sich mit Ihren eigen Browser Daten einloggen und schützt Ihre IP Adresse und verschleiert von welchem Netzwerk Sie gerade eingeloggt haben. Sie werden dabei auf einen Gemeinschaftsserver im Ausland weitergeleitet und loggen über diesen Im Internet ein. So sind Sie sicher, dass Ihr Account auch völlig anonym eingerichtet wurde.

Und genau über diese Methode verwenden Sie auch Ihren Account wenn Sie Ihre Mails abfragen oder versenden wollen. Loggen Sie NIE von Ihrem privaten Browser und Server ins Netz ein sondern immer nur über das Internet Café oder über eine Hotel-Lobby bei der Sie keine privaten Daten und Zimmer Nummern angeben müssen oder über diesen Safer Surfer. Diesen können Sie erwerben bei www.cyberghostvpn.com oder www.safervpn.com

Und sollten Sie wirklich E-Mails mit sensitiven Daten versenden wollen oder müssen dann sag ich Ihnen wie Sie dies 100% sicher tun können ohne jemals nur eine Sekunde lang Gefahr zu laufen, bei einem Schnüffeldienst wie der NSA aufzuschlagen! Sie sagen dies gibt es nicht, doch dies gibt es! Und es ist so primitiv, dass Sie dafür nicht eine Top-Ausbildung beim Geheimdienst absolviert haben müssen um diese so geniale wie auch primitive Möglichkeit nutzen zu können. Sie stellen sich nun sicherlich die Frage wie soll das gehen? Nun, ich will Sie nicht länger auf die Folter spannen, die Antwort ist ganz einfach und primitiv, dass Sie jetzt gleich in lautes Gelächter ausbrechen:

Nämlich, versenden Sie die E-Mail überhaupt nicht, dann kann Sie auch niemand abfischen oder abfangen!

Ja, Sie hören richtig! Versenden Sie Ihre E-Mail nicht! Nur wenn Sie auf den »Sende-Knopf« gedrückt haben fliegen Ihre Daten in das World Wide Web und können dann erst abgefangen und abgefischt werden. Wenn Sie aber nichts versenden, dann kann auch nichts abgefangen werden, ganz einfach! Dann ergibt sich natürlich zwangsläufig die Frage, alles schön und gut, aber wie soll mein gewünschter Partner den ich anschreiben wollte die Nachricht überhaupt in Empfang nehmen, wenn ich sie nicht versende? Berechtigte Frage und hier ist die Lösung:

Sie schreiben in Ihrem E-Mail Account die Nachricht zuerst ganz normal, als wenn Sie eine normale E-Mail schreiben würden der einzige Unterschied ist nun, wenn Sie Ihre Nachricht fertig geschrieben haben, dass Sie diese nicht absenden sondern in Ihrem Ordner für Entwürfe speichern! Nun man sollte hier dann gewisse Vorarbeit geleistet haben.

Richten Sie einen anonymen Account ein wie bereits beschrieben, nun treffen Sie sich mit Ihrem Partner dem Sie schreiben wollen und geben im sicher ohne dass jemand weiß um was es sich handelt, das Passwort für Ihren E-Mail Account! Nun können Sie und Ihr Partner GEMEINSAM mit dem gleichen Passwort einloggen.

Sie haben den Trick erkannt? Also nun wenn alles eingerichtet ist, und beide beteiligte das Passwort haben können Sie Ihre

Nachricht im Entwurf-Ordner abspeichern. Sie senden Ihrem Partner oder dem Empfänger der Mail eine SMS mit der Nachricht »Bitte Mails abrufen«.

Der Empfänger loggt nun mit Ihrem Passwort in Ihren gemeinsamen Account ein geht in den Entwurf-Ordner macht ihn auf und liest was Sie ihm geschrieben haben. Nachdem er es gelesen hat, löscht er die Mail und antwortet Ihnen auf die gleiche Weise zurück. Somit haben Sie ein Netzwerk geschaffen, in das niemand eindringen kann! Dies funktioniert weltweit mit unzähligen Partnern. Niemand kann E-Mails von Ihnen abfischen da Sie keine versenden. Niemand hackt in Ihren Account da Sie mit diesem NIE auffallen da dieser Account NIE etwas versendet sondern immer nur Entwürfe gespeichert hat die dann nach dem Lesen sofort wieder gelöscht werden.

Diese Methode ist einfach, weltweit einsetzbar, primitiv von jedem anwendbar und ist einfach genial! Probieren Sie es aus, Sie werden begeistert sein und werden bald wieder gut schlafen können.

INTERNET:

Genau wie oben beschrieben, achten Sie beim surfen im Internet stets darauf, dass Sie anonym surfen! Surfen Sie nur im Internet-Café oder bei sich zuhause über einen anderen Surfer wie z.B. Safer Surf anbietet.

Grundsätzlich sind Sie im Internet keines Falles und NIE anonym. Ständig werden Ihre IP-Daten und Surfer Daten vollständig übermittelt. Also gehen Sie davon aus, dass jeder und alles was Sie im Internet machen auf Sie zurückverfolgt werden kann. Bauen Sie dagegen entsprechende Schutzvorkehrungen ein wie oben beschrieben mit Safer Surf.

Treffen Sie für Ihre Hardware noch einen weiteren Schutz und installieren Sie auf Ihrem Laptop und PC einen Datenzerstörer der automatisch aktiviert wird, wenn 3 Mal hintereinander ein falsches Passwort eingegeben wurde. So verhindern Sie, dass unbefugte Zugang zu Ihren Daten bekommen im Falle eines Einbruches bei Ihnen oder bei Verlustes des Laptops. Diesen Schutzmechanismus können Sie auch im Notfall (z.B. bei Erpressung, Nötigung oder Hausdurchsuchung) bei der Sie zum öffnen Ihres PC oder Laptops verpflichtet oder gedrängt werden, selbst aktivieren. Geben Sie einfach 3 Mal ein falsches Passwort ein und der PC zerstört Ihre Daten von selbst und überschreibt sich unwiderruflich immer wieder von selbst. Sie können sich dann immer herausreden, dass Sie leider in der Aufregung in der entsprechenden Situation in der Sie sich befanden leider das Passwort nicht mehr richtig rekonstruieren konnten.

Vergessen Sie grundsätzlich sogenannte Sozial-Netzwerke wie Facebook, Twitter und der ganze Schrott! Melden Sie sich niemals dort an! Niemand muss wissen wo Sie sich gerade aufhalten, in welchem Flugzeug Sie fliegen und in welchem Hotel Sie übernachten, das ist alles absoluter Schwachsinn vergessen Sie dieses. Dies mag für gelangweilte Teenager noch in Ordnung sein, aber auch selbst denen wird der ganze Informationsschwulst manchmal zu viel.

Die neue Generation züchtet sich selbst zum absolut und dauernd überwachten Subjekt heran, da braucht es nicht einmal viel staatlichen Druck oder Hilfe sondern diese gestalten Ihren Überwachungsapparat völlig freiwillig und selbst und ohne dass ihnen dieses bewusst ist!

Passen Sie auch auf mit Google Ads, Paypal und ebuy usw. all diese Konten können nie sofort wieder gekündigt werden sondern aus Datenspeicherungsgründen müssen die Daten die über diese Accounts gesammelt wurden mindestens 10 Jahre durch den Betreiber aufbewahrt werden! Also besser die Finger davon lassen, wenn Sie Anonymität bevorzugen!

WEBSEITE:

Sollten Sie eine eigene Webseite betreiben, dann achten Sie unbedingt darauf, dass Sie diese über einen Server platziert haben, über den Sie nicht oder sehr erschwert gesetzlich angegriffen werden können. Versuchen Sie sich einen Server im fernen Vanuatu oder auf einer Karibikinsel zu besorgen und Ihre Webseite darauf einzurichten, so dass Sie ruhe vor allen Abmahnvereinen, Schnüfflern uns sonstigen zwielichtigen Gestalten haben die Ihnen nur schaden wollen.

GHOSTING:

Versuchen Sie grundsätzlich im Internet mit Pseudonym aufzutreten und zu surfen, verwenden Sie Fantasie- oder sonstige Namen und kopieren Sie diese.

INKOGNITO:

Und schließlich noch die letzte Möglichkeit mit der Sie sich anonym weltweit bewegen können. Legen Sie sich eine Zweitstaatsbürgerschaft und einen Zweitpass zu! Wie Sie dies erreichen können wurde in einem anderen Kapitel dieses Buches sehr genau beschrieben.

Wenn Sie die in diesem Report gewonnen Ratschläge befolgen, dürfte Ihrem zukünftigen anonymen Leben nicht mehr viel im Wege stehen. Mir ist natürlich bewusst, dass nicht allen Lesern die Verwirklichung dieser Theorie möglich ist, aber wenn Sie nur die Hälfte der Ratschläge zur Anwendung bringen können, ist es besser, als dauernd im Rampenlicht der Überwachung zu stehen.

TIPP:

Auf nachstehender Webseite können Sie in England legal inh. von 24 Stunden für nur GBP 11.99 eine Namensänderung vornehmen lassen. Hierfür bekommen Sie ein Zertifikat ausgestellt. Damit können Sie dann versuchen, wenn Sie Ihre zweite Staatsbürgerschaft beantragen oder für andere amtlichen Papiere die Sie im Ausland anfordern, diese Namensänderung zu verwenden, so dass Sie Ihre neuen Papiere bereits schon auf den neuen Namen ausgestellt bekommen. Dies funktioniert nicht überall, aber dürfte in vielen Staaten über die Sie eine Zweitstaatsbürgerschaft bekommen können, eventuell problemlos anerkannt werden.

www.officialdeedpoll.com

4 | GOLD ALS ANLAGE

DER WERT DES GOLDES

Gold hat die Menschen seit jeher fasziniert. Gold wurde im 4. Jahrtausend vor Christus entdeckt und hat sich durch die Jahrhunderte als wichtigstes Werterhaltungsmittel bewährt. Seit der Antike gilt Gold als das Sinnbild für Reichtum und Macht und der Anreiz des gelblichen Edelmetalls hält bis in die Gegenwart an.

Der König der Metalle und das Metall der Könige sah Imperien aufgehen und zerfallen, durchstand Kriege und Finanzkrisen und ist bis heute das einzige Geld, das seine Kaufkraft über Jahrtausende weltweit erhalten konnte.

In einer Zeit, in der viele Menschen Zweifel über die Nachhaltigkeit unseres heutigen Währungs- und Bankensystems verspüren, hat die Goldpreisentwicklung erneut große Aufmerksamkeit gefunden.

Dieses Edelmetall ist optisch schön, relativ selten und nicht beliebig vermehrbar, außerdem hat Gold einen hohen Wert pro Einheit (Unze) und ist weltweit akzeptiert.

Jährlich werden etwa 2000 – 5000 Tonnen Gold gefördert, wobei ein Großteil für die Schmuckindustrie weiterverarbeitet wird. Weitere Verwendung findet Gold in der Industrie, zur Münzprägung, zur Geldanlage und im Gesundheitswesen.

Im Laufe der Geschichte wurde Gold in Form von Goldmünzen als Währungsmittel entdeckt. Bis 1914 war der Goldstandard obligatorisch und der Wert des Geldes war an den Goldpreis gekoppelt.

Dies war fast ein Jahrhundert lang der Garant für ein stabiles Wechselkurssystem zwischen den Währungen untereinander. Das Wichtigste dabei war, dass der Wert des Geldes immer am Gold gemessen wurde und nie das Gold am Wert des Geldes!

Mit dem Scheitern des Goldstandards wurden neben Gold auch der amerikanische Dollar und das britische Pfund Sterling zu eigentlichen Währungsreserven manipuliert. Gemessen am Stand von 1913 wo die Währung durch Gold gedeckt wurde, mussten in der Zwischenzeit alle Währungen erhebliche Verluste hinnehmen. Der Schweizer Franken, lange als stabilste Währung der Welt gehandelt, hat nicht einmal mehr ein Drittel des Wertes beibehalten den er damals hatte und der US Dollar stand schon mehrfach am Rande eines Kollapses und hat heute einen Restwert von nicht einmal mehr 10% des Wertes aus der Zeit des Goldstandards!

Da in den letzten 100 Jahren das sogenannte Buchgeld immer mehr an Bedeutung gewann, glaubte man, dass Gold als Anlageform mehr oder wenig überflüssig sei!

Wie sich das Papiergeld (meist ohne jegliche Deckung einfach von den Zentralbanken gedruckt und ausgegeben) eines ganzen Volkes von heute auf morgen in nichts auflösen lässt, zeigten bereits die Krise in Mexiko und auch die Krise in Argentinien. Nachdem dann die argentinische Führung aufgrund jahrelanger Misswirtschaft eine 155 Milliarden Staatsschuld hinterlassen hatte, griff sie einfach zu Bankenschließungen, Kontoeinfrierungen etc. und trotzdem versank der einst reiche Staat am La Plata in Armut und Anarchie.

ARGENTINIEN IST ÜBERALL !!!

Wie Sie unschwer erst kürzlich an der unvorstellbaren Dimension der Banken- und Finanzkrise weltweit erkennen konnten.

Eine normale Rückzahlung der Schulden der weltweit bis ins uferlose verschuldeten Staaten ist absolut illusorisch!!!

Die einzige Alternative die den Staaten verbleibt, ist die Möglichkeit mehr Geld zu drucken, welches wiederum ungedeckt ist und somit eine Gefahr von Rezession, Inflation bis hin zu einer Deflation nur noch fördert und verstärkt!

Eine Einschätzung der wirtschaftlichen und politischen Lage und Prognosen für die Zukunft sind momentan so schwierig wie zu jedem Zeitpunkt in der Geschichte. Seit langer Zeit aber durchleben wir wieder eine Phase des Zweifels an wirtschaftlichen und finanzpolitischen Grundprinzipien.

Dies gepaart mit der aktuellen weltpolitischen Brisanz, sieht sich der Anleger konfrontiert mit einer neuen und zugleich alten Herausforderung an die private Vermögenslage:

Der Sicherung des eigenen Vermögens !!

Eine wesentliche Rolle wird in diesem Zusammenhang eine Anlage spielen, die über die letzten zwanzig Jahre dem blinden Zukunftsglauben und Rendite Dogma zum Opfer fiel: DAS GOLD.

GOLD UND WIRTSCHAFTLICHE FREIHEIT

Eine geradezu hysterische Feindschaft gegen den Goldstandard verbindet Staats-Interventionisten aller Art.

Sie scheinen klarer und deutlicher als selbst viele Anhänger der freien Marktwirtschaft zu spüren, dass Gold und wirtschaftliche Freiheit unteilbar sind, dass der Goldstandard ein Attribut der freien Marktwirtschaft ist und dass sich beide gegenseitig bedingen und aufeinander angewiesen sind.

Um die Ursache ihrer Feindseligkeit zu begreifen, ist es zunächst einmal notwendig die genaue Rolle zu verstehen, welche Gold in einer freien Gesellschaft spielt.

Geld ist der gemeinsame Nenner aller wirtschaftlichen Transaktionen. Es ist das Gut, welches als Tauschmittel verwendet wird, welches von allen Teilnehmern in einer Tauschgesellschaft für die Bezahlung ihrer Waren akzeptiert wird, und welches daher als Maßstab für den Marktwert und zur Wertaufbewahrung, also zum Sparen verwendet werden kann.

Die Existenz eines solchen Gutes ist die Voraussetzung für eine arbeitsteilige Gesellschaft.

Ohne ein Gut, welches als objektiver Wertmaßstab dient und allgemein als Geld akzeptiert wird, müssten sich die Menschen mit primitivem Tauschhandel begnügen oder wären gar gezwungen auf autarken Bauernhöfen ihr Leben zu fristen und auf die ungeheuren Vorteile der Arbeitsteilung zu verzichten.

Wenn es keine Möglichkeit der Wertaufbewahrung, also des Sparens gibt, so wären weder langfristiges Planen noch Austausch möglich.

Welches Tauschmittel für alle Wirtschaftsteilnehmer akzeptabel ist, kann nicht willkürlich festgelegt werden. Zunächst einmal sollte das Tauschmittel dauerhaft sein.

In einer primitiven Gesellschaft mit nur geringem Wohlstand könnte Weizen ausreichend »dauerhaft« sein, um als Tauschmittel zu dienen, da alle Tauschvorgänge nur während der Ernte oder unmittelbar danach stattfinden würden und keine Notwendigkeit bestünde Wert-Überschüsse aufzubewahren.

Aber sobald Wertaufbewahrung bedeutsam wird, wie es in zivilisierten und reicheren Gesellschaften der Fall ist, muss das Tauschmittel ein dauerhafter Rohstoff sein, üblicherweise ein Metall.

Ein Metall wird im Allgemeinen deshalb gewählt, weil es homogen und teilbar ist. Jede Einheit gleicht der anderen und es kann in beliebiger Menge verformt und legiert werden.

Edelsteine etwa sind weder homogen noch beliebig teilbar.

Noch wichtiger ist, dass um als Tauschmittel geeignet zu sein, das Gut ein Luxusgegenstand sein muss. Das menschliche Bedürfnis nach Luxus ist unbegrenzt weshalb Luxusgüter immer nachgefragt und auch immer akzeptiert werden. Weizen ist ein Luxusgut in einer unterernährten Gesellschaft, aber nicht in einer Wohlstandsgesellschaft. Zigaretten würden normalerweise nicht als Geld akzeptiert werden, aber nach dem 2. Weltkrieg wurden sie in Europa als Luxusgut betrachtet. Der Begriff Luxusgut impliziert Knappheit und einen hohen Wert pro Einheit. Da es einen hohen Wert pro Einheit darstellt, lässt sich solch ein Gut leicht transportieren. Zum Beispiel hat eine Unze Gold den gleichen Wert wie eine halbe Tonne Roheisen.

In der Anfangsphase einer sich entwickelnden Geldgesellschaft werden oft mehrere Tauschmittel benutzt, da eine ganze Reihe von Gütern die beschriebenen Anforderungen erfüllen können.

Im Laufe der Zeit wird jedoch das Tauschgut welches die größte Akzeptanz findet, alle anderen verdrängen. Für die Funktion als Wertaufbewahrungsmittel wird sich die Nachfrage auf das am meisten akzeptierte Gut konzentrieren, was diesem wiederum noch mehr Akzeptanz einbringt.

Diese Entwicklung geht bis zu dem Punkt weiter, an dem dieses Gut zum einzigen Tauschmittel wird.

Der Gebrauch eines einzigen Tauschmittels hat große Vorteile, und zwar aus den gleichen Gründen wegen deren eine Geldwirtschaft einer Natural Tauschwirtschaft überlegen ist.

Es ermöglicht Austausch in einem ungleich größeren Ausmaß. Ob dieses eine Medium nun Gold, Silber, Muscheln, Vieh, oder Tabak ist, ist unterschiedlich und abhängig von dem Umfeld und dem Entwicklungsstand der jeweiligen Gesellschaft.

Tatsächlich wurden alle diese Güter zu verschiedenen Zeiten als Tauschmittel verwendet.

Sogar in unserem Jahrhundert wurden zwei bedeutende Güter, nämlich Gold und Silber, als internationales Tauschmittel benutzt, wobei Gold das beherrschende wurde.

Gold, das sowohl künstlerischen als auch funktionalen Gebrauch findet und relativ knapp ist, wurde immer als Luxusgut betrachtet.

Es ist dauerhaft, leicht zu transportieren, homogen, teilbar und hat deshalb bedeutende Vorteile gegenüber allen anderen Tauschmittel.

Vor Beginn des 1. Weltkrieges war es praktisch der einzige internationale Tauschstandard.

Wenn alle Güter und Dienstleistungen in Gold bezahlt werden müssten, wären große Zahlungen schwierig zu bewerkstelligen und dies wiederum würde bis zu einem gewissen Grade die Arbeitsteilung und Spezialisierung in einer Gesellschaft begrenzen. Die logische Fortsetzung der Entwicklung eines Tauschmittels ist es daher, ein Banksystem und Kreditmittel (Banknoten und Einlagen) zu entwickeln, die als Stellvertreter funktionieren, aber in Gold eintauschbar sind. Ein freies, auf Gold basierendes

Banksystem ist in der Lage, Kredit zu gewähren und so entsprechend den Produktionserfordernissen der Wirtschaft Banknoten (Währung) und Guthaben zu schöpfen. Individuelle Goldbesitzer werden durch Zinszahlungen dazu veranlasst, ihr Gold in einer Bank einzulegen, worauf sie Schecks ziehen können.

Und da in den seltensten Fällen alle Einleger ihr Gold zur gleichen Zeit abziehen wollen, muss der Bankier nur einen Teil der gesamten Einlage in Gold als Reserve vorhalten. Dies ermöglicht es dem Bankier, mehr als seine tatsächlich physisch vorhandenen Goldeinlagen auszuleihen (d.h., er hält Forderungen auf Gold statt wirklichem Gold als Sicherheit für seine Einlagen). Aber die Beträge, die er ausleihen kann, sind nicht unbegrenzt. Sie müssen in einem tragbaren Verhältnis zu seinen Reserven und dem aktuellen Stand seiner Investitionen stehen.

Wenn Banken Geld ausleihen, um produktive und profitable Unternehmen zu finanzieren, werden die Darlehen rasch zurückgezahlt und Bankkredit ist weiterhin allgemein verfügbar. Wenn aber die mit Bankkredit finanzierten Geschäfte weniger profitabel sind und nur langsam zurückgezahlt werden, spüren die Banken schnell, dass ihre ausstehenden Darlehen zu hoch sind im Verhältnis zu ihren Goldreserven und sie fangen an, mit neuen Ausleihungen zurückhaltender zu sein, üblicherweise, indem sie höhere Zinsen berechnen. Dies begrenzt die Finanzierung neuer Unternehmungen und erfordert von den bestehenden Schuldnern, dass sie ihre Gewinnsituation verbessern, bevor sie Kredite für weitere Expansionen bekommen können.

Daher wirkt unter dem Goldstandard ein freies Banksystem als Hüter von ökonomischer Stabilität und ausgeglichenem Wachstum.

Wenn Gold von den meisten oder gar allen Nationen als Tauschmittel akzeptiert wird, so begünstigt und fördert ein unbehinderter freier Goldstandard die weltweite Arbeitsteilung und internationalen Handel.

Obwohl die Tauscheinheiten (Dollar, Pfund, Franc etc.) von Land zu Land unterschiedlich sind, so funktionieren die Wirtschaften der einzelnen Länder doch wie eine einheitliche Wirtschaft, sofern alle Einheiten in Gold definiert sind und es keine Behinderungen für Handel und freie Kapitalbewegungen gibt.

Kredite, Zinsen und Preise verhalten sich dann in allen Ländern ähnlich. Wenn zum Beispiel die Banken in einem Land zu großzügig Kredit gewähren, so gibt es in diesem Land eine Tendenz zu fallenden Zinsen, was die Goldbesitzer veranlasst, ihr Gold zu Banken in anderen Ländern zu verlagern, wo es höhere Zinsen bringt.

Dies wird unmittelbar zu einer Knappheit an Bankreserven in dem Land mit den lockeren Kreditbedingungen führen, was wiederum zu strengeren Kreditbedingungen und zu einer Rückkehr zu wettbewerbsgerechten höheren Zinsen führt.

Ein vollkommen freies Banksystem und ein konsequenter Goldstandard wurden bisher noch nie verwirklicht. Aber vor dem 1. Weltkrieg war das Banksystem in den Vereinigen Staaten (und dem größten Teil der Welt) auf Gold gegründet, und obwohl es gelegentliche Interventionen von Seiten des Staates gab, war das Bankgeschäft doch überwiegend frei und unkontrolliert.

Gelegentlich hatten sich die Banken, aufgrund zu schneller Kreditexpansion, bis an die Beleihungsgrenzen ihrer Goldreserven exponiert, worauf die Zinssätze scharf anzogen, neue Kredite nicht gewährt wurden und die Wirtschaft in eine scharfe, aber kurze Rezession fiel (im Vergleich zu den Depressionen von 1920 und 1932 waren die Konjunkturabschwünge vor dem 1. Weltkrieg mild).

Es waren die begrenzten Goldreserven, die eine ungleichmäßige Ausweitung der Geschäftstätigkeit stoppten, bevor sie sich zu solchen Desastern entwickeln konnten, wie sie dann nach dem ersten Weltkrieg auftraten. Die Korrekturphasen waren kurz und die Wirtschaft fand schnell wieder eine gesunde Basis für weitere Expansion.

Aber der Heilungsprozess wurde als Krankheit fehlinterpretiert.

Wenn der Mangel an Bankreserven einen Konjunkturabschwung bewirkt - so argumentierten die Wirtschaftsinterventionisten - warum finden wir dann nicht einen Weg, um den Banken zusätzliche Reserven zur Verfügung zu stellen, so dass sie nie knapp werden können!

Wenn die Banken unbegrenzt fortfahren können, Geld zu verleihen - so wurde behauptet - müsse es nie mehr Konjunkturabschwünge geben. Und so wurde 1913 das Federal Reserve System geschaffen.

Es bestand aus 12 regionalen Federal Reserve Banken, die nominal zwar privaten Bankiers gehörten, tatsächlich jedoch vom Staat gefördert, kontrolliert und unterstützt wurden. Von diesen Banken geschöpfter Kredit wird in der Praxis (wenn auch nicht gesetzlich) von der Steuerkraft der Bundesregierung unterlegt.

Rein technisch gesehen blieb der Goldstandard erhalten; Privatpersonen war es noch erlaubt, Gold zu besitzen und Gold wurde auch noch als Bankreserve benutzt.

Aber jetzt konnte zusätzlich zum Gold auch noch von den Federal Reserve Banken geschöpfter Kredit (Papiergeldreserven) als legales Zahlungsmittel dienen, um Einleger auszuzahlen.

Als die Konjunktur in den Vereinigten Staaten 1927 einen leichten Rückschlag erlitt, schöpfte die Federal Reserve zusätzliche Papiergeldreserven in der Hoffnung, damit jeder Knappheit an

Bankreserven zuvorzukommen. Noch verheerender jedoch war der Versuch der Federal Reserve, Großbritannien zu helfen, welches Gold an die USA verloren hatte, weil die Bank von England sich weigerte, die Zinsen steigen zu lassen, wie es die Marktlage eigentlich erfordert hätte (es war politisch unerwünscht). Die Argumentation der beteiligten Behörden war wie folgt:

Wenn die Federal Reserve massiv Papiergeldreserven in das amerikanische Banksystem pumpen würde, so würden die Zinsen in den Vereinigten Staaten auf ein mit Großbritannien vergleichbares Niveau fallen. Dies würde dazu führen, dass die englischen Goldabflüsse gestoppt und mit einer Zinsanhebung verbundenen politischen Unannehmlichkeiten vermieden würden.

Die »Fed« hatte Erfolg: Sie stoppte die Goldverluste, aber gleichzeitig brachte sie die Weltwirtschaft an den Rande des Abgrunds. Die überschüssigen Geldmengen, welche die »Fed« in die Wirtschaft pumpte, flossen in den Aktienmarkt und lösten einen fantastischen spekulativen Aktienboom aus.

Verspätet versuchte die Führung der Federal Reserve die überschüssigen Reserven vom Markt zu nehmen und schließlich gelang es ihnen, den Boom zu bremsen. Aber es war zu spät: 1929 waren die spekulativen Ungleichgewichte bereits so massiv, dass dieser Versuch den bereits einsetzenden scharfen Konjunktureinbruch nur noch beschleunigte. Das Ergebnis war ein Kollaps der amerikanischen Wirtschaft.

Großbritannien erging es noch schlechter und statt die vollen Konsequenzen der vorherigen Fehlentscheidungen zu akzeptieren, gab es 1931 den Goldstandard komplett auf und zerstörte somit endgültig das Netz von Vertrauen, das noch geblieben war, was zu einer weltweiten Serie von Bankzusammenbrüchen führte.

Die Weltwirtschaft versank in der großen Depression der 30er Jahre.

Mit der gleichen Logik, welcher sie sich zuvor bereits bedient hatten, argumentierten die Interventionisten nunmehr, dass in erster Linie der Goldstandard verantwortlich war für das Debakel, das die große Depression ausgelöst hatte. Wenn der Goldstandard nicht existiert hätte, so behaupteten sie, hätte Englands Abgehen von Goldzahlungen im Jahre 1931 nicht die Bankzusammenbrüche in der ganzen Welt verursacht. (Die Ironie dabei war, dass seit 1913 in den USA kein Goldstandard, sondern allenfalls etwas was man als »gemischten Goldstandard« bezeichnen könnte existierte, gleichwohl wurde die Schuld aufs Gold geschoben.

Aber die Feindschaft gegen den Goldstandard in jeglicher Form durch eine wachsende Zahl von Wohlfahrtsstaat-Befürwortern wurde von einer ganz anderen Einsicht verursacht - nämlich der Erkenntnis, dass der Goldstandard unvereinbar ist mit chronischen Haushaltsdefiziten (dem Kennzeichen von Wohlfahrtsstaaten).

Wenn man den Schleier der akademischen Phraseologie einmal wegzieht, erkennt man, dass der Wohlfahrtsstaat nichts weiter als ein Mechanismus ist, mit welchem der Staat das Vermögen der produktiven Mitglieder einer Gesellschaft konfisziert, um damit zahlreiche Wohlfahrtsprojekte zu finanzieren. Ein großer Teil der Vermögenskonfiskation erfolgt in Form von Steuern. Aber die Wohlfahrtsbürokraten erkannten, dass die Steuerlast begrenzt werden musste, wenn sie an der Macht bleiben wollten. Ihre Alternative war massive Staatsverschuldung, d.h. sie müssen durch das Auflegen von Staatsanleihen Geld borgen, um damit die enormen Wohlfahrtsausgaben zu finanzieren.

Unter einem Goldstandard wird die Menge an Kredit, den eine Wirtschaft verkraften kann, von den realen Sachwerten der Wirtschaft begrenzt, weil jeder Kredit letztlich ein Anspruch auf einen realen Sachwert ist.

Aber Staatsanleihen sind nicht durch reale Sachwerte unterlegt, sondern nur durch das Regierungsversprechen, aus künftigen Steuereinnahmen zu bezahlen.

Sie können daher nicht so ohne weiteres von den Finanzmärkten aufgenommen werden. Eine große Menge neuer Staatsanleihen kann der Öffentlichkeit nur zu ständig steigenden Zinssätzen verkauft werden. Deshalb ist die mögliche staatliche Schuldenaufnahme unter einem Goldstandard sehr begrenzt. Die Abschaffung des Goldstandards ermöglichte es den Verfechtern des Wohlfahrtsstaates, das Banksystem für eine unbegrenzte Kreditausweitung zu missbrauchen. In Form von Staatsanleihen erzeugten sie Papiervermögen, welches die Banken, nach einem komplizierten Verfahren, wie Realvermögen als Sicherheit akzeptieren, gleichsam als Ersatz für das was früher eine Einlage in Gold war. Der Inhaber einer Staatsanleihe oder eines auf Papiergeld gegründeten Bankguthabens glaubt, dass er einen gültigen Anspruch auf reale Werte hat. In Wirklichkeit sind aber mehr Ansprüche auf Realwerte im Umlauf, als Realwerte vorhanden sind.

Das Gesetz von Angebot und Nachfrage lässt sich nicht aufheben. Wenn das Angebot an Geld (Ansprüchen) im Verhältnis zum Angebot von realen Gütern in der Wirtschaft steigt, müssen die Preise unweigerlich steigen. Das heißt, Erträge die von den produktiven Teilen der Gesellschaft erspart wurden, verlieren in Gütern ausgedrückt an Wert.

Unter dem Strich der Bilanz ergibt sich dann, dass dieser Verlust genau den Gütern entspricht, die von der Regierung zu Wohlfahrts- und anderen Zwecken erworben wurden mit dem Geld aus Staatsanleihen, die über Kreditexpansion der Banken finanziert wurden.

Ohne Goldstandard gibt es keine Möglichkeit, Ersparnisse vor der Enteignung durch Inflation zu schützen. Es gibt dann kein sicheres Wertaufbewahrungsmittel mehr. Wenn es das gäbe, müsste die Regierung seinen Besitz für illegal erklären, wie es ja im Falle von

Gold ja auch tatsächlich geschah.* Wenn z. B. jedermann sich entscheiden würde, all seine Bankguthaben in Silber, Kupfer oder ein anderes Gut zu tauschen und sich danach weigern würde, Schecks als Zahlung für Güter zu akzeptieren, würden Bankguthaben ihre Kaufkraft verlieren und Regierungsschulden würden kein Anspruch auf Güter mehr darstellen. Die Finanzpolitik des Wohlfahrtsstaates macht es erforderlich, das es für Vermögensbesitzer keine Möglichkeit gibt, sich zu schützen.

Dies ist das schäbige Geheimnis, das hinter der Verteufelung des Goldes durch die Verfechter des Wohlfahrtsstaates steht.

Staatsverschuldung ist schlicht und ergreifend ein Mechanismus für die »versteckte« Enteignung von Vermögen. Gold verhindert diesen heimtückischen Prozess. Es schützt Eigentumsrechte.

Wenn man das erst einmal begriffen hat, ist die Feindschaft der Wohlfahrtsstaatsverfechter gegen den Goldstandard nicht mehr schwer zu verstehen.

(Quelle: The Objectivist, Juli 1966; deutsche Übersetzung von Reinhard Deutsch, bearbeitet von Gerhard Grasruck) aus der Hand von Allen Greenspan, ehemaliger Vorsitzender der Federal Reserve Bank von Amerika.

DIE GOLDPREISENTWICKLUNG

Das Anlegen finanzieller Mittel in Gold folgt in der Regel dem Wunsch eine krisensichere und inflationssichere Investition tätigen zu wollen. Langfristig gesehen sind die damit erzielten Renditen jedoch eher gering. Die Goldpreisentwicklung der letzten Jahre zeigt jedoch einen ansteigenden Goldkurs. Dank der hohen Nachfrage stieg auch der Goldpreis entsprechend an.

Mittlerweile ist der Goldpreis wieder etwas gefallen, aber die kommende Goldpreisentwicklung bleibt weiterhin interessant. 2009 fuhren die Gold-Anleger üppige Gewinne ein. Ob der Goldpreis auch in 2015 so stark steigt, hängt von verschiedenen Faktoren ab. Aktuell weist die Goldpreisentwicklung eine typische Konsolidierung auf.

Eine zuverlässige Prognose über den Goldkurs ist nie sonderlich leicht abzugeben. Die aktuelle Goldpreisentwicklung ist im Augenblick offensichtlich jedoch stark an die Entwicklung des US-Dollars gekoppelt.

So zeigte der Goldpreis in letzter Zeit eine hohe Korrelation zu dem Währungspaar EUR/USD. Der Goldpreis wird also voraussichtlich fallen, sobald der US-Dollar dem Euro gegenüber stärker wird. Damit wäre auch der aktuelle Aufwärtstrend gebrochen.

Dennoch spielt die Entwicklung des US-Dollars für Gold-Anleger in der EU eine eher geringe Rolle. Dies liegt auch daran, dass ein Wertzuwachs des US-Dollars Verluste des Referenzgoldpreises ausgleichen könnte. Damit wäre die Goldpreisentwicklung in der EU eher positiv.

Anleger, die aus dem Dollar-Raum kommen, können ebenfalls von dem aktuellen Goldkurs profitieren, sofern sie eine gewisse Risikobereitschaft haben. Die Einstiegschancen sind derzeit in Bezug auf den Goldpreis recht interessant. Denn wenn der Dollar tatsächlich wieder steigt, sind für diese Anleger recht hohe Gewinne in kurzer Zeit möglich. Das Risiko sollte jedoch, gänzlich unabhängig von der tatsächlichen Goldpreisentwicklung, stets im Auge behalten werden.

Der Goldpreis hängt natürlich sehr stark von der Nachfrage ab. In Zeiten, in denen Flugblätter und Werbeaufrufe um die Zusendung von Altgold bitten, sind in der Regel auch die, in denen eine besonders hohe Nachfrage nach dem edlen Metall besteht. Anleger, die das Gold, in das sie investiert haben, gern als Realwert haben möchten, müssen unter Umständen recht lange Wartezeiten in Kauf nehmen.

Ein steigender Geldbedarf der USA und eine eventuell daraus resultierende Inflation würden die Nachfrage und somit auch die Goldpreisentwicklung wieder ankurbeln. Daraus könnte sich sogar ein Inflationsschock ergeben. Der Goldkurs ist bislang aber nicht so stark schwankend, wie zunächst befürchtet. Allerdings steigt der Goldpreis wieder stark an, sollten Anleger, wie zum Beispiel China, eine immense Aufstockung ihrer Goldreserven vornehmen.

Die Goldpreisentwicklung hängt noch von zusätzlichen Faktoren ab. Nicht nur Angebot und Nachfrage bestimmen den Goldpreis, sondern auch kurzfristig eintretende Ereignisse oder Spekulationen. Selbst Emotionen sind dazu geeignet, den Goldpreis in die Höhe oder in die Tiefe zu treiben.

Langfristige Erwartungen in die Goldpreisentwicklung beeinflussen die Investition in Gold außerdem. Auch der Ölpreis ist bekannt auf seinen Einfluss des Goldpreises.

Natürlich üben auch Investoren mit sehr großen Goldreserven wie zum Beispiel Zentralbanken, einen massiven Einfluss auf den Goldpreis aus. So verleihen die Marktteilnehmer mit großen Goldreserven beispielsweise Gold, um den Goldpreis zu drücken. Oder sie kaufen sehr viel Gold auf, um den Goldpreis zu erhöhen.

Der Goldpreis ist aufgrund der wechselnden Einflüsse, die sich auf Angebot und Nachfrage unmittelbar auswirken, als volatil zu bezeichnen. Schon aus diesem Grund ist eine langfristige Prognose der Goldpreisentwicklung auch Experten nicht möglich.

Gold ist grundsätzlich eine langfristige Wertanlage, insbesondere zu Krisen- oder Inflationszeiten. Sobald nämlich die Kurse für Aktien, Immobilien oder Fonds fallen, steigt automatisch der Goldkurs. Gleichzeitig büßt Geld an sich viel von seinem Wert ein, da es in solchen Zeiten in großen Mengen von den Zentralbanken produziert wird.

Dies ist notwendig, um die Wirtschaft zu stabilisieren, führt jedoch zu einer starken Wertminderung. Da Gold nicht künstlich hergestellt werden kann, bleibt es wertvoll und fungiert als eigene Währung.

Zu beobachten war der Goldankauf auch von Privatanlegern in Folge der neuesten Krise. Das verlorene Vertrauen in Regierungen, Banken und Papiergeld führte zu einem drastischen Anstieg des Goldkaufs. Aktuell deutet alles auf einen Aufwärtstrend hin.

GOLDPREISENTWICKLUNG HISTORISCH BIS 2012

Goldpreisentwicklung 1973 bis 2012 (USD)

Jahr	Jahreshoch	Jahrestief	Durchschnitt	Performance
1973	127,00 USD	63,90 USD	97,87 USD	%
1974	195,25 USD	116,50 USD	158,70 USD	62,15 %
1975	185,25 USD	128,75 USD	161,05 USD	1,48 %
1976	140,35 USD	103,50 USD	124,73 USD	-22,55 %
1977	167,95 USD	129,75 USD	147,85 USD	18,53 %

1978	242,75 USD	160,90 USD	193,44 USD	30,84 %
1979	512,00 USD	216,85 USD	304,56 USD	57,44 %
1980	850,00 USD	481,50 USD	613,88 USD	101,56 %
1981	599,25 USD	391,25 USD	459,61 USD	-25,13 %
1982	481,00 USD	296,75 USD	374,79 USD	-18,45 %
1983	509,25 USD	374,50 USD	423,58 USD	13,02 %
1984	405,85 USD	307,50 USD	360,51 USD	-14,89 %
1985	340,90 USD	284,25 USD	317,08 USD	-12,05 %
1986	438,10 USD	326,30 USD	367,73 USD	15,97 %
1987	499,75 USD	390,00 USD	446,10 USD	21,31 %
1988	483,90 USD	395,30 USD	436,88 USD	-2,07 %
1989	415,80 USD	355,75 USD	380,80 USD	-12,84 %
1990	423,75 USD	345,85 USD	383,44 USD	0,69 %
1991	403,00 USD	344,25 USD	362,22 USD	-5,53 %
1992	359,60 USD	330,25 USD	343,91 USD	-5,06 %
1993	405,60 USD	326,10 USD	359,94 USD	4,66 %
1994	396,25 USD	369,65 USD	384,14 USD	6,72 %
1995	395,55 USD	372,40 USD	384,04 USD	-0,02 %
1996	414,80 USD	367,40 USD	387,84 USD	0,99 %
1997	362,15 USD	283,00 USD	330,98 USD	-14,66 %
1998	313,15 USD	273,40 USD	294,12 USD	-11,14 %
1999	325,50 USD	252,80 USD	278,57 USD	-5,29 %
2000	312,70 USD	263,80 USD	279,24 USD	0,24 %
2001	293,25 USD	255,95 USD	271,08 USD	-2,92 %
2002	349,30 USD	277,75 USD	309,68 USD	14,24 %
2003	416,25 USD	319,90 USD	363,32 USD	17,32 %
2004	454,20 USD	375,00 USD	409,17 USD	12,62 %
2005	536,50 USD	411,10 USD	444,45 USD	8,62 %
2006	725,00 USD	524,75 USD	603,77 USD	35,85 %

2007	841,10 USD	608,40 USD	695,22 USD	15,15 %
2008	1.011,25 USD	712,50 USD	871,34 USD	25,33 %
2009	1.212,50 USD	810,00 USD	972,36 USD	11,59 %
2010	1.421,34 USD	1.058,00 USD	1.227,33 USD	26,22 %
2011	1.908,79 USD	1.312,83 USD	1.572,94 USD	28,16%

Weitere nützliche Informationen zu Gold und anderen Edelmetallen können Sie folgender Webseite entnehmen:

www.gold.de

Als absolut zuverlässiges Unternehmen für den Kauf von Gold und Edelmetallen allgemein, über den Onlineshop, wie auch in den entsprechenden Zweigstellen, ist mit Abstand die Firma Degussa:

www.degussa-goldhandel.de

Mittlerweile können Sie bei den Filialen der Degussa auch Schließfächer anmieten um Ihre Edelmetalle dort einzulagern. Alternativ können Sie aber auch die Lager (auch zollfrei) der Degussa selbst für Ihre Edelmetalle nutzen und Ihre dort gekauften Edelmetalle einlagern lassen. Degussa hat keine Sammellagerung sondern Ihre Edelmetalle werden nur für Sie mit einer eigenen Lagernummer eingelagert!

Alternativ können Sie bei nachfolgender Firma in London Edelmetalle kaufen und weltweit einlagern und auch inh. des Systems an Kunden der Firma untereinander verkaufen:

www.bullionvault.com

5 | SCHULDEN – KEIN PROBLEM

Nicht nur Staaten wie Amerika, Italien, Spanien, Portugal, Argentinien und viele andere sind TOTAL Überschuldet oder sogar wie Island, bereits schon in den Konkurs gegangen, sondern auch Privatleute und Unternehmer sind verschuldet und in den meisten Fällen sogar TOTAL überschuldet. Nun, dies hat verschiedene Gründe, wie z.B. die schlechte Zahlungsmoral von Kunden oder die gestiegenen Lebenshaltungskosten, Inflation, Arbeitslosigkeit usw. die Liste kann unendlich fortgesetzt werden. Fakt ist jedoch, dass in Portugal und in Spanien 2013 bis zu 50% mehr Firmeninsolvenzen stattfanden wie noch ein Jahr zu vor. Auch ist Fakt, dass mehr als 5 Millionen Privathaushalte in Deutschland überschuldet sind. Konkursverwalter und Schuldenregulierer haben Hochkonjunktur.

Was Vielen dann als letzte Station der Schuldenkette verbleibt, ist der Offenbarungseid bzw. jetzt nur noch Eidesstattliche Versicherung genannt. Für viele Menschen jedoch ist der Offenbarungseid ein absolutes Horrorszenario.

Doch es lebt sich mit dieser »Immunität« gar nicht so schlecht. In diesem Report möchte ich Ihnen Möglichkeiten und Lösungswege aufzeigen die Sie aus Ihrer gegenwärtigen ungünstigen Situation befreien können.

WAS SIND SCHULDEN?

Nun Schulden sind überfällige Zahlungen. Also Verbindlichkeiten, die zum Fälligkeitstermin nicht beglichen wurden. Sei es bei Krediten, Lieferungen oder sonstigen finanziellen Verpflichtungen. Je länger dieser Zustand dauert, desto unangenehmer wird er für beide Seiten. Zumeist läuft die Sache dann in folgenden Schritten ab:

1. Sie kommen in Zahlungsverzug und kommen Ihren Verpflichtungen nicht nach.
2. Es folgen in der Regel 1-3 Mahnungen auf die Sie dann nicht reagiert haben.
3. Weil Sie nicht reagiert haben und den Mahnungen auch nicht widersprochen haben wird die Sache nun juristisch abgewickelt, die mit einem Mahnbescheid beginnt. Dieser ist amtlich und wird von offizieller Seite zugestellt. Sollten Sie auch hierauf nicht reagiert haben wird Ihnen ein Vollstreckungstitel zugestellt.
4. Sollte auch daraufhin nicht bezahlt werden kann es zu Lohn und Gehaltspfändungen kommen bzw. der Gerichtsvollzieher steht vor der Tür und will bei Ihnen pfänden. Hier sind die gesamten Forderungen fällig zusätzlicher Zinsen, Zinses-Zinsen und den juristischen Kosten.
5. Dann nachdem gepfändet wurde kommt es zur Versteigerung Ihrer liebgewonnenen Gegenstände.

WICHTIGSTER GRUNDSATZ:

Handeln SIE SELBST!! Und lassen Sie sich nicht behandeln! SIE müssen das Steuer selbst in die Hand nehmen und nicht die Anderen für Sie. Lassen Sie nie andere über Ihren Kurs auf dem »sinkenden Schiff« bestimmen, sondern bestimmen Sie selbst in welche Richtung es geht! Wandeln Sie Ihre Probleme und Sorgen in eine Herausforderung um und gehen Sie die Sache als »Herausforderung« an und nicht als Problem. Setzen Sie Ihre Kenntnisse und Ihre Erfahrung sowie Ihre Intuition ein diese Herausforderung anzunehmen. Gehen Sie die Sache neutral und sachlich an und nicht gefühlsbetont und nicht als »Schuldiger« oder »schwarzes Schaf«. Verschaffen Sie sich die notwendige Distanz zu der ganzen Sache (ich weiß wie schwer das in der Praxis ist, aber haben Sie dies einmal durchgezogen, sehen Sie wie erleichtert Sie in Kürze sein werden).

Konzentrieren Sie sich auf sich selbst. Auf Ihren Willen kommt es an. Mit ihm können Sie Ihr Schicksal bestimmen. Übernehmen Sie für sich, für Ihr Denken und Handeln die Verantwortung und treffen Sie Entscheidungen, damit Sie das vom Leben bekommen, was Sie sich wünschen. Sollten Sie sich diesen Ratschlag zu Herzen nehmen, werden Sie schon bald sehen,

- Dass es durchaus möglich ist einen unüberwindlichen Schuldenberg restlos los zu werden.
- Dass man sich dazu kein Geld von Verwandten oder Freunden borgen muss.
- Dass für das Abzahlen von Schulden keine Bankkredite notwendig sind.
- Dass Richter, Staatsanwälte und Gerichtsvollzieher auch nur Menschen sind und diese von Ihren Problemen keine Ahnung haben und unnötig Geld kosten.

ERSTER UND WICHTIGSTER SCHRITT:

DIE KOMMUNIKATION

Es ist überaus wichtig und der wichtigste Punkt bei Ihrem ganzen Schulden-Problem überhaupt:

BLEIBEN SIE IN VERBINDUNG UND IN DER KOMMUNIKATION MIT IHREN GLÄUBIGERN!!

Tauchen Sie NICHT ab, verstecken oder verkriechen Sie sich nicht! Gehen Sie ins Licht und auf Konfrontationskurs mit Ihren Gläubigern. Bei kleineren Schulden oder Verpflichtungen als Privatperson kann man dies selbst erledigen bei großen Verbindlichkeiten und bei geschäftlichen Schulden sollte man einen Anwalt zur Hand nehmen. Nehmen Sie sich nur einen Anwalt, wenn Sie selbst nicht mehr weiterkommen, also eine Kommunikation mit Ihren Gläubigern durch Sie selbst, aus den verschiedensten Gründen, nicht mehr möglich ist. Der Anwalt kostet Geld (welches Sie in der Regel nicht haben) und für Ihren Gläubiger ist es immer noch vertrauter, wenn er mit Ihnen persönlich sprechen kann, als über einen Anwalt und dies dann meist auch zur Konsequenz hat, dass wenn Sie einen Anwalt haben, Ihr Gläubiger auch einen Anwalt einschalten wird.

Bevor Sie sich nun an Ihren Schreibtisch setzen und sich durch Ihren Schuldenberg wühlen, setzen Sie sich in Ruhe und Gelassenheit und mit der notwendigen Distanz (denken Sie an die Herausforderung) an den Tisch und überlegen Sie sich nun folgende Punkte:

- Was kann ich ändern?
- Was kann ich bezahlen?

- Welche Einkünfte habe ich?
- Welche Ausgaben habe ich?
- Wie kann ich die an mich gestellte Herausforderung am schnellsten erledigen?
- Wie und wann kann ich bezahlen?

Haben Sie sich all diese Punkte gewissenhaft beantwortet, gehen Sie nun daran Ihre Gläubiger anzurufen oder anzuschreiben oder auch beides. Hierzu gilt folgendes zu beachten:

- Reden Sie mit Ihren Gläubigern oder schreiben Sie diesen sachlich, gelassen und ruhig über Ihr Problem.
- Stellen Sie Ihr Problem und Ihre aktuelle wirtschaftliche Situation ungeschönt und in voller Härte dar.
- Versuchen Sie dabei, dass der Gläubiger beginnt Ihre Probleme aus Ihrem Blickwinkel zu sehen.
- Unterbreiten Sie Ihrem Gläubiger einen Lösungsvorschlag
- Bieten Sie Zahlungsalternativen an

Sie werden überrascht sein, wie viele Gläubiger auf Ihr Angebot eingehen werden bzw. Ihnen Stundungen oder Ratenzahlungen ermöglichen. Dabei ist unbedingt zu beachten:

- Unterbreiten Sie NUR Angebote an den Gläubiger, die Sie auch einhalten können (alles andere bringt nur noch mehr Ärger und Frust beim Gläubiger hervor und zerrüttet das Verhältnis zwischen Ihnen und dem Gläubiger noch mehr-

schließlich wird man Ihnen am Ende überhaupt nichts mehr glauben).

- Lügen Sie nicht und versuchen Sie immer bei der Wahrheit zu bleiben, denn am Schluss belügen Sie sich nur selbst und schaffen auch damit Unmut und Verärgerung.
- Versuchen Sie Vertrauen und Glaubhaftigkeit durch Ihre Angebote und Zusagen gegenüber Ihren Gläubigern zu gewinnen. Ihrem Gläubiger wird es somit erleichtert Ihnen später bei einem Vergleich mehr Zugeständnisse zu machen als Sie es sich vielleicht vorstellen können.

WICHTIGE GRUNDREGEL DABEI:

Machen Sie lieber KEINE Zahlungszusage als eine die Sie NICHT einhalten können!

So nun sind Sie schon ein ganzes Stück weitergekommen und Sie können bestimmt wieder Licht am Ende des Tunnels erkennen.

Vielleicht noch zwei Sätze zur sogenannten Schulden-Moral. Nun die Moral ist immer sehr subjektiv. Für manche führt es schon zu einem schlechten Gewissen, wenn sie 100 Euro bei einem Freund leihen und nicht pünktlich zurückzahlen können bzw., finden dieses unmoralisch, andere gehen über Leichen ins Sachen Geldmoral. Auf den Punkt gebracht gibt es zwei Arten von Schuldenmoral. Die einen grämen sich unendlich, würden ihre Schulden zwar zurückbezahlen, wenn es möglich wäre und ziehen sich in ein Schneckenhaus zurück. Sie wollen abtauchen, sich verstecken und am liebsten mit der Sache nie wieder etwas zu tun haben. Nur das funktioniert nicht sehr lange. Die Folgen habe ich Ihnen schon beschrieben. Die anderen legen sich krumm und möchten ihre Schulden unter allen Umständen abbezahlen und prostituieren sich gewissermaßen um wieder ein reines Gewissen und auch Ruhe zu haben. Doch es gibt auch noch eine dritte Art von Schuldenmoral, wenn Sie so wollen, nämlich das Handeln! Sie müssen Ihre Schuldenmoral grundlegend umstellen nämlich von passiv auf aktiv. Die meisten Schuldner gehen die Sache schon von Beginn an falsch an. Zuerst machen sie eine ganze Zeitlang bis es zu spät ist überhaupt nichts und dann verwandeln sie sich kurz vor dem Offenbarungseid in das genaue Gegenteil und fangen nun plötzlich an Nebenjobs anzunehmen, ihre Freizeit zu opfern, die Nebeneinkünfte auf Teufel komm raus zu erhöhen usw.

Dies ist genau die Schuldenmoral die Ihre Gläubiger am liebsten sehen, alles bis auf den letzten Cent zurückbezahlen, ob Sie dies zu Lasten Ihrer Gesundheit gemacht haben und unendlich viel Kraftanstrengung dazu benötigten interessiert dabei niemand. Machen Sie diesen Fehler nicht!

Wer Schulden hat sollte zuerst damit beginnen, keine unnötigen weiteren Schulden zu machen. Sie sollten sich einschränken und sparen und versuchen Ihren Verpflichtungen nachzukommen. Parallel zu der »Schadensbekämpfung« müssen Sie sich einen neuen Start aufbauen und/oder evtl. noch vorhandene Besitztümer in Sicherheit bringen.

Bitte beachten Sie auch hierbei die rechtlichen und strafrechtlichen Komponenten. Sie dürfen keines Falles bei einem Betrieb aus der Konkursmasse etwas rausnehmen oder bei Privatpersonen kurz vor dem Offenbarungseid Besitz an Familienangehörige überschreiben oder veräußern, da dies erstens strafrechtlich relevant sein dürfte und zweitens später doch wieder rückgängig und den Gläubigern zugänglich gemacht werden kann.

DIE MACHT DES SCHULDNERS

Sie werden es nicht glauben, aber genau diese gibt es! Es scheint nur auf den ersten Blick so, dass Sie sich als Schuldner immer in der schlechteren und schwächeren Position befinden. Sieht man jedoch genauer hin, kann man erkennen, dass Ihre Ausgangsposition für Verhandlungen überhaupt nicht so schlecht ist.

Sollte es trotz Ihrer Rückzahlungsbemühungen noch schlimmer als erwartet kommen und Ihnen die notwendigen Mittel, aus welchen Gründen auch immer, nicht mehr ausreichen um Ihre Gläubiger mit den vereinbarten Summen und Raten zu befriedigen, sollten Sie nicht zögern eine Eidesstattliche Versicherung abzugeben.

Die Eidesstattliche Versicherung wurde zum Schutz des Schuldners ins Leben gerufen und nicht für den Gläubiger entworfen, daher nehmen Sie sich dieses Recht und schützen Sie sich mit einer Eidesstattlichen Versicherung.

Die meisten Schuldner scheuen sich vor diesem Schritt so sehr, dass einige deswegen schon freiwillig aus dem Leben getreten sind. Dies muss absolut nicht sein! Sie haben mehr Vor-wie Nachteile wenn Sie die Eidesstattliche Versicherung abgegeben haben, glauben Sie es mir. Was Ihre Nachbarn oder Ihre Gläubiger oder Ihr Metzger am Ort darüber denkt, kann Ihnen völlig egal sein. Legen Sie sich ein dickes Fell zu und stehen darüber. Meist hält ein sogenannter »Dorftratsch« nicht lange an und in wenigen Wochen spricht keine Seele mehr über Sie, denn Herr Maier und Schulze von nebenan haben schließlich die gleichen Probleme wie Sie, zeigen aber gerne mit den Fingern lieber auf andere.

Den Vorteil den Sie bei der Abgabe einer Eidesstattlichen Versicherung haben ist der, dass Sie vor Ihren Gläubigern die nächsten 2 Jahre absolute Ruhe haben, denn jetzt weiß jeder amtlich, dass bei Ihnen absolut nichts mehr zu holen ist. Jedem der bei Ihnen mit großem Gebell noch was holen möchte, müssen Sie nur die Eidesstattliche Versicherung vorlegen und dieser wird mit eingezogenem Schwanz wieder abwandern.

Nach dem Sie Ihre Eidesstattliche Versicherung abgelegt haben, verstehen Ihre Gläubiger sofort, dass sich das Blatt nun völlig gewendet hat. Nach all dem Druck und Anrufen und Drohungen denen Sie zuvor als Schuldner ausgesetzt waren, kommen nun andere Töne von Ihren Schuldnern gegenüber Ihnen als Gläubiger, mit dem Ziel doch noch wenigstens ein paar Euro zu bekommen oder zu retten. Nun haben Sie das Zepter in der Hand und Sie haben die Kontrolle über Verhandlungen und Vereinbarungen und nicht Ihre Gläubiger.

Sie sind trotz der Abgabe der Eidesstattlichen Versicherung handlungsfähig! Wie zeige ich Ihnen in einem der nachstehenden Kapitel. Außerdem haben Sie trotz der Abgabe der Eidesstattlichen Versicherung die Möglichkeit den Weg der Privatinsolvenz zu gehen und eine Restschuldbefreiung anzustreben.

Bitte beachten Sie, dass dieser Report in erster Linie für private Schuldner geschrieben wurde und nicht als Ratgeber für einen geschäftlichen Konkurs oder eine betriebliche Insolvenz, zu der andere Richtlinien und Gesetze gelten.

REICH DURCH VERGLEICH

Sie können bevor Sie die Eidesstattliche Versicherung abgeben oder auch nach dem Sie diese abgegeben haben noch einen Vergleich mit Ihren Gläubigern schließen. Nach dem Sie die Eidesstattliche Versicherung abgegeben haben hat dieser Vergleich noch mehr Vorteile für Sie als zuvor, da nun Ihre Gläubiger wissen, dass der Vergleich den Sie aus letzter Kraft anbieten, der letzte Akt ist um überhaupt noch nur einen einzigen Cent aus den geschuldeten Verbindlichkeiten, die Sie gegenüber Ihren Gläubiger haben, zu bekommen.

Hier können Sie nun ganz locker und frech an die Sache rangehen, indem Sie Ihren Gläubigern selbst oder durch Ihren Anwalt mitteilen, dass Sie noch von Freunden, Verwandten oder sonstigen Ihnen gutgesonnen lieben Mitmenschen einen Kredit bekommen haben, den Sie nun an alle Gläubiger verteilen können um ihre Schulden ein für alle Mal abzugelten. In der Regel ist bei einer Restschuldbefreiung ein Prozentsatz von ca. 30% anzusetzen der zum Ausgleich der Gesamtforderung ausgeschüttet wird. Diese Vorgabe sollten Sie bei Ihren Verhandlungen im Hinterkopf haben.

Die meisten Gläubiger geben sich, vielleicht nicht sofort, aber dann nach längeren Verhandlungen durchaus, mit 30% der Forderungen zufrieden, vor allem in Anbetracht der großen Möglichkeit, nämlich überhaupt nichts mehr von Ihnen zu bekommen im Falle sie hier nicht zustimmen. Und auch hier zählt bei Ihrem Gläubiger das Sprichwort: »Lieber den Spatz in der Hand als die Taube auf dem Dach!«

Ich habe bei meinen Recherchen zu diesem Report schon von so einigen Kandidaten erfahren, dass die Vergleichsvariante durchaus für manche Personen ein »Geschäftsmodel« darstellt, welches immer wieder alle 3 Jahre von diesen Leuten durchgezogen wird, mit dem Ziel alles für nur 30% vom Original Preis zu erhalten. Die moralische oder auch rechtliche Situation möchte ich hierbei mal nicht kommentieren, wollte dies nur zur Vollständigkeit hier angeführt haben.

Den neusten Vergleich den ich gesehen hatte, war der einer Bekannten. Hier war die Höhe der Forderung bei 25.000 Euro gelegen. Der Streit zog sich über 2 Jahre hin bis schließlich ein Termin beim Gericht angesetzt wurde um festzustellen ob diese Forderung gerechtfertigt ist. Die Schuldnerin hat keinerlei eigenes Vermögen, keine Einkünfte außer eine Rente die nicht gepfändet werden kann, da sie unter der Pfändungsgrenze liegt. Der Rechtsanwalt der Schuldnerin hat auf eine Gerichtsverhandlung gepocht, da er davon ausging den Prozess zu Gewinnen. Die Schuldnerin sah dies jedoch keines Falles so und sie hätte bei einer verlorenen Gerichtsverhandlung erheblich mehr Kosten zu tragen gehabt, als bei einer Einigung oder einem Vergleich mit dem Gläubiger. Am letzten Tag vor der Verhandlung konnte sich plötzlich und unerwartet der Anwalt der Schuldnerin mit dem Anwalt des Gläubigers außergerichtlich verständigen und man einigte sich darauf eine Gesamtsumme von noch 8.000 Euro zurückzubezahlen in Raten zu monatlich 50 Euro und die bisher angefallen Gerichtskosten zu teilen. Dies war ein unerwarteter voller Erfolg für die Gläubigerin und bestätigt hier wieder meine 30% Regelung.

DER NEU-START

Nun, nachdem Sie alles hinter sich gebracht haben und mit Ihren Gläubigern, mit oder ohne Eidesstattliche Versicherung, einen Vergleich ausgehandelt haben, müssen Sie natürlich auch wieder einen Neuanfang wagen und von vorne beginnen. Dies erreichen Sie als Privatmann am besten durch eine Privatinsolvenz und eine Restschuldbefreiung nach 3 Jahren. Nach einer gewissen Wohlverhaltenszeit wird Ihnen dann die Restschuld offiziell komplett erlassen. Da sich hierzu ein neues Gesetz für die Privatinsolvenz in Arbeit befindet werde ich die Gesetzeslage hierzu nicht erörtern, Sie sollten dann bitte entsprechende Informationen zur Privatinsolvenz und Restschuldbefreiung bei einer Schuldnerberatung oder übers Internet aktuell einholen.

Für Unternehmer gibt es dann natürlich verschiedene andere Möglichkeiten neu zu starten in dem Sie einfach einen eingetragenen Verein gründen um durch diesen dann Ihr neu erschaffenes Besitztum schützen oder aber auch einfach eine Auslandsgesellschaft, wie z.B. eine englische Limited gründen, mit der Sie dann selbst oder über einen Treuhänder wieder neu durchstarten und Kapital ansammeln können.

Bedenken Sie, dass Sie sofern Sie noch Hab und Gut besitzen bevor es zu einem Offenbarungseid kommt, dieses in Sicherheit bringen und zwischenlagern sollten. Machen Sie bei der Eidesstattlichen Versicherung auf KEINEN FALL und NIEMALS falsche oder unwahre Angaben, dies bringt Ihnen sehr viel Ärger ein und kann mit Geld- bis hin zu Gefängnisstrafe geahndet werden! Allerdings sind Ihre Angaben stets nur zum aktuellen Termin gültig! Sollten Sie 3 Tage nach Abgabe der Eidesstattlichen Versicherung von Ihrer Tante in Italien einen brandneuen Ferrari geschenkt bekommen, konnten Sie diesen natürlich nicht schon 3

Tage vorher in Ihrer Eidesstattlichen Versicherung angeben. Und wenn Ihre Tante Ihnen diesen nur geschenkt hatte, weil Sie Ihr zuvor Ihr ganzes Hab und Gut überlassen haben kann auch nichts zur Sache ändern nur sollte es nicht ganz so auffällig gestaltet sein. Sie sind nicht verpflichtet nachträglich Informationen zu Ihrem neuen finanziellen Stand Auskunft zu geben, außer Sie werden dazu gerichtlich wieder von jemand nach 2 Jahren aufgefordert. Wenn Sie dann Ihren Ferrari auf Ihre Tante anmelden und nur in Italien damit fahren, wird es hier auch niemand interessieren.

Es kann Ihnen auch niemand verbieten, dass Sie nach dem Offenbarungseid wieder eine Menge Kapital anhäufen. Zur Sicherheit sollten Sie dies aber besser im Ausland belassen. Legen Sie sich dazu ein ausländisches Konto zu, beachten Sie hier unbedingt, dass Sie das Konto erst NACH Abgabe der Eidesstattlichen Versicherung eröffnen, denn dann müssen Sie dieses auch nicht angeben. Legen Sie sich auch eine Prepaid Kreditkarte zu, am besten von einem Anbieter der Seinen Hauptsitz der Verwaltung im Ausland hat, so kann kein Abgleich mit Ihren Daten in Ihrem Heimatland stattfinden. Am besten eignen sich hier die folgenden Anbieter die auch eine normale Girokontofunktion ihrer Kartenkonten anbieten.

Viabuy unter:

http://www.viabuy.com/r/9d545c32bcf42d21b2b112c-c13e2e9468144b560

www.paypluscard.de

www.global-konto.com

Alle Anbieter haben Ihren Firmensitz und somit die Verwaltung Ihrer Kundendaten in England bzw. Gibraltar bis auf den zu

Letzt genannten, der ist in Deutschland, dies schützt Sie vor unangenehmen Datenschnüfflern die wissen wollen wo Sie nun Ihr Bankkonto haben.

BEISPIEL AUS DER PRAXIS:

Um Ihnen nicht nur trockene Theorie zu liefern, möchte ich Ihnen einen realen Fall schildern den ich bei meinen Recherchen bei einem Bekannten erlebt habe. Ich denke, dieser Fall hat alles in sich, was Sie zu diesem Thema wissen müssen und veranschaulicht Ihnen, wie sich die Sache im wahren Leben verhält und wie sich die Theorie in der Praxis anwenden lässt. So mancher Leser wird sich in diesem Fall irgendwo zumindest z.T. wiedererkennen können, zumal ich nicht glaube, dass es sich bei Ihnen ähnlich extrem verhält, zumindest wünsche ich es Ihnen nicht. Hier nun die wahre Geschichte (Namen und Geschäftszweck, sowie Ortsangaben wurden von mir zum Schutz der Beteiligten geändert):

Herr Dr. Sonnenberg ist 45 Jahre alt und seit ca. 20 Jahren mit den verschiedensten Unternehmungen als Kaufmann weltweit selbständig tätig und führt unter anderem einen gut funktionierenden Diamantenhandel den er in Deutschland mit einer englischen Limited als selbständige Niederlassung angemeldet hat. Da Dr. Sonnenberg seinen Wohnsitz bereits ins Ausland verlegt hatte, war sein Ziel mit der deutschen Niederlassung nur für seine Rente und seinen Lebensunterhalt im Alter, wenn er diesen in Deutschland denn verbringen möchte, etwas Kapital anzusammeln und auch in Deutschland zu erwirtschaften und dort zu belassen. Der kleine 2 Mann Betrieb von Dr. Sonnenberg erwirtschaftete dennoch jährlich eine halbe bis zu einer Million Euro Umsatz. Auch das Hobby von Dr. Sonnenberg, das Sammeln von Oldtimern, kommt nicht zu kurz und Dr. Sonnenberg beschließt sich seinen größten Wunsch zu erfüllen und kauft sich einen gebrauchten Bentley und einen Ferrari.

Dr. Sonnenberg ist mit allen Wassern gewaschen und versucht daher seine Geschäfte immer so gut als möglich anonym zu machen bzw. sich hinter seinen weitverstrickten Firmenverschachtelungen von Auslandsfirmen zu verstecken, was er auch immer sehr gut beherrschte und steuern konnte. Auch in Deutschland versucht Dr. Sonnenberg den »Ball flach zu halten« indem er die Oldtimer auf einen Verwandten anmelden und versichern ließ, der ohnehin schon Oldtimer Sammler war, und es da nicht weiter auffiel wenn ein oder zwei Oldtimer zusätzlich angemeldet waren. Die Villa in der er wohnte hatte er nur auf 3 Jahre gemietet. Während seiner Geschäftstätigkeit als Diamantenhändler wurde Dr. Sonnenberg u. A. auch das Angebot unterbreitet sich an einer Diamantenmine in Afrika zu beteiligen. Diese Möglichkeit unterbreitete Dr. Sonnenberg auch einem seiner Kunden.

Beide beschließen schließlich sich mit jeweils 1.5 Millionen Euro an der Diamanten Mine zu beteiligen. Dr. Sonnenberg investierte seinen Anteil, der Kunde von Dr. Sonnenberg kam mit seiner Beteiligung nach Anzahlung einer halben Million Euro aber ins Stocken. Für das Mineninvestment fehlen nun noch 1 Million Euro die von seinem Kunden nicht mehr aufgebracht werden konnte. Die Minengesellschaft beharrt jedoch auf die vollständige Zahlung des Investments und blockiert die bereits investierten Gelder. Neben der Minenbeteiligung hatte Dr. Sonnenberg auch noch eine Diamantenlieferung von einer halben Million Euro, die er bereits als Vorkasse bei derselben Minengesellschaft bezahlt hatte, ausstehen. Die Minengesellschaft behielt jedoch diese Vorkasse ein und verrechnete die Summe mit dem noch ausstehenden Investment. Dr. Sonnenberg wurde somit 2 mal bestraft, zum einen mal hat er blockierte Gelder in Höhe von

1.5 Millionen Euro im Mineninvestment und zum anderen hat er eine Warenlieferung von Diamanten die er bereits in Höhe von einer halben Million Euro bezahlt hatte und die auch von seinen Kunden bereits schon im Voraus bezahlt wurden, ausstehen, und ist nun in Lieferverzug gegenüber seinen Kunden gekommen.

Soweit die Vorgeschichte, nun zur eigentlichen Praxis:

Dr. Sonnenberg handelt nach bekannt werden dieser Situation umgehend und benachrichtigt alle seine Kunden die auf Lieferung der bestellten Diamanten warteten und bittet um Aufschub für die Auslieferung. Dr. Sonnenberg versucht nun die Zeit zu nützen und hat Verhandlungen sowie einen Rechtsstreit mit der Diamanten Mine in Afrika begonnen. Gleichzeitig versucht Dr. Sonnenberg durch andere Geschäfte die er angekurbelt hatte, die Verluste wieder einzuholen, um den Kunden nach der neu verhandelten Lieferfrist Ihre Ware liefern zu können.

Doch auch diese Frist verstreicht wieder ohne nennbare Ergebnisse zu erzielen. Seine Kunden die nun zum Gläubiger wurden bedrängten ihn nun zunehmend und drohten ihm mit allen möglichen rechtlichen Konsequenzen. Dr. Sonnenberg sieht nun keinen anderen Ausweg mehr und konsultiert einen der Top Anwälte in der Republik um mit den Gläubigern Schlichtungsverhandlungen zu erzielen und auch um die unangenehmen Anrufe und Besuche der Gläubiger abzuschaffen und um diese auf seinen Anwalt abzuwälzen. Da sich die Situation ohne Lösung des Problems immer mehr zuspitzte beschließt Dr. Sonnenberg nun auch seine Oldtimer zu verkaufen. Zwischenzeitlich wird klar, dass aus der Minengesellschaft keine schnelle Lieferung der Diamanten zu erwarten ist und Dr. Sonnenberg nun seinen Gläubigern das Geld für die bereits schon bezahlten Diamanten zurückerstatten muss.

Hierzu handelt der Rechtsanwalt mit den Gläubigern eine Stundungsvereinbarung aus, die Dr. Sonnenberg versucht einzuhalten. Weiteres Ziel durch die Einschaltung des Anwaltes ist Zeit zu gewinnen um die notwendige Liquidität für die Rückzahlung an die Gläubiger zu erwirtschaften. Da Dr. Sonnenberg aus seinen anderen Unternehmungen, die sich alle im Ausland befinden, keine liquiden Mittel entnehmen kann, da diese alle gebunden sind und er selbst in Deutschland keinerlei Vermögen mehr besitzt, entschließt er sich auf Anraten seines Anwaltes jedem seiner Gläubiger ein notariell anerkanntes Schuldanerkenntnis auszufertigen und zu unterschreiben.

Dies hat den Hintergrund, dass es auf die Gläubiger sehr beruhigend wirkt, wenn Sie ein derartiges Schuldanerkenntnis erhalten, da aus diesem ohne gerichtlichen Titel, sprich Mahnbescheid und Vollstreckungsbescheid, in das Vermögen des Schuldners ohne Vorkosten für den Gläubiger, sofort vollstreckt werden kann. Die Vorkosten für das Gericht können bei einem Streitwert von einer halben Million Euro ohne weiteres in die zehntausende Euro gehen die der Gläubiger zusätzlich als Vorkosten dem Gericht hinterlegen muss bevor überhaupt ein Mahn- oder Rechtsverfahren eingeleitet werden kann.

Nachdem dieser Zustand ungefähr ein ganzes Jahr angehalten hatte und Dr. Sonnenberg Minimum Zahlungen an seine Gläubiger leisten konnte, gelang es Dr. Sonnenberg so einigermaßen Ruhe in die Sache zu bringen und einen gewissen Zahlungsplan für seine Gläubiger einzuhalten, dennoch gelang es ihm nicht die notwendigen Mittel zu erwirtschaften, die zum Ausgleich der gesamten Schulden aufgebracht werden mussten.

Vielen Schuldnern jedoch gelingt dieses und sie können durch die Verzögerungstaktik des Anwaltes Zeit gewinnen die sie benötigen um zusätzliche finanzielle Mittel zu erwirtschaften.

Der Stand bei Dr. Sonnenberg nach diesem Jahr war, dass er jedem der Gläubiger ein Schuldanerkenntnis unterschrieben hatte und kleinere Beträge zurückgezahlt hatte. Bei einem der Gläubiger der besonders penetrant war hatte Dr. Sonnenberg fast die Hälfte der Schulden abgetragen. Dazu hatte Dr. Sonnenberg das Kapital das er noch aus kleinen anderen Geschäften erwirtschaftet hatte, sowie aus dem Verkauf der Oldtimer, verwendet ohne neues Kapital aus den Unternehmungen aus dem Ausland anzufassen. Mittlerweile hat Dr. Sonnenberg auch vorzeitig seine Villa in der er zur Miete wohnte gekündigt und wohnt nun mehr in einer Einzimmerwohnung ohne jegliches Mobiliar das ihm selbst gehört, dieses hatte er sich von einem Freund ausgeliehen. Sein deutsches Privatkonto, Kreditkarten und Versicherungen hatte er vorsorglich auch gelöscht und gekündigt.

Also um es auf einen schnellen Nenner zu bringen, Dr. Sonnenberg war privat zwischenzeitlich vollständig mittellos! Lediglich seine englische Limited die in Deutschland eine Niederlassung hatte unterhielt noch ein Konto ohne nennenswerte Beträge und die englische Limited hatte ein beschränktes Haftungskapital von 100 GBP also umgerechnet ungefähr 150 Euro.

Da nun auch abzusehen war, dass die englische Limited in die Insolvenz rutschen kann, hatte Dr. Sonnenberg seinen deutschen Steuerberater konsultiert, der versucht hatte die Verbindlichkeiten der Firma gegenüber den Gläubigern durch die Schuldanerkenntnisse die Dr. Sonnenberg privat den Gläubigern gezeichnet hatte, aus der Firma auf die Verbindlichkeiten von Dr. Sonnenberg gegenüber der Firma auszubuchen. Mit anderen Worten die Verbindlichkeiten der Firma gegenüber den Gläubigern wurden ausgebucht, gleichzeitig hat Dr. Sonnenberg aber die Verbindlichkeiten gegenüber der Firma übernommen. Der Vorteil bei diesem Trick ist, dass nun Dr. Sonnenberg selbst der einzige Gläubiger der Firma ist und dieser seine eigene Firma nicht in die Insolvenz bringen wird und auf die Forderungen gegenüber der Firma völlig verzichten wird und somit die Firma keine Verbindlichkeiten mehr hatte da alle anderen Rechnungen und Verpflichtungen bezahlt waren. Da nun Dr. Sonnenberg auf diese Forderungen gegenüber der Firma verzichtet kann diese ohne in die Insolvenz zu gehen ganz normal gelöscht werden.

Anzumerken ist hier, dass diese Methode zwar ein genialer Schachzug ist, dies aber unbedingt nur in Zusammenarbeit mit einem Wirtschaftsprüfer und Wirtschaftsanwalt konstruiert werden sollte um nachher keine Probleme zu bekommen die auf eine Insolvenzverschleppung zurückführen könnte.

Anzumerken wäre zu diesem Fallbeispiel auch noch, dass hier eine Übervorteilung eines Gläubigers erfolgte in dem dieser die Hälfte der Schulden zurück bezahlt bekommen hatte, die anderen Gläubiger aber nur mit Minimum Zahlungen abgespeist wurden. Dies ist im geschäftlichen Sinne nicht zulässig da alle Gläubiger gleich behandelt werden müssen. Bevorteilen Sie keine Gläubiger einseitig dies hat rechtliche Konsequenzen für Sie.

Mittlerweile ging auch von einem der größten Gläubiger der Antrag auf Abgabe der Eidesstattlichen Versicherung bei Dr. Sonnenberg ein. Durch sofortige Gespräche mit dem Gerichtsvollzieher konnte Dr. Sonnenberg diesen davon überzeugen ihm doch einen Aufschub zu geben um im Ausland entsprechende Außenstände einzutreiben um dann die Forderungen des Gläubigers begleichen zu können. Mit dieser Methode konnte Dr. Sonnenberg auch weitere 6 Monate rausholen die der Gerichtsvollzieher geduldig wartete.

Auch hier können Sie sehen, dass Sie mit sofort eingeleiteten Gesprächen und entsprechend plausiblen Argumenten auch den Gerichtsvollzieher dazu bringen können abzuwarten und nicht gleicht zur Tat schreiten zu lassen. Zumindest verbleibt durch den ausgehandelten Aufschub dann für den Schuldner noch genügend Zeit um seine Wohnung und sein Hab und Gut in Sicherheit zu bringen, denn jetzt ist der Tag nicht mehr fern an dem dann der Gerichtsvollzieher auch wirklich vor der Türe steht.

Nachdem Dr. Sonnenberg aber auch in den eingeräumten 6 Monaten keine weiteren finanziellen Mittel beibringen konnte kam es schließlich dazu, dass Dr. Sonnenberg die Eidesstattliche Versicherung doch noch abgeben musste. Was ihm allerdings nicht sonderlich schwer fiel, da er ja ohnehin mittellos war.

Somit waren auch die vor einigen Monaten ausgestellten notariellen Schuldanerkenntnisse völlig wertlos, was natürlich so manchen Gläubiger total ausrasten ließ. Zu allem Überfluss hat mittlerweile einer der Gläubiger die Geduld verloren und hat Dr. Sonnenberg bei der Staatsanwaltschaft wegen des Verdachts der Untreue und versuchten Eingangsbetruges angezeigt.

Dr. Sonnenberg hat rechtzeitig von dieser Aktion Wind bekommen und konnte sich noch mit dem Flieger Richtung Südafrika absetzen von wo aus er jetzt seine Schuldenregulierung über seinen deutschen Anwalt durchführen lässt, der Anwalt hat auch die Verhandlungen mit der Staatsanwaltschaft übernommen.

Es kam sogar noch schlimmer als erwartet und Dr. Sonnenberg bekam eine Hausdurchsuchung in den Büroräumen in Deutschland sowie einen Haftbefehl der allerdings nur für Deutschland ausgestellt war und ihn somit im fernen Südafrika nicht belastete. Dr. Sonnenberg sieht der Sache aus 10.000 km Entfernung unter der Sonne von Kapstadt gelassen entgegen. Zur aller Vorsicht hatte er sich jedoch noch eine zweite Staatsbürgerschaft eines Südamerikanischen Landes zugelegt, so dass er auch bei einem internationalen Haftbefehl noch ungehindert mit der zweiten Staatsbürgerschaft reisen kann. Dr. Sonnenberg hat zwischenzeitlich alle Rückzahlungen aufgrund des eingeleiteten Ermittlungsverfahrens eingestellt und wartet nun unter der Sonne Afrikas auf das Ergebnis, welches bis zur Fertigstellung dieses Reportes noch nicht bekannt war.

Aus diesem Tatsachenbericht können Sie so einiges lernen. Daher möchte ich abschließend Ihnen eine kompakte Zusammenfassung bzw. einen Leitfaden, wie Sie vorgehen müssen um Ihre Schulden in den Griff zu bekommen, aufzeichnen, den Sie dann nur noch Schritt für Schritt abarbeiten müssen.

ZUSAMMENFASSUNG / LEITFADEN DURCH DEN SCHULDENBERG

1. Betrachten Sie Ihre Probleme nicht als Problem sondern als eine Herausforderung.
2. Gewinnen Sie den notwendigen Abstand zwischen Ihnen und Ihrer Herausforderung.
3. Betrachten Sie sich nicht selbst als Sündenbock oder Schwarzes Schaf.
4. Verstecken Sie sich nicht, tauchen Sie nicht ab und begeben Sie sich auf Konfrontation mit Ihren Gläubigern, treten Sie ins Licht und Ihren Gläubigern gegenüber.
5. Arbeiten Sie sich systematisch durch Ihren Schuldenberg und erstellen einen genauen Plan was Sie bezahlen können, wie viel Sie an wen bezahlen können, wann Sie bezahlen können. Erstellen Sie für alle Gläubiger einen Zahlungsplan.
6. Nach dem Sie Ihren Plan in Ruhe und Gelassenheit erarbeitet haben greifen Sie nun zum Telefon und setzen Sie sich mit Ihren Gläubigern in Verbindung und unterbreiten diesen Ihren Plan.

7. Sollten Sie keine Kraft mehr dazu haben dies selbst zu tätigen, bzw. sollte das Verhältnis zwischen Ihnen und Ihren Gläubigern schon so zerrüttet sein, dass ein Gespräch durch Sie selbst mit dem Gläubiger nicht mehr möglich ist, schalten Sie einen Fachanwalt des Wirtschafts- und Insolvenzrechtes ein.
8. Treffen Sie mit Ihren Gläubigern nur Vereinbarungen die Sie dann später auch einhalten können.
9. Nennen Sie nur Beträge die Sie auch wirklich erwirtschaften können.
10. Versuchen Sie alle Ihre Vereinbarungen und Verpflichtungen pünktlich und genau zu erfüllen.
11. Halten Sie auf jeden Fall alle vereinbarten Termine ein.
12. Sollten Sie im Laufe der Zeit weitere Zahlungsschwierigkeiten bekommen, so teilen Sie dies unverzüglich Ihren Gläubigern mit und lassen Sie nicht Vereinbarungen oder Termine verstreichen.
13. Versuchen Sie in der Regel selbst oder durch einen Rechtsanwalt stets Zeit zu gewinnen in der Sie finanzielle Mittel zusätzlich erwirtschaften können oder aber auch um das restliche Hab und Gut in Sicherheit zu bringen.
14. Sollten alle Stricke reißen scheuen Sie sich keines Falles davor die Eidesstattliche Versicherung abzugeben.
15. Bedenken Sie stets, dass der Gesetzgeber die Eidesstattliche Versicherung eingeführt hat um den Schuldner zu schützen und nicht den Gläubiger. Machen Sie von diesem Schutz Gebrauch.
16. Sollte es Ihr Anwalt für sinnvoll erachten, so stellen Sie ausschließlich in Zusammenarbeit mit einem Wirtschaftsanwalt ein notarielles Schuldanerkenntnis aus, welches Sie dann

schließlich notariell beglaubigen lassen. Dies ist vor allem bei hohen Summen die geschuldet werden in Betracht zu ziehen.

17. Achten Sie aber stets darauf, dass Sie nur noch das in Besitz haben das auch wirklich gepfändet werden kann oder aber Ihr Hab und Gut bereits in Sicherheit ist oder Sie tatsächlich mittellos sind, denn eine derartige Urkunde kann sich schnell zum Dolchstoß wandeln, da Sie sofort und ohne Erbarmen gegen Sie eingesetzt werden kann. Daher erwägen Sie diesen Schritt nur wenn Sie dies zum Vorteil nutzen können und nur in Absprache mit einem Fachanwalt.

18. Versuchen Sie parallel Ihr noch befindliches Hab und Gut in Sicherheit zu bringen bzw. erwirtschaften Sie Ihren Neuanfang über eine Offshore Firma bzw. eine Auslandsfirma auf die niemand zugreifen kann.

19. Wenn Sie können verlegen Sie Ihren Wohnsitz wenigstens nur für eine bestimmte Zeit ins Ausland, dies verschafft Ihnen Ruhe und Freiheit und auch neue Möglichkeiten.

20. Versuchen Sie auf jeden Fall zu verhindern, dass Ihre Schulden die Sie gemacht haben keinen strafrechtlichen Tatbestand darstellen. Mit anderen Worten es ist eine Strafbare Handlung wenn Sie z.B. in Kenntnis Ihre Zahlungsunfähigkeit dennoch Ware bestellen, Ihre Kreditkarte benützen, Leasingverträge abschließen etc.

21. Achten Sie immer darauf, dass Ihnen kein Eingehungsbetrug unterstellt werden kann. Dies liegt dann vor, wenn Sie z.B. vorsätzlich etwas bestellen oder Zahlungen entgegennehmen, obwohl Sie wissen dass Sie nie bezahlen oder liefern können.

22. Sie müssen zum Zeitpunkt der Bestellungen Ihrer Ware oder anderen finanziellen und vertraglichen Abschlüssen immer liquide sein und auch nicht den geringsten Zweifel aufkommen lassen, dass sich dies in Kürze auch ändern könnte.

23. Bei Geschäftsleuten ist es wichtig, dass Sie unbedingt Ihren Kunden zuvor mehrmals reibungslos beliefert haben müssen und einen ordentlichen Geschäftsverlauf Ihrer Gesellschaft über mehrere Monate oder Jahre nachweisen können sollten, bevor Sie z.B. eine bestellte und bezahlte Ware Ihres Kunden nicht mehr ausliefern können, ansonsten wird man Ihnen stets versuchen einen Eingehungsbetrug nachzuweisen, was mit anderen Worten bedeutet, dass Sie vorsätzlich gehandelt haben und bereits schon zum Zeitpunkt der Bestellung und Bezahlung durch Ihren Kunden wussten, dass Sie die Ware überhaupt nicht liefern können oder man Ihnen nachweisen kann, dass Sie auch ohnehin nicht vorhatten die Ware überhaupt ausliefern zu wollen.
24. Sollten Sie als Firmeninhaber eines verschleppten Konkurses oder eines Bankrotts ins Auge sehen müssen, versuchen Sie sofort nach dem Sie dies absehen können Ihren Wohnsitz abzumelden, versuchen Sie am besten in ein nicht europäisches Ausland zu verziehen und lassen sie von dort aus Ihren Anwalt alles regeln. Es ist immer noch besser in eine Bananenhütte in Brasilien handlungsfähig zu sein als in Europa handlungsunfähig in Untersuchungshaft zu sitzen.
25. Sollte Ihre Insolvenz sich in einer höheren Region bewegen, versuchen Sie bevor es zu spät ist eine Zweitstaatsbürgerschaft zu erlangen und warten Ihr Schicksal im Ausland ab.

Ich hoffe Ihnen nun einige Lösungswege mit diesem Kapitel aufgezeigt zu haben und wünsche Ihnen viel Glück mit Ihrer Lösung der Herausforderung!

DIE BESTEN STRAFVERTEIDIGER DEUTSCHLANDS

Sollte es Ihnen wie in unserem geschilderten Fall ergehen, ist der erste wichtige Schritt sich sofort von einem renommierten Anwalt verteidigen und vertreten zu lassen und unbedingt so lange zu Schweigen bis Sie den Sachverhalt mit Ihrem Anwalt besprochen haben.

Immer im Hinterkopf behalten:

Als Beschuldigter sind Sie NIE zu einer Auskunft oder zu Angaben verpflichtet, um sich nicht selbst zu belasten.

Bitte halten Sie dies fest in Ihrem Hinterkopf verankert, auch wenn Ihnen von den Behörden suggeriert wird, dass eine Einlassung oder ein Geständnis oder was auch immer für eine Angabe für Ihr Strafmaß besser wäre. Machen sie grundsätzlich KEINE ANGABEN zum Sachverhalt.

Für Fälle die in der Kategorie eines Herr Zumwinkels, Herr Hoeneß, Herr Schlecker oder Herr Middelhoff u. a. liegen, haben Sie sicherlich ganzes Ohr bei folgenden deutschen TOP-Anwälten:

1. Hans W. Feigen

www.feigen-graf.de

2. Eberhard Kempf

kanzlei@Kempfschilling.de

3. Daniel Krause

4. Heiko Lesch

5. Gerhard Strate

6. Dr. Sven Thomas

dr-thomas@tdwe.de

7. Klaus Volk

klaus.volk@profvolk.de

8. Barbara Livonius

9. Grub Brugger

10. EWB-Rechtsanwälte

11. Quedenfeld

info@quedenfeld.de

Für die entsprechenden aktuellen Webseiten bitte einfach die oben stehenden Namen googeln.

ABSCHLIESSENDE ANMERKUNG:

Das Hauptproblem liegt meist darin begründet, dass die meisten Schuldner in die Schuldenfalle tappen durch sogenannte Verbraucherkredite und auch Ratenkäufe auf Autos, Elektronikartikel, Urlaub, Möbel, Haushaltsgegenstände usw. Da diese Kredite keinen zusätzlichen Mehrwert erwirtschaften, belasten diese den Verbraucher nur massiv von Monat zu Monat mehr. Anders verhält es sich bei Unternehmerkrediten, die mit diesem Geld etwas zusätzliches erwirtschaften oder einen zusätzlichen Gewinn erzielen können.

Betriebswirtschaftlich gesehen endet somit zwangsläufig jeder Verbraucherkredit ausschließlich absolut tödlich für den Schuldner. Da diese Kredite auch relativ einfach zu bekommen sind treibt sich der Schuldner automatisch immer mehr selbst in die Schuldenfalle.

Mein Rat: Verzichten Sie nach Möglichkeit unbedingt auf jegliche Verbraucherkredite komplett!

Hinzu kommt, dass das ganze Monitäre-System inkl. aller Zentralbanken weltweit als sogenanntes riesiges Ponzi-Betrugs-System aufgebaut wurde, das nun kurz vor dem Zusammenbruch steht. Dieser Weltgeldbetrug beinhaltet im Prinzip 4 Stufen.

DER WELTGELDBETRUG BEINHALTET IM PRINZIP VIER STUFEN

Stufe Eins: Zunächst gab es historisch gesehen das echte Geld, nämlich Münzen aus Gold und Silber, dieses wurde dann durch Bankquittungen für hinterlegtes Edelmetall ersetzt. Dann begannen kriminelle Banker damit, mehr Quittungen zu drucken als sie an Edelmetallen tatsächlich besaßen.

In einer weiteren Stufe gaben die Bankster die Golddeckung ganz auf und haben nur noch Falschgeld gedruckt. Sie konnten so Zinsen für Gold kassieren, das sie überhaupt nicht besaßen.

Dann kam Stufe drei: Da sie dieses Falschgeld nicht schnell genug drucken konnten, und weil sie ihre grenzenlose Gier noch schneller befriedigen wollten, haben sie damit angefangen Giralgeld auszugeben, das heißt elektronisches Geld, das nur noch teilweise durch Bargeld gedeckt war. Dabei handelt es sich um das so genannte »Fractional-Reserve Banking System«, das natürlich einen Betrug darstellt.

Nun wollen sie diese Teil-Deckung durch Papiergeld auch noch aufgeben, damit sie noch mehr Giralgeld generieren können. Die Druckerpressen laufen ihnen einfach nicht mehr schnell genug.

Würde man die ganzen betrügerischen Finanz-Derivate mit Papiergeld decken wollen, dann müssten für die Papierproduktion ganze Wälder abgeholzt werden. Das können die Bilderberger-Illuminati keinesfalls tolerieren.

Diese Finanzterroristen wollen auf diese Weise verhindern, dass im Krisenfall zu viele der vertrottelten Schafe ihr Geld gleichzeitig von der Bank abholen und somit in Sicherheit bringen können. Bei einer Währungsreform sollen die Schafe keinesfalls ungeschoren davonkommen.

Außerdem ist Gold und Bargeld eine Form der finanziellen Autonomie, weil es die Privatsphäre vor staatsterroristischen Verbrechern schützt – und in einem totalitären, staatsterroristischen orwellschen Überwachungsstaat kann diese letzte noch überlebende Form der Souveränität und Freiheit keinesfalls toleriert werden. Schafe können schließlich auch nicht darüber bestimmen, wann sie geschlachtet werden sollen.

6 | DAS TRADING

Die meisten Kleinanleger haben meist keine oder eine falsche Vorstellung wenn Sie den Begriff des »Tradings« hören. Sie können normal an der Börse traden, aber auch seit einigen Jahren auf Binary Options handeln. Manche Verlage und Börsenbrief verkaufen dies sogar als »Untergrund-Trading« und versprechen riesige Gewinne um Ihre Börsenbriefe verkaufen zu können.

Fakt ist jedoch, dass es sich hier meist um das sogenannte Binary-Option Trading handelt. Sie haben hier erhebliche Vorteile zum normalen Aktienhandel und auch dem normalen Optionshandel an der Börse. Diese Art des Handels ist in Deutschland selbst nicht so sehr verbreitet, beinhaltet jedoch erhebliches Potential auch für den Kleinanleger. Die Vorteile die Sie beim Binary-Option Handel haben, sind so groß, dass Sie dem »normalen« Handel an der Börse unbedingt vorzuziehen sind.

Diese Vorteile wären:

1. Der Handel ist schon für Kleinanleger ab einer Summe von 250 Euro möglich.
2. Sie können nicht nur auf das Steigen von Kursen handeln, sondern auch auf das Fallen der Kurse
3. Sie sollten immer nur 2% bis 5% pro Trade von Ihrem Gesamtkapital für kurze Zeit im Handel einsetzen.
4. Sie haben sehr kurze Laufzeiten in denen Ihr Kapital im Trade ist von z.T. nur 15 Minuten, die restliche Zeit ist Ihr Kapital geschützt außerhalb jeder Handelstätigkeit. Dies bedeutet im Falle eines »Crash«, dass Sie nie Ihr gesamtes Kapital verlieren können.

5. Ein enormer Vorteil ist, dass Sie hier kurzfristig Ihre Handelsstrategie der aktuellen Situation anpassen können und auch im Falle von einem Absturz der Börse und der Märkte profitieren und Gewinne einfahren können.
6. Sie haben keine Kosten, Spesen und hohe Gebühren auf den Handel mit Binary Options im Vergleich zu der Börse. Bei der Sie erhebliche Gebühren und Abschläge für den Kauf und Verkauf von Optionen und Wertpapieren hinnehmen müssen.
7. Die Handhabung der Online-Plattformen der verschiedenen Broker sind einfach und ohne Vorkenntnisse auch von einem Laien leicht zu bedienen.
8. Sie müssen nur wenige Zeit am Tag aufbringen um erfolgreichen Handel zu betreiben.
9. Sie können von jedem beliebigen Ort der Welt aus Handeln, sofern Sie eine stabile Internetverbindung und einen PC zur Hand haben. Ob Sie vom Strand auf den Bahamas aus oder von Ihrem Schreibtisch oder Schlafzimmer aus handeln interessiert hier niemand.

Hier eine kurze Beschreibung zur Definition der Binary Option:

BINÄRE OPTIONEN

Eine binäre Option (auch: digitale Option) ist ein Finanzderivat das von Optionen abgeleitet ist, zu den exotischen Optionen zählt und zur Kategorie der Termingeschäfte gehört.

Bei binären Optionen können nur zwei Szenarien eintreten: Tritt ein zuvor definiertes Ereignis ein, erhält der Käufer einen festgelegten Betrag, andernfalls verfällt die Option wertlos. Als Basiswerte kommen – wie bei klassischen Optionsscheinen auch – Indizes, Aktien, Währungspaare oder auch Rohstoffe in Frage. Es kann dann auf fallende oder steigende Kurse spekuliert werden. Ebenso wie bei klassischen Optionsscheinen existieren binäre Kaufs- und Verkaufsoptionen in amerikanischer und europäischer Variante.

Die *Cash-or-Nothing-Option* schüttet am Laufzeitende einen vorher festgelegten Betrag aus, wohingegen die *Asset-or-Nothing-Option* den Preis des Basiswertes auszahlt oder diesen selbst andient. Im Gegensatz zu klassischen Optionen hat der Trader also keine Möglichkeit die Option während der Laufzeit auszuüben. Binäre Optionen wurden lange Zeit außerbörslich gehandelt, also direkt vom Aussteller an den Käufer vergeben. Für diese Form exotischer Optionen gab es keinen liquiden Markt für den Handel. Sie waren aber häufig in komplexere Optionen-Verträge eingebettet. Seit 2008 stellen Online-Plattformen vereinfachte Versionen börsengehandelter binärer Optionen. Die Plattformen bieten standardisierte Kurzzeit-Optionen an, die eine vordefinierte Auszahlung bzw. Verlust auf jede Option festlegen. Sie können sich prinzipiell auf alle börsennotierten Produkte, inklusive Devisen beziehen. Typischerweise kann eine solche Option während der Laufzeit nicht liquidiert werden, es sei denn der Broker bzw. die Plattform erlaubt solch ein Vorgehen.

2007 hatte die US-amerikanische Options Clearing Corporation vorgeschlagen, diese Optionen zu erlauben. Die Securities and Exchange Commission hat daraufhin Cash-Or-Nothing Binäroptionen im Jahr 2008 erlaubt. Seit Mai 2008 bietet der American Stock Exchange Europäische cash-or-nothing Binäroptionen an. Auch am Chicago Board Options Exchange (CBOE) werden sie seit Juni 2008 gehandelt. Die Standardisierung von binären Optionen bildet die Basis für den Handel an der amerikanischen Börse mit laufender Quotierung des Preises.

Binäre Optionen werden auch im außerbörslichen OTC-Handel angeboten. Seit 2012 wird der Handel mit binären Optionen auf Zypern (wo sich sehr viele dieser Handelsplattformen befinden) durch die Cyprus Securities and Exchange Commission (CySEC) reguliert.

2013 zog auch Malta nach, wo binäre Optionen bisher von der Glücksspielbehörde verwaltet wurden. Die beiden Länder sind damit die ersten, die binäre Optionen als Finanzinstrumente im Sinne der EU-Richtlinie MiFiD gesetzlich regeln. Die Regulierungen beim Handel mit binären Optionen sollen Fairplay garantieren. Die Banc de Binary und 24Option sind zum Beispiel solche Anbieter mit Sitz auf Zypern.

Wie Sie bereits wissen sind Binäre Optionen extrem kurzlaufende Optionen mit denen spekulativ orientierte Trader die Möglichkeit haben in wenigen Minuten Erträge bis zu 75 Prozent auf das eingesetzte Kapital zu erzielen. Dazu müssen Sie lediglich vorhersagen ob beispielsweise der Goldpreis, der DAX oder der S&P 500 am Ende einer jeweiligen Handelsstunde höher oder tiefer steht als zum Abgabezeitpunkt ihrer Option. Kurzum, für den Handel mit Binären Optionen sind keinerlei Vorkenntnisse erforderlich. Das Beachten von ein paar einfachen Regeln kann jedoch auch hier einen wesentlichen Unterschied ausmachen, und die Wahrscheinlichkeit für einen erfolgreichen Trade mit Binären Optionen deutlich erhöhen.

Die Laufzeiten der Optionen betragen wahlweise 60 Sekunden, 15 Minuten, 30 Minuten, 1 Stunde oder aber bis zum Ende des jeweiligen Handelstages, je nach Anbieter. Der Mindesteinsatz beträgt je nach Broker 1 - 25 Euro pro Trade. Der Mindestbetrag den Sie auf das Handelskonto einbezahlen können liegt meist bei 200 Euro.

Um Ihnen den Einstieg in den Handel so einfach wie möglich zu gestalten, werde ich Ihnen hier das Basis-Wissen vermitteln mit dem Sie sofort in den Handel starten können, ohne dass Sie in die Fallen treten, die den meisten Anfängern schon zu Beginn das Handeln vermiesen. Bevor man mit Binäre Optionen Erfahrungen sammelt, sollte man sich erst einmal anschauen, worum es eigentlich genau geht.

Binäre Optionen, häufig auch als Digitale Optionen bezeichnet, erfreuen sich als Trading-Instrumente zunehmender Beliebtheit. Ein Grund dafür ist die *einfache Funktionsweise und Handhabung* dieser Finanzinstrumente. Auch ein wesentlicher Unterschied zum klassischen Optionshandel ist insbesondere für Einsteiger attraktiv – das geringe finanzielle Risiko und die hervorragende Skalierbarkeit. Für klassische börsengehandelte Optionen sind häufig hohe Optionsprämien zu bezahlen – dagegen kann man schon mit wenigen Euro Einsatz Binäre Optionen handeln.

DER HANDEL MIT BINÄREN OPTIONEN

Im Handel mit binären Optionen trifft der Trader eine Richtungsentscheidung bezüglich der künftigen Kursentwicklung eines bestimmten Assets, welches als sogenannter Basiswert für die Binäre Option dient. Als Basiswerte stehen meist Forex Währungspaare wie zum Beispiel Euro/Dollar, aber auch Aktien, Indizes und Rohstoffe zur Verfügung. Besonders beliebt sind Spekulationen auf die Kursentwicklungen der wichtigsten Währungen, also Euro, Dollar und Britische Pfund. Aber auch Rohstoffe wie Gold oder Öl bieten immer wieder interessante Trading Chancen. Praktisch alle führenden Broker haben eine große Auswahl an Forex Währungspaaren im Programm.

Geht man als Trader von steigenden Kursen aus, so kauft man eine Call-Option. Mit Put-Optionen wird entsprechend auf fallende Kurse gesetzt. Der Markt für binäre Optionen hat einen großen Vorteil gegenüber anderen Finanzmärkte, da die Höhe der Preisbewegungen eines Vermögenswerts keinen Effekt auf die endgültige Auszahlung hat, weil der Pay-out für binäre Optionen keine Rolle spielt, egal wie sehr der Preis sich bewegt hat. Alles was ein Händler tun muss, ist festzustellen, wie er den richtigen Vermögenswert für seinen Handel auswählen kann als auch zu bestimmen, in welche Richtung der Preis sich bewegt, und bei Ablauf des Verfallsdatums, ob der Preis höher oder niedriger liegt als der aktuelle Preis.

Wie können Sie aus den vielen verschiedenen Vermögenswerten wie Aktien, Währungen, Rohstoffen und Indizes den richtigen Vermögenswert für den Handel auswählen? Diese Entscheidung basiert auf Kenntnissen, wie sich bestimmte Arten von Vermögenswerten unter bestimmten Marktbedingungen verhalten. Volatile Märkte sind die besten Märkte zum Handeln, da sich bei volatilen Marktbedingungen die Vermögenswerte schnell nach oben oder unten bewegen, während es bei normalen Marktbedingungen nur wenige Vermögenswerte gibt, die eine hohe Leistung erbringen. Sie müssen die aktuellen Marktbedingungen, die die besten Ergebnisse erzielen sorgfältig auswählen.

Die Anlageklasse mit der wahrscheinlich höchsten Volatilität ist wohl der Devisenmarkt, auf dem Währungen gehandelt werden. Es gibt mehrere Währungspaare, die als binäre Optionen gehandelt werden, EUR/USD, NZD/USD und JPY/USD sind die Währungspaare mit der höchsten Liquidität und damit auch der höchsten Volatilität.

Sie könnten auch CHF/USD und EUR/USD in die entgegengesetzte Richtung handeln, da diese Paare negativ korreliert sind. Wenn Wirtschaftsnachrichten veröffentlicht werden, ist die beste Zeit für den Handel mit binären Optionen auf Währungen.

Binäre Optionen auf Rohstoffe haben nicht die gleichen Eigenschaften wie binäre Optionen auf Währungen, denn die zugrunde liegenden Vermögenswerte wie Gold, Öl und Silber usw. werden in der Zukunft gehandelt. Dies führt zu einer Reduktion der Volatilität. Wenn Sie jedoch die Vertragslaufzeiten des Basiswertes sehen, werden Sie feststellen, dass Rohstoffe mit binären Optionen gut zu Beginn der Vertragslaufzeit des Tages zu handeln sind.

Es gibt viele populäre Aktien, die als binäre Optionen gehandelt werden können. Aktien wie IBM, Microsoft und Google sind alle sowohl von Wirtschaftsnachrichten als auch Unternehmensberichten betroffen. Die beste Zeit für den Handel mit binären Optionen in Aktien ist, wenn die Bilanz der jeweiligen Firma, mit der Sie handeln möchten, bekannt gegeben wird.

Auch die Index-Märkte sind, ähnlich den Devisenmärkten, sehr flüchtig, da der Index im Wesentlichen ein Bündel von Vermögenswerten darstellt und nicht nur ein einziger Vermögenswert ist. Die Märkte sind 24h täglich geöffnet, obwohl es sich um elektronische Märkte handelt. Einige Indizes dauern jedoch etwas, bis sie sich in den Finanz-Nachrichten oder Unternehmensmeldungen bemerkbar machen. Der beste Weg, um binäre Optionen mit Indizes zu handeln, ist diese bei großen Ankündigungen über eine Aktie oder Aktien aus einem bestimmten Index zu handeln.

Wie Sie sehen können, ist es wichtig für Sie die Eigenschaften der verschiedenen Anlageklassen zu verstehen, um zu wissen, wie

Sie sich unter verschiedenen Marktbedingungen verhalten können. Offensichtlicher Vorteil:

RENDITE UND RISIKO KLAR DEFINIERT

Liegt der Trader mit seiner Markteinschätzung richtig, dann befindet sich die Option am Ende der Laufzeit im Geld und es wird eine vorab definierte Rendite ausbezahlt. Dementsprechend ist in den USA auch die Bezeichnung »Fixed Return Options« (FROs) gängig. Im konträren Szenario liegt die Option aus dem Geld und verfällt wertlos oder es wird, abhängig vom Broker, eine teilweise Rückzahlung des Einsatzes als Verlustabsicherung gewährt. Die erzielbaren Renditen und auch die angebotene Rückzahlung variieren zwischen den einzelnen Anbietern teilweise beträchtlich. In der Regel liegt der erzielbare Profit im klassischen Call/Put-Handel zwischen 65% und 90%.

Für Anleger die selbst handeln wollen ob als Anfänger oder auch als erfahrener Trader empfehle ich Ihnen folgenden Titel zu studieren:

Trading-King

vom Ebozon Verlag

Erhältlich als Download bei allen eBook Shops oder auch in Buchform bei allen Buchhandlungen. Mehr Informationen auch hierzu auf der Webseite www.trading-king.hk

Dieses Buch wurde von mir im Namen eines Traders aus Hongkong geschrieben und ist leicht verständlich auch für Anfänger zu handhaben. Sie erlernen verschiedene Trading-Strategien und bekommen auch das Basis-Wissen für ein erfolgreiches Trading vermittelt. Der Trader selbst bietet auch Live Seminare und Trading-Sessions an.

Welche Vorteile habe ich mit dieser Version, wenn ich überhaupt nicht traden möchte, aber dennoch nach einer Möglichkeit suche mein Kapital noch ohne Negativ-Zins unterzubringen und zu parken?

Ein Grund warum ich diese Möglichkeit des Tradings hier angesprochen habe, ist u. A. auch der, da Sie hier die Möglichkeit haben, Ihr Kapital noch rechtzeitig in den Wirtschaftskreislauf einzubringen bevor Ihnen auch dieser Weg in Kürze versperrt sein wird. Sie können so Ihr Kapital Stück für Stück auf ein Brokerkonto in Ihrem Namen nach Ihren Bedürfnissen einbezahlen und dies auch wenn Sie von den Vorteilen des Tradings selbst nicht profitieren möchten!

Das einzige was Sie machen müssen ist ein Handelskonto bei einem seriösen Onlinebroker zu eröffnen, damit Sie dort Ihr Kapital einbezahlen können. So ein Konto können Sie innerhalb weniger Minuten ohne Bonitätsprüfung oder sonstige lästigen Formulare eröffnen. Sie können dann auf das Handelskonto mit Kreditkarte oder auch mit Banküberweisung einbezahlen. Es gibt keine Negativ-Zinsen auf diesen Handelskonten. Sollten Sie Geld benötigen können Sie dieses jederzeit wieder vom Handelskonto auf ihr reguläres Bankkonto in jeder beliebigen Höhe zurücküberweisen lassen, wobei für die Überweisung eine kleine Gebühr anfällt. Alles notwendige Wissen und einen Schritt für Schritt Anleitung für die Kontoeröffnung erfahren Sie aus den oben beschriebenen

Buch Trading-King. Entsprechende Links zur Kontoeröffnung sind dort bereits vermerkt.

Ich halte diese Möglichkeit als mittelfristige Lösung zur Unterbringung Ihres Kapitals wie auch zur Anlage in Form des Tradings als eine gute Alternative. Sie haben hier die folgenden Hauptvorteile:

1. Sie können so Ihr Kapital sowohl in bar als auch von Ihrem Konto noch rechtzeitig in den Wirtschaftskreislauf einbringen bevor dies zu spät ist. Sollte es zu einem späteren Zeitpunkt zur Abschaffung des Bargeldes kommen, haben Sie Ihr Kapital bereits im System und können es jederzeit von dort aus bewegen.
2. Sie entgehen so dem Problem der Negativ-Zinsen
3. Sie haben zusätzlich noch die Möglichkeit selbst zu traden und eine stattliche Rendite auf Ihr Kapital zu erzielen, speziell auf Ihre Wünsche und finanzielle Mittel angepasst und unter Ihrer eigenen Kontrolle, ohne hier einen Banker, Versicherungsmakler oder sonstige Personen im Nacken zu haben.
4. So lange Sie keinen Trade gesetzt haben ist Ihr Kapital sicher auf dem Handelskonto ohne irgendein Risiko einzugehen.
5. Lizenzierte Broker verwalten Ihr einbezahltes Kapital auf einem sogenannten Treuhandkonto, d.h. Ihr Kapital wird besonders geschützt und kann nicht der Insolvenzmasse zugerechnet werden im Falle der Broker in wirtschaftliche Schwierigkeiten kommen sollte.

All diese positiven Merkmale machen es die Überlegung wert dort Ihr Kapital so lange gepaart mit einer Anlage in Edelmetalle zu parken oder zu investieren.

IN EIGENER SACHE

TOP RENDITE

Wir wollen unser Unternehmen international erheblich expandieren. Hierzu suchen wir einen seriösen verlässlichen Partner in Form einer Firmenbeteiligung in Höhe von 1 Mio. Euro.

Wir erwirtschaften überdurchschnittliche Gewinne und somit auch eine Top Rendite für Ihre Beteiligung.

Bei Interesse kontaktieren Sie uns bitte unter nachstehender E-Mail Adresse und fordern unseren ausführlichen Business-Plan an:

Trading-King@asia.com

7 | OFFSHORE PARADIESE 2016 UND 2017

Dieser Report behandelt die einzelnen Vorteile und Merkmale verschiedener Offshore-Plätze weltweit und deren Gründungsvoraussetzungen. In diesem Report werden lediglich die verschiedenen Offshore- Standorte analysiert und Ihnen Kontaktadressen mitgeteilt, bei welchen Anbietern Sie Ihre Offshore Firma im jeweiligen Gebiet seriös und problemlos gründen können.

Nach den Anschlägen des 9/11 hat sich die Welt verändert und auch die gewollte und beabsichtigte Verfolgung sogenannter »illegaler Geldflüsse«. Das Geldwäsche Gesetz wurde dahingehend verschärft, dass jeder Bankmitarbeiter zum Spitzel für das Finanzamt und andere Behörden wurde und das Bankgeheimnis in vielen Ländern einfach durchlöchert und abgeschafft wurde! Dies gilt übrigens auch für Steuerberater und Rechtsanwälte, im Falle Sie dieses noch nicht wussten! Selbst Ihr eigener Anwalt ist verpflichtet eine Anzeige gegen Sie zu erstatten, wenn ihm bei Ihren Tätigkeiten irgendwas nicht »koscher« vorkommt! Doch ich möchte hier keine politischen Ausführungen machen, sondern gleich auf den Punkt kommen. Dies hat sich natürlich auch auf die altbekannten Offshore-Plätze ausgewirkt die man nun systematisch versucht auszutrocknen. Nach den Anschlägen des 9/11 und verschiedenen Finanzskandalen hat Amerika darauf gepocht die Offshore-Plätze der Bahamas, Cayman Inseln, Bermudas und ähnlichen Flecken den »Stecker zu ziehen«, was auch wunderbar gelungen war.

Dann hat man die Jagd auf die europäischen Plätze ausgeweitet und verschiedene Englische und Schweizer Banken in die Verpflichtung genommen und diese der Beihilfe der Steuerhinterziehung für amerikanische Staatsbürger bezichtigt und so Stück für Stück den Finanzplatz Schweiz zum Kippen gebracht.

Ein Übriges haben dann auch die illegalen Verkäufe von sogenannten »Steuer CDs« von Bankmitarbeitern an deutsche Steuerbehörden beigetragen.

Nun werden die Schweizer Banken auch noch dazu verdonnert, dass Sie ihren Klienten geholfen haben ihr Kapital von der Schweiz nach Singapur und anderen sicheren Plätzen abzuziehen. Somit schrumpfen die Offshore-Plätze von anfangs 30 der bekanntesten Plätzen nur noch auf eine Handvoll Offshore-Standorte ab, von denen aus Sie überhaupt noch seriös Geschäfte weltweit tätigen können, ohne gleich in den Fokus von Steuerfahndung und anderen Behörden zu rücken.

Unsere Empfehlung der besten Offshore-Plätze 2016 hat sich auch für 2017 nicht verändert.

ALTE UND MYTHISCHE OFFSHORE-PLÄTZE

Hierzu gehören sicherlich auch die Schweiz, Liechtenstein, Isle of Man, Andorra, Madeira, Bahamas, Bermuda, British Virgin Islands, Cayman Islands, Seychellen, Gibraltar, Guernsey, Jersey, Vanuatu, Western Samoa und natürlich darf hier das gute alte und berüchtigte Panama nicht fehlen.

Die Zeiten sind einfach vorbei in denen Sie noch über eine Gibraltar Firma oder einer Firma in Andorra Ihre Finca in Spanien oder auf Mallorca kaufen und Ihr Auto auf eine Schweizer AG anmelden konnten! Und außer ein paar Gläsern Portwein trinken, können Sie mit Madeira auch nichts mehr anfangen. Versuchen Sie mal eine Überweisung nach Western Samoa oder auf Vanuatu oder zum Überfluss auch noch nach Panama zu machen, und Sie werden 3 Minuten später unangenehme Fragen, zuerst von ihrem Banker bekommen und später dann auch von Ihrem

Finanzbeamten oder Steuerfahnder. Wohl denen die Ihr Kapital und/oder Ihren Wohnsitz oder beides schon seit langem nach Guernsey oder Jersey auf den Britischen Kanal Inseln verlegt hatten, jedoch jedem Neuankömmling steht man da sehr skeptisch gegenüber, dies empfiehlt sich daher nur noch für die aussterbenden Altaristokraten die vom Mutterland England aus Ihr Schäfchen bereits ins trockene gebracht haben und sich nun dem Rolls-Royce fahren um die Insel (Dauer ca. 40 Minuten Maximum!), dem Blumenzüchten und des Einatmen des Golfstromes verschrieben haben.

Nicht anders verhält es sich auf der Isle of Man. Nach dem Skandal um Herr Zumwinkel dürfte wohl auch dem Dümmsten aufgefallen sein, dass der beste Lager Ort für Ihr Kapital sicherlich nicht Liechtenstein sein dürfte! Zum Thema Schweiz muss eigentlich nicht mehr viel hinzugefügt werden. Wer die letzten Aktionen in Presse und TV verfolgt hat benötigt hierzu keine weiteren Anmerkungen oder Ausführungen mehr was die Schweiz anbelangt. Mein Rat: FINGER WEG!!!

Alles in Allem können Sie in der heutigen Zeit nur noch mit Auslandsgesellschaften von Offshore Plätzen agieren, die sich in das normale weltweite Handelsgeschäft bereits so stark integriert haben, dass Transaktionen in diesen Gebieten oder mit Firmen dieser Gebiete nicht im täglichen Finanzverkehr auffallen. Dazu gehört dann sicherlich nicht, wenn Sie eine Überweisung von Mülheim/Ruhr nach Panama City von Ihrer örtlichen Sparkassen-Filiale machen lassen! Unabhängig davon, dass die Sachbearbeiterin dies nicht selbst kann, weil Sie der erste Kunde seit 10 Jahren sind, der ihr diesen Auftrag erteilt und dies ihrem Vorgesetzten melden muss, der dann zu allem Überfluss Ihnen auch noch unangenehme Fragen stellt, die Sie nur stotternd und mit rotem Kopf beantworten können, ist so ein Vorgehen tödlich.

Noch bevor Ihre Überweisung ausgeführt wird (wenn überhaupt!) und noch bevor Sie von der Sparkasse wieder zuhause in Ihrem Büro oder Wohnzimmer sitzen wurde eine interne Meldung des Bankangestellten an die entsprechenden Behörden wegen des Verdachts der Geldwäsche gestellt und entsprechende Schritte gegen Sie eingeleitet die bis hin zur Sperrung oder Löschung Ihres Kontos führen können, nicht berücksichtigt die Einleitung eines Strafverfahrens wegen des Verdachts auf Steuerhinterziehung etc.

Es ist meiner Meinung nach daher überflüssig auf die ehemaligen Kronjuwelen der Offshore-Industrie, die ich oben genannt habe, überhaupt weiter einzugehen und wir konzentrieren uns ausschließlich auf diese Gebiete die Sie in der Praxis auch realistisch und aktiv einsetzen können. Denn was nützt es Ihnen, wenn Sie eine INTERNATIONAL POWER HOLDING LTD auf den Bahamas gegründet haben, diese aber nirgendwo zum Einsatz bringen können! Und für manche Offshore Firmen sogar nicht einmal mehr ein Konto eröffnet bekommen. Dies waren die Vorgehensweisen der 70er und 80er Jahre! Um heute clever und unauffällig mit einer Auslandsgesellschaft erfolgreich tätig sein zu können, muss man schon etwas mehr Kreativität ans Tageslicht legen als nur die Firma in einer Steueroase zu gründen und dann blind darauf loszulegen! Man muss sich heute den ständig wandelnden Gesetzen und Vorschriften anpassen um mit den regelmäßigen weltweiten Handelsströmen unauffällig einfach mit schwimmen und dennoch die Steuervorteile daraus nutzen zu können.

DIE BESTEN OFFSHORE-PLÄTZE 2016 UND 2017

RAK:

Das Emirat Ras Al Khaimah (RAK) ist eine absolute Neuentdeckung in der internationalen Offshore-Szene und wird in Zukunft sicherlich zu einem der führendsten Offshore Plätze aufrücken. Vor allem bietet RAK schon heute zum Teil bessere Voraussetzungen für eine Firmengründung als zum Beispiel Dubai, Abu Dhabi oder Bahrain. Die Vereinigten Arabischen Emirate haben Doppelbesteuerungsabkommen mit 41 Ländern, so z.B. Deutschland, Schweiz und Österreich.

Innerhalb der V.A.E. hat sich in den vergangenen Jahren die Ras Al Khaimah Freihandelszone einen guten Ruf als innovative und kostengünstige Alternative zu den anderen Standorten wie Dubai und Abu Dhabi etabliert. Ras Al Khaimah ist eines der sieben Emirate, aus denen sich die V.A.E. zusammensetzen und liegt nur ca. 45 Minuten von Dubai entfernt. Ras Al Khaimah steht weder auf der schwarzen Liste für Steueroasen der OECD noch der FATF.

Insgesamt über 2000 Unternehmen haben sich alleine im Jahr 2012 für eine Firmengründung innerhalb der Freihandelszone entschieden. Darunter mehr als 100 Firmen aus Deutschland.

Eine International Business Company (IBC) in Ras Al Khaimah bietet ein sehr gutes Preis-Leistungsverhältnis z.B. im Vergleich zu Firmengründungen in Dubai, Abu Dhabi oder Bahrain und eine sehr schnelle und unbürokratische Registrierung von Gesellschaften. Die Höhe des Stammkapitals ist im Verlauf der Firmengründung von Seiten der Gesellschafter festzusetzen. Allerdings ist kein Mindeststammkapital vorgeschrieben. Den Gründern steht somit frei, die Höhe des Stammkapitals seiner Firma selbst festzusetzen.

Die RAK-Offshore-Gesellschaft ist nicht verpflichtet eigenes Personal in den Emiraten einzustellen oder Büroräume anzumieten.

Bei der Gründung einer RAK Onshore-Gesellschaft können Sie sogar ein 3 jähriges Dauervisum, gültig für das gesamte V.A.E., mit Arbeitserlaubnis beantragen, wenn Sie sich selbst als Direktor oder Angestellter Ihrer Firma eintragen lassen. Für eine RAK Onshore Gesellschaft bestehen eigene und unterschiedliche Gründungsvoraussetzungen wie für eine RAK Offshore Firma.

DIE STANDORTVORTEILE RAS AL KHAIMAHS AUF EINEM BLICK:

- 100% KAPITAL- UND GEWINNREPATRIIERUNG
- ZOLLBEFREIUNG – KEINERLEI EXPORT ODER IMPORTZÖLLE
- KEINE WÄHRUNGSRESTRIKTION
- KEINE VERMÖGENS-, EINKOMMENS-, UMSATZ-, GEWINN- ODER QUELLENSTEUER
- GERINGE PERSONAL- UND ENERGIEVERSORGUNGSKOSTEN
- GÜNSTIGE IMMOBILIENPREISE UND NIEDRIGE PACHT- UND MIETZINSEN
- HOCHENTWICKELTE INFRASTRUKTUR
- KEINERLEI HANDELSBARRIEREN

- WELTHANDELSZONE: DUBAI AIRPORT UND HAFENANLAGEN SIND DREHPUNKT FÜR EUROPA/AFRIKA & ASIEN
- KOPPELUNG DER WÄHRUNG DIRHAM AN DEN US-DOLLAR
- DOPPELBESTEUERUNGSABKOMMEN U.A. MIT DEUTSCHLAND, ÖSTERREICH, SCHWEIZ
- STEHT NICHT AUF DER SCHWARZEN LISTE DER OECD ODER DER FATF
- 100% BESITZ DER ANTEILE FÜR AUSLÄNDER MÖGLICH
- KEINE LOKALE TREUHANDPERSON MIT MEHRHEITSBESITZ DER ANTEILE ERFORDERLICH

HONGKONG:

Hong Kong ist auch heute noch das Tor für den Marktzugang nach China und Asien, unabhängig, offen für den Waren- und Dienstleistungsverkehr, freier Handelsplatz für Waren, Dienstleistungen aller Art und vor allem für Devisen.

Die Private Limited Company ist die populärste Gesellschaftsrechtsform in Hong Kong und wird fast ausnahmslos von allen in Hong Kong angesiedelten ausländischen Firmen gewählt.

Die gesetzlichen Mindestanforderungen zur Gründung einer Limited in Hong Kong sind:

- Stammkapital von 10.000 HKD das jedoch nicht voll einbezahlt werden muss.

- Eine Firmensatzung, die meist sehr weit gefasst ist und die Befugnisse der Direktoren sowie den Geschäftszweck der Gesellschaft regelt. Geschäftsgegenstand können Herstellung und Vertrieb, Handel oder im Import/Export sowie Dienstleistungen aller Art sein.
- Zwei Aktionäre sowie zwei Direktoren; Aktionäre und Direktoren können identisch sein (sind es bei kleinen Gesellschaften auch oft) und dürfen sowohl juristische als auch natürliche Personen sein, die nicht in Hongkong ansässig sein müssen.
- Ein Company Secretary (Firmenschriftführer) muss in Hongkong ansässig sein und ist u. a. für die Berichterstattung an das Handelsregister zuständig.

STEUERN IN HONG KONG:

Hong Kong genießt aufgrund seiner Sonderstellung im Verhältnis zu China eine Sonderstellung, die durch das CEPA-Abkommen geregelt wird.

Der Steuersatz auf Unternehmensgewinne beträgt 17,5 %. In der Praxis ist er jedoch oft erheblich niedriger, da sämtliche Zinserträge aus Bankguthaben sowie **im Ausland oder in der Volksrepublik China erwirtschaftete Gewinne in Hongkong komplett steuerfrei** sind. Des Weiteren sind die gesetzlichen Regularien für die steuerliche Abzugsfähigkeit von Aufwendungen und Kosten sehr großzügig gefasst. Allein hierdurch schon fällt das Fehlen eines Doppelbesteuerungsabkommens zwischen der Sonderverwaltungszone Hong Kong und Deutschland in der Praxis so gut wie gar nicht ins Gewicht. Umsatz- oder Mehrwertsteuern gibt es in Hongkong nicht. Importzölle fallen i. w. nur auf Spirituosen, Tabakwaren, Benzin und Diesel sowie Kraftfahrzeuge an.

DUBAI:

Die westlich orientierten Vereinigten Arabischen Emirate haben sich in den vergangenen 20 Jahren zum wichtigsten Handelszentrum in der Golfregion entwickelt.

Fast immer, wenn in Nachrichten und Reportagen von Dubai die Rede ist, geht es um unermesslichen Reichtum oder gigantische Bauprojekte. Mit dem Wolkenkratzer Burj Dubai erobert Dubai den Welthimmel, mit dem Sieben-Sterne-Hotel Burj al Arab – möchte Dubai hier Luxus neu definieren. Zahlreiche weitere Mega-Bauprojekte verändern stetig sein Gesicht.

Die Metropole Dubai ist eines von sieben eigenständigen Emiraten innerhalb der Vereinigten Arabischen Emirate. Dubai ist das extravagante Handels- und

Wirtschaftszentrum des Nahen Ostens, die Drehscheibe für Waren, Finanzen und Dienstleistungen. Das auffallend westlich orientierte Dubai ist in hohem Masse multikulturell. Westlicher Lebensstandard, hohe Sicherheit und Sauberkeit sind in Dubai selbstverständlich. Unternehmen aus aller Welt gründen hier derzeit Gesellschaften, um unkompliziert von den Märkten profitieren zu können.

Die Entwicklung der Wirtschaft in den Vereinigten Arabischen Emiraten reicht vom Wirtschaften in einem Fischerdorf bis zum internationalen Handel einer Weltmetropole. Auf diese kurze Formel lässt sich die jüngere Geschichte der Wirtschaft in Dubai, Abu Dhabi und Ras al Khaimah bringen.

Dubais Wirtschaft ist sehr offen und frei, um ausländische Investoren anzuziehen. Die staatlichen Kontrollen und Regulierungen der Aktivitäten im privaten Sektor sind minimal. Es gibt keine direkten Steuern auf Unternehmensgewinne und persönliches Einkommen (außer für Ölgesellschaften, die einen festen

Satz von 55% abführen, und Niederlassungen ausländischer Banken, die einen festen Satz von 20% auf den in Dubai erwirtschafteten Nettogewinn zahlen). Die Zollgebühren liegen bei niedrigen 4%, wobei viele Ausnahmen greifen, 100% Ausführung von Kapital und Gewinnen ist erlaubt, es gibt keine Devisenkontrollen, Handelsquoten oder -einschränkungen und der Wechselkurs zwischen dem US Dollar und dem VAE Dirham ist sehr stabil. Eine liberale Visapolitik erlaubt die problemlose Beschäftigung ausländischer Arbeitskräfte mit diversen Ausbildungsniveaus fast aus der ganzen Welt.

Ausländische Unternehmer, die in Dubai eine Offshore-Gesellschaft gründen, können signifikante Kostenvorteile umsetzen, die international nicht unbedingt üblich sind.

Die wichtigsten Faktoren sind:

- 100% Kapital- und Gewinnrepatriierung
- Keine Devisenkontrollen
- Keine Handelsbarrieren oder -quoten
- Wettbewerbsfähige Importzölle (4% mit zahlreichen Befreiungen)
- Wettbewerbsfähige Lohnkosten – die Arbeitskräfte sind mehrsprachig und gut ausgebildet
- Wettbewerbsfähige Energiekosten
- Wettbewerbsfähige Immobilienkosten
- Wettbewerbsfähige Finanzierungskosten und ein hohes Liquiditätsniveau

- Keine Steuern auf Unternehmensgewinne und persönliches Einkommen (außer für Ölgesellschaften und Niederlassungen ausländischer Banken).
- Doppelbesteuerungsabkommen u.a. auch mit Deutschland, Österreich, der Schweiz
- Die VAE stehen nicht auf der schwarzen Liste der OECD oder der FATF

Seit Anfang 2003 besteht für ausländische Gesellschaften und Einzelpersonen die Möglichkeit der Gründung einer Offshore-Gesellschaft in der Jebel Ali Free Zone wie einigen anderen Freizonen. Bei einer Offshore-Gesellschaft handelt es sich um eine eigene Rechtspersönlichkeit, die im Wesentlichen der GmbH entspricht.

Die Gründung von Gesellschaften in den Freihandelszonen der Emirate Dubai (wir empfehlen die Free-Zone »Jebel Ali«) und Ras al Khaimah ist für Ausländer schnell und problemlos möglich. Aufgrund der Tatsache, dass es alleine in Dubai bereits 22 Freihandelszonen mit jeweils eigenen Regelungen und Anforderungen z.B. an das Stammkapital gibt, können wir an dieser Stelle leider keine Einzelinformationen bereitstellen.

SINGAPUR:

Stärkstes Bankgeheimnis & liberalstes Steuersystem

Der Inselstaat Singapur ist mittlerweile einer der wichtigsten Finanzplätze weltweit und zieht auch immer mehr europäische Privatanleger an. Eine tragende Säule dieser Entwicklung ist unbestritten das äußerst starke und gesetzlich verankerte **Bankgeheimnis des Inselstaates Singapur** sowie das überaus liberale, am **Schweizer Vorbild** errichtete Steuersystem. Geldanlagen stehen in Singapur hoch im Kurs.

»Singapur zählt zu den Staaten mit dem stärksten Bankgeheimnis sowie einem der liberalsten Steuersysteme weltweit.«

Die Fakten zum Bankgeheimnis in Singapur:

- nach dem alten Vorbild Liechtensteins und der Schweiz
- keine Offenlegung von Kundeninformationen ohne Zustimmung des Kunden
- uneingeschränkt für jedermann gültig (gesetzlich verankert)
- Offenlegung ausschließlich bei kriminellen Handlungen

Singapur wird nicht zu Unrecht als die »**Neue Schweiz**« bezeichnet. Steuern für **Erträge von Offshore-Finanzgeschäften** betragen 5 %. Der Spitzensteuersatz liegt bei 17 % Ertragssteuern, wobei der Höchststeuersatz erst bei einem Ertrag (Gewinn) von SGD 320.000.- erreicht wird.

STEUERBEFREIUNG

Eine gänzliche Steuerbefreiung entsteht für Einnahmen aus dem Ausland, die nicht nach Singapur transferiert werden.

KEINE KAPITALERTRAGSSTEUERN

Auf der südostasiatischen Insel gibt es keinerlei Devisen- oder Transferbeschränkungen. Es gibt keine Kapitalertragssteuern, und wer sein Vermögen in einer Familienstiftung anlegt ist generell steuerbefreit.

ANMERKUNG:

Zum aktuellen »Panama-Papers« Skandal gibt es zu meinen vorherigen Ausführungen eigentlich nichts hinzuzufügen. Lassen Sie die Finger von der Schweiz und Steuer-Oasen wie Panama. Bitte beachten Sie auch, dass Sie OHNE WOHNSITZ in Deutschland dort Steuerpflichtig sind wo Sie Ihren Hauptwohnsitz haben. Wenn dieser in einem Niedrigsteuerland oder direkt in einer Steueroase ist, interessiert es niemand ob Sie eine Offshore-Firma, egal in welchem Rechtsbereich haben, da Sie ohnehin keine Steuer bezahlen! Das Konstrukt wird nur dann illegal wenn Sie einen Hauptwohnsitz in einem Hochsteuerland haben aber über Ihre Offshore-Firma Gewinne erzielen die Sie dann an Ihrem Hauptwohnsitz nicht versteuern oder in der Steuererklärung deklarieren. Wenn Sie diese Einkünfte versteuern ist dieses Konstrukt durchaus auch legal ebenso ist es legal eine Offshore-Firma zu besitzen und mit dieser weltweit Geschäfte zu machen und keine Gewinnausschüttung an Sie selbst vorzunehmen, dann gibt es schlicht auch nichts zu versteuern, weil Sie ja nichts bekommen haben und die Firma selbst ist dort steuerpflichtig wo sie ansässig und registriert ist.

ANWENDUNGSMÖGLICHKEITEN IHRER OFFSHORE-GESELLSCHAFT

Zypern, RAK, Dubai, Hongkong und Singapur, sind Gebiete von denen Sie aus mit einer Handelsgesellschaft die Waren und Güter verkauft optimal agieren können, diese Gebiete eignen sich ebenso auch für eine Import/Export Firma bestens. Diese Gebiete sind in die täglichen weltweiten Handelsgeschäfte komplett eingebunden und es werden Tonnen von Waren und Milliarden von Kapital über diese Gebiete ganz legal abgewickelt und umgesetzt.

Mit Ausnahme von Zypern existieren auch riesige Häfen und z.T. auch Freihandelshäfen in den genannten Gebieten.

Mit Zypern oder Malta haben Sie den Vorteil der Fakturierung innerhalb der EU, da Zypern Vollmitglied der EU ist, aber dennoch nur einen Steuersatz von 10% hat! Doch auch dieser Offshore-Platz wurde bereits schwer beschädigt, da Zypern Hilfen von der EU beantragt hat, diese sollten jedoch nach Wunsch von den Herren Gabriel und Steinbrück nur genehmigt werden, wenn Zypern endlich aufhört Gelder von russischen Anlegern und Investoren »zu waschen« und das »Steuer-Dumping« einstellt, so die Worte der beiden Herren!

MAURITIUS

Eine gewisse Sonderstellung hat auch Mauritius im Indischen Ozean. Dieses Gebiet ist ebenfalls NICHT als Steuer-Oase abgestraft und hat einen seriösen Ruf. Dieses Gebiet empfiehlt sich besonders für Handels-Gesellschaften und Import/Export Firmen die in der Region Südafrika, Indien und Asien tätig sind, aber auch für sogenannte Holding Gesellschaften, die nur Beteiligungen bei anderen Unternehmungen halten.

LUXEMBURG

Für Holding Gesellschaften die Unternehmensbeteiligungen halten und in anderen Unternehmen investiert sind eignet sich auch nach wie vor eine Luxemburgische Firma. Der Finanzplatz Luxemburg ist immer noch seriös und befindet sich innerhalb Europas. Fast alle großen Konzerne haben dort eine Niederlassung.

MALTA

In manchen Fällen und mit manchen Konstruktionen ist eine Firmengründung in Malta auch in Verbindung mit anderen Offshore-Plätzen von Vorteil. Eventuell auch zur Wohnsitznahme innerhalb der EU sehr gut geeignet. Überprüfen Sie die vom jeweiligen Anbieter genannten Möglichkeiten ob diese für Sie geeignet sind. Malta gehört wie Zypern als Vollmitglied der EU an und ist ein Niedrigsteuerland.

NEUSEELAND

Dieses Gebiet empfiehlt sich vor allem dann, wenn Sie geplant haben als Finanzdienstleister ähnlich einer Bank bzw. eines Internet-Finanz-Dienstleister mit e-money tätig zu werden. Da Neuseeland hierfür bestimmte günstige Vorschriften hat die legal genutzt werden können.

Als Financial Service Provider (FSP), gelten alle Firmen die Finanzdienstleistungen AUSSERHALB von Neuseeland anbieten und die außerhalb des Geltungsbereiches des Securities Act 1978 Teil II tätig sind.

Als FSP können Sie sich legal in folgenden Aktivitäten engagieren und folgende Dienstleistungen anbieten:

- Einlagegeschäfte
- Anlage und Verwaltung von Geld, Wertpapieren und Investment-Portfolios im Auftrag von Dritten.
- Bereitstellung von Krediten im Rahmen eines Kreditvertrags
- Der Betrieb eines Geld oder Wert Transfer-Service
- Ausgabe und Verwaltung von Zahlungsmitteln
- Ausgabe von finanziellen Garantien Währungshandel
- Handel an einer Börse in einem Over-The-Counter-Markt
- Geldmarktinstrumente (einschließlich Schecks, Wechsel, Einlagenzertifikate); Fremdwährungsbestände (einschlie-ßlich Devisentermingeschäften), derivative Produkte, einschließlich, aber nicht beschränkt auf, Futures und Optionen; Wechselkurs- und Zinsinstrumente, einschließlich Produkten

wie Swaps und Forward-Regel Vereinbarungen; Wertpapieren und Finanzanlagen.

- E-Money, Kreditkarten, Prepaid Karten etc.

WARUM NEUSEELAND?

Neuseeland hat sein ganzes Banken Gesetz im Jahre 1995 aufgehoben und dadurch den freien Eintritt in das Geschäft der Banken erleichtert. Neuseeland ist einzigartig in dem Sinne, dass internationale Bankgeschäfte ohne Eigenkapitalanforderungen, Qualifikationsanforderungen oder übermäßige aufsichtsrechtlichen Anforderungen getätigt werden können. Sie können Banken ähnliche Dienstleistungen erbringen haben jedoch KEINE Bank-Lizenz!

VORTEILE VON NEUSEELAND:

- Politisch stabiles Land
- Wirtschaftlich stabiles Land
- Real Wirtschaft mit guten Ruf
- Stabile und flüssige Währung
- Englisches Recht
- Deutsch sprechende Bevölkerung

DER FSP VORTEIL:

Ihre Firma erhält eine FSP-Nummer, die auf der Website der Regierung (www.fspr.govt.nz) überprüft werden kann. Jeder kann leicht überprüfen, dass Ihr Unternehmen ordnungsgemäß als Anbieter von Banking Services legal registriert ist.

PANAMA

Obwohl ich Panama ganz am Anfang des Reportes als alter und abgeschriebener Offshore Platz abgetan habe, möchte ich hier eine Ausnahme machen. Dies bezieht sich jedoch nur auf die clever konstruierte Panama Foundation, also eine Stiftung die dem Liechtensteiner Stiftungsrecht kopiert wurde. Durch die lockere Gesetzgebung ist diese Art von Vermögenssicherung bei vielen besonders beliebt und auch weltweit einsetzbar.

Eine Panama Foundation ist eine Kombination aus Testament, Treuhandfonds und Unternehmen. Es handelt sich dabei um die ideale Struktur für Vermögenssicherung und testamentarische Planungen.

Folgende Parteien sind daran beteiligt:

- Der Stifter oder Zeichner, der vom Vertreter unterstützt wird. Der Stifter hat keine Kontrolle über die Stiftung und deren Angelegenheiten und wird nur als jene Person angesehen, die die Verfassungsurkunde einreicht.
- Die Mitglieder des Stiftungsrates (entspricht dem Vorstand eines Unternehmens) bestehen aus mindestens einem Unter-

nehmensvertreter oder drei (3) Einzelpersonen; eine Kombination aus Unternehmensvertretern und Einzelpersonen ist auch möglich. In Abhängigkeit der behördlichen Daten können wir Nominierungen vornehmen.

- Der Kunde, der die Gründung der Struktur anfordert.
- Die gesetzlich ernannten Begünstigten und somit keine Angelegenheit der behördlichen Daten.
- Der Protektor (nicht verpflichtend), der ein Unternehmensvertreter oder eine Einzelperson sein kann. Dieser beaufsichtigt, ob die Stiftungsziele erreicht werden. Seine Funktionen können in der Verfassungsurkunde und per Gesetz sowie in einem Privatdokument frei festgelegt werden.

Vorteile von Panama Foundation:

- Vermögenssicherung, die keinen Vorsichtsmaßnahmen unterzogen werden kann. Sämtliche Aktiva der Stiftung sind für Gläubiger unzugänglich. Es gibt eine Verjährungsfrist von drei (3) Jahren für Rechtsansprüche bezüglich betrügerischer Transfers.
- Keine Kapitalanforderungen. Es gibt keine Anforderungen bezüglich der Abgabe von Steuererklärungen. Die Bücher und Buchhaltungsaufzeichnungen können sich in Panama oder im Ausland befinden. Das Management und der Betrieb der Stiftung unterliegen keiner Aufsicht.
- Erbschaftsplanung und testamentarische Nutzung. Stiftungen können verwendet werden, um für das finanzielle Wohl von Familienmitgliedern gemäß Ihrem ausdrücklichen Willen zu sorgen, womit Sie sich zeit- und kostenintensive Rechtsverfahren sparen können. Es handelt sich dabei um einen effizi-

enten Ersatz für Testamente und Treuhandfonds. Die Panama Foundation ist ideal für Erbschaftsplanungen zwischen Lebenden oder Toten, da diese aufrecht sind, solange die Ziele der Stiftung erreicht werden. Dies könnte Erbschaftsstreitigkeiten verhindern und erzwungene Erbschaftsbestimmungen außer Kraft setzen.

- Im Allgemeinen darf eine Private Interest Foundation keine kommerziellen Aktivitäten wie ein Unternehmen ausführen, könnte jedoch gelegentlich kommerzielle Aktivitäten durchführen, um die Ziele seiner Stiftung zu erreichen und um Gewinne für deren Begünstigte zu erzielen.
- Die Stiftung kann wissenschaftliche, philanthropische, religiöse, humanitäre oder bildungstechnische Ziele verfolgen.
- Die Stiftung kann ein Bankkonto besitzen und als Anlageinstrument für Immobilien, Aktien und Anleihen fungieren. Sie kann Boote, Flugzeuge, Kunstwerke, Sammlerstücke oder andere Aktiva besitzen, wobei es spezifische Anweisungen bezüglich deren Handhabung gibt, wenn sich die Umstände ändern – und all das individuell gestaltet, um Ihren spezifischen Anforderungen gerecht zu werden. Tantieme, Urheberrechte und Handelsmarken können auf die Stiftung übertragen werden.
- Die Stiftungsurkunde sieht vor, dass Streitigkeiten in Zusammenhang mit der Stiftung mittels Schiedsverfahren gelöst werden, womit ein Rechtsstreit vermieden wird. Diese Bestimmungen könnten auch den Gerichtsstand und die Verfahrensregeln des Schiedsverfahrens beinhalten.
- Steuervorteile: Die Aushändigung, der Transfer oder die Schenkung von Aktiva an die Stiftung ist gemäß dem panamaischen Gesetz nicht steuerpflichtig – ebenso wenig wie die Organisation, Modifizierung oder Auflösung der Stiftung.

Einkommen, das durch die Aktiva der Stiftung entstanden ist, unterliegt keinen Steuern, Beitragszahlungen, Zinssätzen oder Pfandrechten jeglicher Art.

- Widerruflichkeit. Obwohl die Stiftung im Allgemeinen unwiderruflich ist, ist es unter bestimmten Umständen dennoch möglich, das Geschäft zu widerrufen. Die Stiftung kann gegründet werden und tritt zu einem bestimmten Zeitpunkt, nach dem Eintreffen bestimmter Ereignisse oder Umstände oder nach dem Tod des Stifters in Kraft.

BELIZE

Hier empfiehlt es sich besonders Holding-Gesellschaften oder einen Trust zu gründen!

Warum eine **Firma in Belize** gründen?

Keine Steuern. Belize gilt als Steueroase, da hier, unter dem Aspekt, dass die Erwirtschaftung nicht in Belize selbst erfolgt, völlige Steuerfreiheit herrscht.

Ein Büro, auch mit Angestellten, darf allerdings geführt werden, es spricht nichts dagegen.

Wenn man eine IBC (International Business Company) in Belize gründet (eine Offshore Firma), so gilt völlige Steuerbefreiung des gesamten Einkommens der IBC. Ebenso ist man von den Steuern für alle Dividenden, die durch die IBC abgegolten werden, befreit. Es kommt noch besser: auch Mieten, Zinsen, Lizenzgebühren und andere Zahlungen durch die Firma sind steuerbefreit!

Keine Bürokratie. In Belize gilt keine Buchhaltungspflicht, genauso wenig wie eine Bilanzierungspflicht. Ganz anders als im Heimatland, muss man keine Belege, Rechnungen aufbewahren, man muss nicht ständig auf Pflichten und Vorgaben achten, die womöglich auch noch bestraft werden, sollte man einen kleinen Fehler machen oder mal einen Beleg oder eine Rechnung vergessen.

Keine Währungsbeschränkung. Jede Offshore Firma verfügt über ein Bankkonto, über welches der Firmeninhaber jederzeit verfügen kann (via Internetbanking).Sie sind nicht eingeschränkt, weder in was / wann Sie zugreifen, noch mit welchen Währungen Sie arbeiten.

Keine persönlichen Daten. Absolute Anonymität des Firmeninhabers. So kann man agieren und sein Vermögen schützen, ohne dass zum Beispiel Gläubiger oder Ex-Partner davon erfahren.

Eine belizische Staatsbürgerschaft ist auch nicht erforderlich.

Die Anonymität besteht, da der/die Inhaber der Offshore Firma in keinem öffentlichen Register angeführt werden.

Die IBC braucht nur einen Direktor und einen Gesellschafter.

ALBANIEN, RUMÄNIEN, MONTENEGRO, SERBIEN, KROATIEN, MAZEDONIEN, UKRAINE

Diese Gebiete können Sie problemlos zur Gründung einer Handelsgesellschaft nutzen und dann eine hinter dieser Gesellschaft geschaltete Offshore Firma aus einer Steueroase nutzen um dann offiziell nach außen zwar als vollbesteuerte Firma zu wirken, jedoch am Schluss durch das richtig gewählte Konstrukt vollkommen steuerbefreit zu sein.

FIRMENGRÜNDER UND STEUERBÜROS WELTWEIT

HONGKONG:

Asia Business Service - Web: www.asiabs.com

Klako Group - Web: www.klakogroup.com

OCRA Worldwide - Web: www.ocra.com

Aall & Zyleman - Web: www.aallandzyleman.com

Global Money Consultants - Web: www.global-money.com

Offshore-Manual - Web: www.offshore-manual.com

RAK:

www.dubai-offshore.com

Privacy Management Group FZ LLC www.rak-offshore-firma.com

OCRA Worldwide - www.ocra.com

Global Money Consultants - www.global-money.com

MALTA:

St. Matthew Steuerkanzlei - www.steuerkanzlei.co.uk

St. Publius - www.stpublius.com

OCRA Worldwide - www.ocra.com

Global Money Consultants - www.global-money.com

ALLE GEBIETE:

OCRA Worldwide - www.ocra.com

Global Money Consultants - www.global-money.com

Offshore Manual - www.offshore-manual.com

8 | DIE ENGLISCHE GMBH / LTD.

Die UK Limited Company ist in der gesamten EU sicher die optimalste Firmenkonstruktion! Eine reinrassige Gesellschaft wie eine GmbH, überall anerkannt und geschäftsfähig. Aber dennoch verschieden im Vergleich zu anderen Gesellschaften. Die UK Limited kennt nämlich keine Durchgriffshaftung, keine Publizitätspflichten und keine Haftungsbegrenzung. Richtig eingesetzt lassen sich über eine England GmbH neue Geldquellen erschließen, Bank-oder Lieferkredite werden zum gängigen Finanzinstrument. Durch eine Aufspaltung in Besitz- und Betriebsgesellschaft bietet sie zudem zuverlässigen Schutz vor Konkurs- oder Scheidungsrisiken. Vorteile über Vorteile. Dieser Report zeigt Ihnen die rechtlichen Bestimmungen und Voraussetzungen auf die Sie für eine Gründung einer UK Limited wissen müssen.

RECHTSFORMEN EINER LIMITED COMPANY

Die *Limited Company* ist eine privatrechtliche Gesellschaft und damit eine juristische Person. Sie ist eine Kapitalgesellschaft, deren Grundkapital in Anteile (Shares) zerlegt ist; die Haftung der Anteilsinhaber ist auf dieses Kapital beschränkt. Die Anteile sind übertragbar. Folgende Ausprägungen von Gesellschaften im Vereinigten Königreich gibt es.

PRIVATE COMPANY LIMITED BY SHARES

Die *private company limited by shares* (deutsch: share: Anteil) ist die für kleine und mittlere Unternehmen verwendete Unternehmensform und damit die verbreitetste Form der Kapitalgesellschaft im Vereinigten Königreich. Der Unterschied zur *public limited company* besteht darin, dass die *private company limited by shares* keine Anteile öffentlich anbieten dürfen und damit nicht an der Börse gehandelt werden. Wenn in Publikationen von der *Limited* oder *Limited Company* gesprochen wird, ist diese Form der Gesellschaft gemeint.

Die Firma der Gesellschaft muss jeweils einen die Rechtsform kennzeichnenden Zusatz enthalten. Es werden die Zusätze *Limited* oder die Abkürzung *Ltd* verwendet. Für walisische Gesellschaften kann alternativ der Zusatz *Cyfyngedig* oder die Abkürzung *Cyf* verwendet werden.

PRIVATE COMPANY LIMITED BY GUARANTEE

Bei der *private company limited by guarantee* (deutsch: by guarantee: auf Garantie) wird abweichend von der üblichen Form der Kapitalgesellschaft kein Stammkapital gebildet, sondern die Inhaber geben eine Garantie ab, im Falle der Insolvenz der Gesellschaft bis zu einem bestimmten Betrag für die Verbindlichkeiten der Gesellschaft zu haften. Sie ist eine Sonderform, die oft bei nicht-gewinnorientierten Unternehmen zur Anwendung kommt, die als juristische Person auftreten müssen. Dazu zählen Vereine, Studentenschaften, Sportverbände (zum Beispiel die PGA European Tour), Genossenschaften, Nichtregierungsorganisationen oder Wohlfahrtsorganisation (zum Beispiel Oxfam). Die Firma der Gesellschaft muss jeweils den gleichen Rechtsform kennzeichnenden Zusatz wie die *private company limited by share* enthalten.

Im April 2009 waren ca. 2,7 Millionen Private Companies limited by Shares oder Private Companies limited by Guarantee im Vereinigten Königreich registriert.

PRIVATE UNLIMITED COMPANY

Die *private unlimited company* (deutsch: unlimited: unbeschränkt, hier: ohne Haftungsbeschränkung) ist eine Gesellschaft, die Anteile ausgeben kann, dazu aber nicht verpflichtet ist. Sie ist eine Sonderform der Kapitalgesellschaft, bei der aber alle Teilhaber unbeschränkt haften, wobei diese natürliche oder juristische Personen sein können. Die Verwendung erfolgt, wenn die Teilhaber unbeschränkt haften sollen, aber das Unternehmen als eigene Rechtspersönlichkeit auftreten muss. Die Firma der Gesellschaft muss jeweils den die Rechtsform kennzeichnenden Zusatz *Unlimited* enthalten.

Zum Ende des Jahres 2007 waren ca. 5.400 Gesellschaften dieser Form im Vereinigten Königreich registriert.

PUBLIC LIMITED COMPANY

Die *Public limited company* ist die übliche Unternehmensform für größere, oft börsennotierte Aktiengesellschaften. Da sie ihre Aktien öffentlich anbieten kann oder diese an der Börse gehandelt werden, unterliegt sie strengeren Berichts- und Meldepflichten. Zudem benötigt sie einen Schriftführer (Company Secretary), der gewisse Voraussetzungen (zum Beispiel anerkannter Buchhalter oder Rechtsanwalt) erfüllen muss. Die Firma der Gesellschaft muss jeweils einen die Rechtsform kennzeichnenden Zusatz *public limited company* oder die Abkürzung *PLC* verwenden. Für walisische Gesellschaften kann alternativ der Zusatz *Cwmni Cyfyngedig Cyhoeddus* oder die Abkürzung *CCC* verwendet werden.

Im April 2009 waren ca. 11.000 *Public Limited Companies* im Vereinigten Königreich registriert.

GESCHICHTE DER LIMITED

Die ersten Kapitalgesellschaften im Vereinigten Königreich wurden ab dem 16. Jahrhundert als Handelsgesellschaften gegründet. Eine der ersten Gesellschaften war die *Muscovy Company*, die 1555 gegründet wurde. Bekannte Gesellschaften waren die Britische Ostindien-Kompanie, gegründet 1600 und die Virginia Company aus dem Jahre 1606. Die Kapitalgesellschaften zu dieser Zeit wurden einzeln durch ein Royal Charter (Königliche Satzungen) oder durch ein Einzelgesetz (Private Act) gegründet.

Der *Joint Stock Companies Act 1844* war die erste gesetzliche Grundlage für die Gründung und Registrierung von Kapitalgesellschaften. Eine Beschränkung der Haftung für die Anteilsinhaber war nicht vorgesehen. Mit dem *Limited Liability Act 1855* in Verbindung mit dem *Joint Stock Companies Act 1856* wurde die Haftungsbeschränkung für Kapitalgesellschaften eingeführt. Diese gesetzlichen Regelungen galten in ihren Grundsätzen bis zum Jahre 2006 und wurden durch den *Companies Act 2006* ersetzt.

GRÜNDUNGSVORRAUSETZUNGEN

Die Gründung einer britischen Kapitalgesellschaft erfolgt durch Eintragung der Gesellschaft in das britische Handelsregister

(Companies House). Das Gründungsstadium einer Vorgesellschaft wie zum Beispiel bei der GmbH ist nicht vorgesehen. Die *Limited* wird rechtsfähig, wenn das Certificate of Incorporation vom Companies House für die Gesellschaft ausgestellt wurde. Die Verwaltung der Kapitalgesellschaft selbst muss sich nicht im Vereinigten Königreich befinden, notwendig ist jedoch ein *Registered Office* mit einer zustellfähigen Adresse, über die der offizielle Schriftverkehr mit Behörden abgewickelt wird.

Die Satzung einer britischen Aktiengesellschaft war früher zweigeteilt. Das *Memorandum of Association* enthielt alle notwendigen Angaben zur Gründung der Gesellschaft, wie Firmierung, Nominalkapital, Anzahl und Nennwert der Anteile, Zweck der Gesellschaft, Registersitz im Vereinigten Königreich, und ob die Gesellschaft *limited* oder *unlimited* ist. Die *Articles of Association* der Gesellschaft legen die Regeln im Innenverhältnis der Gesellschaft fest. Sie entsprechen einem Gesellschaftsvertrag, der insbesondere die Rechte und Pflichten der Gesellschaftsorgane untereinander festlegt. Hierfür gibt es für verschiedene Gesellschaftsformen Standardvorlagen (Statutory Instrument 1985/805 Table A–F), die bei der Gründung unverändert oder angepasst übernommen werden können. Es ist jedoch möglich eigene *Articles of Association* zu entwerfen, solange sie gesetzeskonform zum *Company Act* sind. Neben individuellen Articles gilt grundsätzlich das Table A. Nach der Reform des englischen Gesellschaftsrechts durch den Companies Act 2006, der über einen Zeitraum von über 4 Jahren stückweise umgesetzt wurde, haben nur noch die Articles of Association Satzungscharakter. Wird die Limited mit einer beim Companies House vorgehaltenen Mustersatzung gegründet, gilt für diese auch das Table A nicht mehr.

Der Name einer Gesellschaft kann grundsätzlich frei gewählt werden. Bestimmte Begriffe wie beispielsweise »International«, »European«, »Royal« und »British« sind jedoch genehmigungspflichtig und es existiert beim Companies House eine Liste mit Worten, die grundsätzlich nicht in der Firma einer Limited genannt werden dürfen. Andere Begriffe wie »Bank«, »Holding« oder »Trust« hängen von der geplanten Tätigkeit der Limited ab und müssen ebenfalls beantragt werden. Die Firma der Gesellschaft muss jeweils einen die Rechtsform kennzeichnenden Zusatz enthalten. In der Regel werden die Kürzel *Ltd.* oder *PLC* verwendet. Ein Verzicht auf diesen Zusatz, zum Beispiel bei Wohlfahrtsgesellschaften, bedarf einer Ausnahmegenehmigung.

Folgende Unterlagen sind für den Gründungsakt beim Companies House notwendig:

- Memorandum of Association (als reines Registrierungsdokument)
- Articles of Association
- Gründungdirektoren und Schriftführer (Secretary), sowie der Adresse des Registersitzes (Registered Office)(IN01 früher Form 10)
- Erklärung zur Gründung

Die Gründungsurkunde ist das so genanntes *Certificate of Incorporation.*

RECHTSGRUNDLAGE

Rechtsgrundlage für die verschiedenen Formen der Kapitalgesellschaften ist das britische Gesellschaftsrecht, der *Companies Act 2006* . Da dieses Gesetz eine Vielzahl von Änderungen enthält, wird es über einen Zeitraum von drei Jahren, von 2006 bis 2009, stufenweise eingeführt. Übergangsweise gelten daher noch Teile des Vorläufers, des *Companies Act 1985*. Des Weiteren dienen noch der *Company Director Disqualification Act 1986* und der *Insolvency Act 1986* als Rechtsgrundlage.

ORGANE

GESELLSCHAFTER (SHAREHOLDERS)

Die Gesellschafter wählen den Vorstand (Board of Directors) und üben ihre Entscheidungsbefugnisse über grundsätzliche Angelegenheiten der Kapitalgesellschaft mittels Abstimmungen (Resolutions) aus. Für *Private Companies* ist eine jährliche Hauptversammlung nicht notwendig, soweit die Gesellschafter darauf verzichten. Entscheidungen können dann schriftlich oder elektronisch im Umlaufverfahren getroffen werden, sofern die Articles dies erlauben. Unberührt bleibt das Recht der Gesellschafter, jährlich über den

Stand der Gesellschaft anhand eines ausführlichen Jahresabschlusses vom Vorstand informiert zu werden.

VORSTAND (BOARD OF DIRECTORS)

Siehe auch: Board of Directors

Der Vorstand einer britischen Kapitalgesellschaft ist nach dem Monistischen System organisiert. Insbesondere bei größeren Aktiengesellschaften gibt es aber die Unterschiede zwischen *executive* und *non-executive Directors. Executive Directors* leiten die täglichen Geschäfte der Gesellschaft, wie bei einem deutschen Vorstand, während die *non-executive Directors* eher beratende und überwachende Funktionen haben ähnlich einem deutschen Aufsichtsrat.

SCHRIFTFÜHRER (COMPANY SECRETARY)

Die *Company Secretary* einer britischen Kapitalgesellschaft ist eine Position, der keine vergleichbare Position im deutschen Gesellschaftsrecht gegenübersteht. Sie kann eine natürliche oder juristische Person sein. Als Schriftführer in einer *Public Limited Company* muss sie gewisse Voraussetzungen, meist einen Beruf aus der Buchhaltung oder der Rechtswissenschaften erfüllen. Für *Private Companies* ist sie nicht zwingend vorgeschrieben. Hat eine Gesellschaft mehr als einen Direktor, so können die Aufgaben eines Schriftführers auch in Personalunion von einem der Direktoren ausgeführt werden. Aufgabe der *Company Secretary* ist die jährliche Meldung und sonstige Mitteilungen an das britische Handelsregister. Hierfür ist er zeichnungsbefugt.

REGISTERED OFFICE

Das *Registered Office* ist die offizielle Anschrift der Aktiengesellschaft. Da im Vereinigten Königreich die *Gründungstheorie* gilt, muss der Ort nicht die Hauptverwaltung der Gesellschaft sein. Diese kann sich zum Beispiel auch im Ausland befinden. Das *Registered Office* ist jedoch für britische Behörden die alleinige Ansprechstelle und muss deshalb eine zustellfähige Adresse in England, Wales oder Schottland besitzen. Ein Postfach ist hierfür nicht ausreichend. Bis zum Jahr 2009 besaß Nordirland ein eigenständiges Handelsregister, anschließend wurden die Aufgaben des Handelsregister vom *Companies House* in Cardiff übernommen.

Während der üblichen Geschäftszeiten sind im *Registered Office* Unterlagen (statutory registers) über die Gesellschaft zur Einsichtnahme durch Jedermann vorzuhalten:

- Bilanzen und Abschlüsse
- Verzeichnis der Anteilsinhaber
- Verzeichnis der Direktoren
- Beschlüsse (Resolutions) der Anteilsinhaber und *Board of Directors*
- Unterlagen über Kredite

BERICHTSPFLICHT UND STEUERN

Jährlich sind Informationen über die Aktienhalter, Direktoren, Schriftführer und Bilanzen an das britische Handelsregister zu melden. Gleichzeitig müssen diese Unterlagen im Registered Office zur Einsichtnahme ausgelegt werden. Für die Bilanzen sind grundsätzlich britische Rechnungslegungsvorschriften zu beachten. Abschlüsse müssen nach *United Kingdom Generally Accepted Accounting Principles (UK-GAAP)* oder International Financial Reporting Standards (IFRS)oder nach den im Companies Act vorgegebenen Anforderungen erstellt werden. Die nachfolgende Tabelle gibt eine Übersicht der Berichtspflicht. Wird bei der Größeneinteilung ein Parameter überschritten, ist die Berichtspflicht der nächsten Größe gültig.

Größe	max. Jahresumsatz	max. Bilanzsumme	max. Beschäftigte	Berichtspflicht an das britische Handelsregister
klein	6,5 Mio. £	3,26 Mio. £	50	• Auf Antrag Ausnahme von der Abschlussprüfung • Verkürzte Bilanz (nur wenn nach UK-GAAP bilanziert)
mittel	25,9 Mio. £	12,9 Mio. £	250	• Bericht des Abschlussprüfers (Audit) • Bilanz einschl. Anmerkungen • Verkürzte Gewinn- und Verlustrechnung (nur wenn nach UK-GAAP bilanziert) • Bericht der Direktoren
groß oder PLC	> 25,9 Mio. £	> 12,9 Mio. £	> 250	• Bericht des Abschlussprüfers (Audit) • Bilanz einschl. Anmerkungen • Gewinn- und Verlustrechnung • Bericht der Direktoren
dormant (ruhend)	keine Geschäftstätigkeit	–	–	• Keine Abschlussprüfung • Verkürzte Bilanz = Nullerklärung • Feststellung der Direktoren ruhend

Grundsätzlich müssen alle weltweiten Gewinne der britischen Kapitalgesellschaft im Vereinigten Königreich versteuert werden. Aufgrund einer Vielzahl von Doppelbesteuerungsabkommen, zum Beispiel mit Deutschland, gibt es entsprechende Ausnahmen. Auch wenn sich die Hauptverwaltung der Limited nicht im Vereinigten Königreich befindet, muss die Steuererklärung nach britischen Vorschriften erstellt werden. Die Gesellschaft kann allerdings, wenn sie ausschließlich z.B. in Deutschland tätig ist, sich von der britischen Steuererklärungspflicht und damit auch von der Steuerpflicht befreien lassen. Gezahlt werden muss die Körperschaftssteuer (Corporation Tax) und ggf. Mehrwertsteuer (VAT). Ausgezahlte Dividenden sind mit dem persönlichen Einkommenssteuersatz zu versteuern, sofern der Gesellschafter seinen Sitz in UK hat. Nachfolgend die Steuersätze für die Körperschaftssteuer (Corporation Tax) im Vereinigten Königreich ab dem Jahre 2008.

Gewinn	**Steuersatz**	**Bemerkungen**
bis 300 000 £	21 %	Steuersatz für kleine Gesellschaften (small companies rate)
300 000 £ bis 1 500 000 £	21 % - 28 %	Übergangsbereich (Marginal relief)
ab 1 500 000 £	28 %	Normalsteuersatz (Main rate)

VERWENDUNG DER UK- LIMITED IM AUSLAND

Nach mehreren Urteilen des Europäischen Gerichtshofs in den Fällen Centros, Überseering und Inspire Art, ist es zulässig, sich für die Geschäftstätigkeit im eigenen Land auch der Gesellschaftsformen anderer Mitgliedsländer der Europäischen Union zu bedienen.

Auch wenn sich die Hauptverwaltung der Gesellschaft nicht im Vereinigten Königreich befindet, muss sie nach den im Vereinigten Königreich für sie geltenden Rechtsgrundsätzen gegründet und in das britische Handelsregister eingetragen werden (Gründungstheorie). Die Gesellschaft benötigt ein *Registered Office* im Vereinigten Königreich. Organe und Vertretungsbefugnisse im Innenverhältnis der Aktiengesellschaft richten sich nach dem Recht des Vereinigten Königreichs.

Dagegen unterliegt die eigentliche Geschäftstätigkeit der Gesellschaft dem Recht des Staates der Hauptverwaltung oder dem Staat der Niederlassungen.

LIMITED COMPANY IN DEUTSCHLAND

Ist die Gesellschaft in Deutschland mit ihrer Hauptverwaltung oder einer Betriebsstätte ansässig, so wird sie steuerlich wie eine deutsche Kapitalgesellschaft behandelt und sie muss ihre Steuerbilanz nach deutschem Steuerrecht erstellen. Daneben hat sie zusätzlich einen Jahresabschluss im elektronischen Bundesanzeiger zu veröffentlichen. Die Ergebnisse der Geschäftstätigkeit sind ebenfalls beim britischen Handelsregister und den britischen Steuerbehörden in der dafür vorgeschriebenen Form (IFRS, UK-GAAP) einzureichen.

In Deutschland existierten 2006 ca. 30.000 Limiteds.

VORTEILE

- Eine Gründung der britischen Kapitalgesellschaft ist sehr schnell möglich, sogar innerhalb von 24 Stunden mit entsprechendem Service. Die Gründung einer GmbH oder AG dauert in der Regel mehrere Wochen.
- Änderungen am Gesellschaftsvertrag, in der Geschäftsführung oder bei den Teilhabern sind durch einfache schriftliche oder Online-Meldung ans britische Handelsregister durchführbar, für deutsche Gesellschaften ist dies nur durch notarielle Beurkundung möglich, was hohen Zeit- und Kostenaufwand verursacht.
- Das Nominalkapital kann frei gewählt werden und sehr niedrig sein (mindestens ein Pfund). Bei der GmbH sind es mindestens 25.000 Euro. So ist die Schwelle für eine Haftungsbeschränkung wesentlich niedriger als bei der deutschen GmbH. Jedoch sind mit der Unternehmergesellschaft (haftungsbeschränkt) seit 1. November 2008 auch Gründungen mit deutlich weniger als 25.000 € möglich.

Eine Gründung mit zu niedrigem Grundkapital (insbesondere der oftmals beworbenen 1 Pfund Ltd) kann u.U. Probleme nach sich ziehen. Die Ansicht, eine solche Ltd. führe faktisch nicht zu einer Haftungsbegrenzung des Inhabers, ist falsch, denn das Recht der englischen Limited kennt keine haftungsbegründende Unterkapitalisierung. Es trifft auch nicht zu, dass nur Ausgaben bis 1 Pfund getätigt werden dürften, ohne eine Überschuldung herbeizuführen; hier wird nicht ausreichend zwischen Haftungs- und Betriebskapital unterschieden. Auch das Konstrukt der verdeckten Sachgründung, das im deutschen Recht Risiken für Unkundige mit sich bringen kann, ist im britischen Recht unbekannt.

NACHTEILE

Die britische Kapitalgesellschaft, die in Deutschland eingesetzt wird, bewegt sich generell in zwei unterschiedlichen Rechtssystemen. Im Innenverhältnis (Rechte und Pflichten der Gesellschaftorgane) gilt britisches Recht, für die Geschäftstätigkeit deutsches Recht. Hier gibt es durchaus Kollisionen, die dazu führen können, dass die *Limited* im Vereinigten Königreich verklagt werden kann.

- Eine in Deutschland tätige britische Gesellschaft, die hier auch ihre Hauptverwaltung hat, ist in das deutsche Handelsregister als Zweigniederlassung einzutragen. Diese Anmeldung muss mit beglaubigten und übersetzten Papieren des englischen Handelsregisters erfolgen und bedarf der Hilfe eines Notars. Zusätzlich sind alle erforderlichen Genehmigungen wie bei einer deutschen Gesellschaft erforderlich, zum Beispiel Gewerbeschein, Eintragung in Handwerksrolle, Gaststättenerlaubnis. Der Aufwand für Buchführung und Rechnungslegung ist ebenso hoch, wie für eine deutsche Kapitalgesellschaft. Für die deutsche Steuererklärung ist doppelte Buchführung nach Handelsgesetzbuch, für die britischen Finanzbehörden und das britische Handelsregister nach britischen Rechnungslegungsvorschriften (UK-GAAP) notwendig. Es findet deutsches Insolvenzrecht Anwendung.
- Im Vereinigten Königreich ist ein *Registered Office* vorzuhalten. Meist handelt es sich um eine Adresse einer Verwaltungsgesellschaft, die Kosten in Rechnung stellt. An dieser Adresse

müssen bestimmte Unterlagen, zum Beispiel Sitzungsprotokolle der Hauptversammlung, teilweise in englischer Sprache vorgehalten werden.

- Verspätete oder nicht abgegebene Reports an das britische Handelsregister können sehr hohe Strafen und unter Umständen die Zwangsauflösung der Gesellschaft nach sich ziehen.

HAFTUNGSRISIKEN

Bei einer Limited haften grundsätzlich weder die Gesellschafter noch die Direktoren mit ihrem Privatvermögen. In bestimmten Fällen sind die Organe der Limited-Gesellschaft verschiedenen Haftungsrisiken ausgesetzt. Die Organe, welche die Gesellschaft nach außen vertreten, die Direktoren, sind hierbei den meisten Risiken ausgesetzt. Die Gesellschafter sind, soweit sie ihre Einlagen geleistet haben und nicht faktisch an der Geschäftsleitung teilnehmen, weitestgehend frei von Risiken. Dies gilt umso mehr auch für den Verwaltungsdirektor, der sich als reines Verwaltungsorgan ohnehin außerhalb der Risikosphäre aufhält, soweit er nicht in außerordentlich grober und womöglich strafbarer Weise in andere Aufgaben hineinwirkt.

- Gegenüber Dritten ist die persönliche Haftung der Direktoren im Falle des Wrongful Trading und Fraudulent Trading möglich. Das Wrongful Trading bezieht sich auf Handlungen in Situationen, in welchen sich die Gesellschaft insoweit in Zahlungsunfähigkeit befindet, dass die
- Verpflichtungen voraussichtlich nicht mehr zu erfüllen sind und keine Möglichkeiten mehr bestehen, die Gesellschaft zu

retten und somit die Insolvenz abzuwenden. Der Tatbestand des Wrongful Trading ist erfüllt, wenn die Direktoren die Geschäfte weiterhin abgewickelt und nichts

- unternommen haben, um den Schaden der Gläubiger zu begrenzen, obwohl sie von der finanziell desolaten Situation der Gesellschaft Kenntnis hatten bzw. hätten Kenntnis haben müssen. Fraudulent Trading wird hingegen auch außerhalb der Insolvenz vollzogen. Es liegt dann vor, wenn die Gläubiger vorsätzlich durch Handlungen des Direktors geschädigt worden sind. In Betrugsfällen kommt ferner auch eine strafrechtliche Haftung in Betracht.

LIMITED ALS KOMPLEMENTÄR

Die Limited kann auch als persönlich haftender Gesellschafter (Komplementär) in einer Personengesellschaft fungieren. Die dabei entstehende Limited & Co. KG ist im deutschen Recht eine Sonderform der Kommanditgesellschaft (KG) analog zur GmbH & Co. KG oder AG & Co. KG. Das Haftungsrisiko für die hinter der Gesellschaft stehenden Personen wird dabei auf das Betriebsvermögen der Limited und der Kommanditgesellschaft begrenzt.

FIRMENGRÜNDER UND STEUERBÜROS

Go-ahead Ltd. - www.go-ahead.de

St. Matthew Steuerkanzlei - www.steuerkanzlei.co.uk

Companies Made Simple - www.companiesmadesimple.com

ES MUSS NICHT IMMER OFFSHORE SEIN

Die meisten Firmengründer machen viel zu oft den Fehler, Ihre Konstrukte so komplex und kompliziert wie möglich zu gestalten, so dass Sie oft selbst den Überblick dabei verlieren, wie auch im Falle vom Pharma-Milliardär Unternehmer Adolf Merckle. Oft wird einfach auch nur nach dem Motto gehandelt:

»Um so weiter weg, um so besser!« Dies ist nicht immer zutreffend. Es gibt durchaus sehr große Vorteile z.B. in Europa zu bleiben. Wenn Sie z.B. eine Limited in England gründen, liegen Ihre Steuerabgaben zwischen 20% und 25%. Wenn Sie eine GmbH (s.r.o.) in der Slowakei gründen liegt der Steuersatz bei 21%. Sie sind dort zwar bilanzierungspflichtig aber damit können Sie auch sauber und ohne dabei einen roten Kopf zu bekommen überall mit einer derartigen Firma in Erscheinung treten um Ihre Geschäfte abzuwickeln und trotzdem Steuer sparen.

Firmengründungen in der Slowakei:

www.virtual-office-bratislava.com

www.akmv.sk

9 | FIRMEN-PARADIES HONGKONG

WAS BEDEUTET OFFSHORE

Grundsätzlich bedeutet Offshore in der englischen Umgangssprache »weg vom Strand«. In der Finanzwelt wird jedoch der Begriff häufig in Verbindung mit Ölplattformen verwendet, weil diese in der Mitte des Meeres, weit entfernt vom Strand verankert sind. Aber auch bei Firmen die im Ausland gegründet werden wird dieser Begriff häufig verwendet, besonders in Bezug auf sogenannte Niedrigsteuerländer oder Steueroasen.

Durch die internationalen Regeln gegen Geldwäsche und Steuerflucht, die mittlerweile von verschiedenen Staaten so stark verfolgt und durchgesetzt werden, dass die Schweiz Ihre Vormachtstellung als Finanz- und Steuerplatz Nummer 1 sicherlich verloren hat, verbleiben allerdings nur noch wenige Offshore Plätze von denen aus Sie seriös mit einer Auslandsgesellschaft tätig werden können.

Bevorzugt werden, nach Recherchen vom Autor im Jahre 2016, die Finanz- und Offshore Zentren: Singapur, Hongkong und Dubai sowie der neue und relativ unbekannte Finanzplatz in den Vereinigten Arabischen Emiraten Ras Al Khaimah.

Absolut OUT sind dagegen Panama, Schweiz, Liechtenstein, Andorra, Isle of Man, Guernsey, Jersey, Irland, Bahamas, Vanuatu, Samoa und andere exotische und manchmal auch von der OECD schwarzgelistete Finanzplätze.

HONGKONG

Hong Kong ist auch heute noch das Tor für den Marktzugang nach China und Asien, unabhängig, offen für den Waren- und Dienstleistungsverkehr, freier Handelsplatz für Waren, Dienstleistungen aller Art und vor allem für Devisen.

Die Private Limited Company ist die populärste Gesellschaftsrechtsform in Hong Kong und wird fast ausnahmslos von allen in Hong Kong angesiedelten ausländischen Firmen gewählt.

Die gesetzlichen Mindestanforderungen zur Gründung einer Limited in Hong Kong sind:

Stammkapital von 10.000 HKD das jedoch nicht voll einbezahlt werden muss.

Eine Firmensatzung, die meist sehr weit gefasst ist und die Befugnisse der Direktoren sowie den Geschäftszweck der Gesellschaft regelt. Geschäftsgegenstand können Herstellung und Vertrieb, Handel oder im Import/Export sowie Dienstleistungen aller Art sein.

Zwei Aktionäre sowie zwei Direktoren; Aktionäre und Direktoren können identisch sein (sind es bei kleinen Gesellschaften auch oft) und dürfen sowohl juristische als auch natürliche Personen sein, die nicht in Hongkong ansässig sein müssen.

Ein Company Secretary (Firmenschriftführer) muss in Hongkong ansässig sein und ist u. a. für die Berichterstattung an das Handelsregister zuständig.

STEUERN IN HONG KONG:

Hong Kong genießt aufgrund seiner Sonderstellung im Verhältnis zu China eine Sonderstellung, die durch das CEPA-Abkommen geregelt wird.

Der Steuersatz auf Unternehmensgewinne beträgt 17,5 %. In der Praxis ist er jedoch oft erheblich niedriger, da sämtliche Zinserträge aus Bankguthaben sowie **im Ausland oder in der Volksrepublik China erwirtschaftete Gewinne in Hongkong komplett steuerfrei** sind. Des Weiteren sind die gesetzlichen Regularien für die steuerliche Abzugsfähigkeit von Aufwendungen und Kosten sehr großzügig gefasst. Allein hierdurch schon fällt das Fehlen eines Doppelbesteuerungsabkommens zwischen der Sonderverwaltungszone Hong Kong und Deutschland in der Praxis so gut wie gar nicht ins Gewicht. Umsatz- oder Mehrwertsteuern gibt es in Hongkong nicht. Importzölle fallen i. w. nur auf Spirituosen, Tabakwaren, Benzin und Diesel sowie Kraftfahrzeuge an.

VORTEILE EINER FIRMENGRÜNDUNG IN HONGKONG

Der hauptsächliche Vorteil liegt darin, dass Hongkong als Handelsmetropole weltweit anerkannt und bekannt ist. Ebenso ist Hongkong nicht als Steueroase verdammt und hat überall einen guten Ruf, nicht nur im asiatischen Raum. Weitere Vorteile liegen darin, dass Sie einen hervorragenden Banken Platz in Hongkong haben, und dass Sie problemlos Geschäfte innerhalb Chinas und mit anderen asiatischen Ländern von Hongkong aus tätigen können. Eine Firmengründung in Hongkong ist unbürokratisch, schnell und seriös. Es stehen Ihnen mehrere namhafte Steuerbüros, die weltweit tätig sind, in Hongkong zur Verfügung. Bei Firmengründungen im Ausland empfiehlt es sich immer ein Steuerbüro oder eine Kanzlei vor Ort oder einem Drittland zu suchen und man sollte nie einen Vermittler am Sitz des Käufers mit der Gründung beauftragen. So gehen Sie sicher, dass Ihre Unterlagen und Informationen bzgl. Ihrer Auslandsfirma auch wirklich geschützt und sicher aufbewahrt und verwaltet werden. Sollten Sie also Ihren Wohnsitz in Europa haben, nehmen Sie sich immer einen Firmengründer außerhalb Ihrer Jurisdiktion (Rechtsbereich) in dem sich Ihr Wohnsitz befindet, am besten Sie nehmen in diesem Falle einen Firmengründer in Hongkong selbst. In den nachfolgenden Kapiteln benennen wir Ihnen unverbindlich und ohne Wertung einige der bekanntesten Firmengründer Hongkongs bei denen Sie problemlos und zuverlässig Ihre Gesellschaft gründen können.

Es sind fast alle Groß-Banken in Hongkong vertreten, so dass Sie auch hier kein Problem haben ein geeignetes Firmenkonto für Ihre Gesellschaft zu eröffnen. Vorzugsweise sollten Sie jedoch bei der Wahl der Bank auf die HSBC Bank zurückgreifen (Hongkong Shanghai Banking Corporation) so haben Sie eine lokale Bank die aber international Tätig ist und die zu einer der größten Banken der Welt zählt.

NUTZEN SIE IHRE HONGKONG FIRMA IN SINGAPUR

Einen weiteren Steuervorteil können Sie erreichen, wenn Sie Ihre Firma in Hongkong im Handelsregister eintragen lassen aber das Firmenkonto anstatt in Hongkong in Singapur eröffnen. Dies bedeutet für die Steuerbehörde in Hongkong, dass der Nachweis erbracht ist, dass Ihre Gesellschaft nur Geschäfte außerhalb Hongkongs abwickelt und somit in Hongkong auch nicht steuerpflichtig ist. Sie sollten allerdings auch darauf achten, dass Sie dann keinerlei Geschäftstätigkeit in Hongkong selbst entwickeln.

Umgekehrt gilt es natürlich genauso, indem Sie für Geschäfte die Sie in Hongkong abwickeln wollen eine Gesellschaft in Singapur gründen und dort ins Handelsregister eintragen lassen Ihr Konto aber außerhalb von Singapur, hier z.B. in Hongkong führen.

So lange Sie dann in Singapur selbst keine Geschäfte abwickeln sind Ihre Einnahmen außerhalb von Singapur steuerfrei, da in Singapur Gewinne die im Ausland erwirtschaftet wurden als steuerfrei bewertet werden. Auch hierzu empfiehlt es sich jedoch vor dem Einsatz solcher Möglichkeiten unbedingt immer eine ausführliche Steuer-und Rechtsberatung im Gründungsland selbst einzuholen. Sparen Sie hier nicht am falschen Fleck, es kann Sie sonst in manchen Ländern ein Vermögen kosten wenn Sie gegen geltende Gesetze verstoßen.

FIRMENGRÜNDER UND STEUERBÜROS IN HONGKONG

Profit Accounting - Web: www.profitaccounting.hk

Asia Business Service - Web: - www.asiabs.com

Klako Group - Web - www.klakogroup.com

OCRA Worldwide - Web: www.ocra.com

Aall & Zyleman - Web: www.aallandzyleman.com

Global Money Consultants - Web: www.global-money.com

VORTEILE EINER BEREITS SCHON GEGRÜNDETEN FIRMA

Der Vorteil einer bereits schon durch den Firmengründer vorgegründete Firma liegt darin, dass Sie eine sofort einsatzfähige Firma haben, die Sie ohne jegliche Zeitverzögerung für Ihre Geschäfte einsetzen können. Viele dieser sogenannten Vorratsfirmen haben bereits schon ein Firmenkonto oder zum Teil sind diese auch mit Zusatzprodukten wie einem Firmenlogo, Briefpapier, Visitenkarten und Firmenadresse mit Telefon- und Faxweiterleitung sowie einer E-Mail Adresse ausgestattet. Diese Zusatzprodukte variieren von Anbieter zu Anbieter unterschiedlich. Bei einer bereits schon vorgegründeten Vorratsfirma ist darauf zu achten, dass Ihnen mit den Firmenunterlagen auch eine Bescheinigung ausgestellt wird in der Ihnen garantiert wird, dass die Ihnen zum Kauf angebotene Firma bisher nie zum Einsatz gekommen ist oder in irgendeiner Art und Weise jemals an einer Geschäftstätigkeit oder an einem Handel teilgenommen hat.

10 | FIRMEN – PARADIES VEREINIGTE ARABISCHE EMIRATE

RAS AL KHAIMAH

Ras Al-Khaimah, die Oase der Vereinigten Arabischen Emirate

Middle East Logistics Awards »Best Emerging Free Zone«

Wo? Ras Al-Khaimah? Nie gehört. Diese Antwort ist noch immer typisch unter Arabien reisenden, und tatsächlich bezeichnet dieser Zungenbrecher ein zumindest bei Touristen noch fast völlig unbekanntes Emirat. Von Dubai aus sind es ca. 45 Minuten Fahrt auf einer sehr großzügig ausgebauten Autobahn, doch gefühlt dauert die Anreise kürzer, denn Ras Al-Khaimah liegt in einer anderen Welt. **Das Leben in dem viertgrößten Scheichtum der sieben Vereinigten Arabischen Emirate** ist sehr viel ruhiger und ursprünglicher, was kein Nachteil sein muss. Luxus wird natürlich auch hier geboten, dazu jedoch die reale Ursprünglichkeit des Lebens. Ob Sie nun Offshore- oder auch Onshore -Business mit einem RAK Unternehmen betreiben möchten oder sogar eventuell eine Wohnsitznahme in den Vereinigten Arabischen Emiraten planen... - **RAK bietet Ihnen alle Möglichkeiten zu noch sehr günstigsten Konditionen.**

Ra's al-Chaima, nach der englischen Transkription *Ras Al Khaimah* abgekürzt zu R.A.K oder RAK, ist, wie bereits beschrieben, eines von sieben Emiraten, aus denen die VAE bestehen. Das Emirat, das aus zwei Gebieten besteht, hat eine Größe von 1684 km2 und macht damit 2,17 % der Fläche der VAE aus. Die beiden Gebiete liegen im Norden bzw. der Mitte der sechs östlichen

Emirate. Das Emirat trat 1972 als siebentes und letztes den VAE bei. Ras Al Khaimah lebt heute von der Förderung eigener Öl- und Gasvorkommen sowie vom Onshore- bzw. internationalen Offshore-Business (»White Listed« nach OECD). In der Küstenebene liegen ausgedehnte und fruchtbare Plantagen, die durch Quellwasser aus dem nahegelegenen Gebirge bewässert werden.

6000 UNTERNEHMEN AUS ÜBER 100 STAATEN SIND BEREITS VOR ORT

Bevor ich Ihnen auf den folgenden Seiten Ihre persönlichen und geschäftlichen Chancen und Möglichkeiten bis ins Detail erläutert werde, hier die Fakten zur bisherigen Entwicklung des Wirtschafts- und Firmenstandortes Ras Al Khaimah (RAK).

Analog zu Dubai und Schardscha entwickeln sich die jeweils zum Emirat gleichnamigen Hauptstädte so rasant und dem übrigen dazugehörenden Wüstenland oft vorauseilend, dass man ihnen eine eigene Darstellung widmen muss. In Ra's al-Chaima-Stadt (RAK) wohnen rund 80 Prozent der Emiratsbevölkerung, d.h. im Jahre 2011 etwa 245.000 Menschen. Die Verwaltung von Ra's al-Chaima treibt nach einer Investition von 30 Millionen US-Dollar für den Bau des **Weltraumbahnhofs Ras Al-Khaimah Spaceport** in Zusammenarbeit mit der US-amerikanischen Space Adventures Ltd die Entwicklung des Wirtschaftsstandortes voran. Der beachtliche Containerhafen und der im Ausbau begriffene **Flughafen Ra's al-Chaima's (IATA-Flughafencode RKT)** sind zudem voranschreitende Projekte des Emirates.

DIE OFFSHORE GESELLSCHAFT IN DEN VEREINIGTEN ARABISCHEN EMIRATEN

Die Vereinigten Arabischen Emirate (VAE) sind politisch und wirtschaftlich unabhängig und wurden nach OECD »White-Listed«. Sämtliche im Emirat **Ras Al-Khaimah** (RAK) gegründeten Offshore Gesellschaften benötigen gemäß gesetzlicher Verordnung lediglich einen **Registered Agent** sowie eine **Registered Office** vor Ort.

Eine **Offshore Firma im Emirat Ras Al-Khaimah** (RAK) ist berechtigt, innerhalb der gesamten Vereinigten Arabischen Emirate, beispielsweise auch in **Dubai**, **Abu Dhabi**, etc. ein **virtuelles Büro** und Adresse zu unterhalten. Es besteht jedoch ausdrücklich **keine Betriebsstättenpflicht** für **Offshore Firma, sofern gegründet im Emirat Ras Al-Khaimah** (RAK).

VORTEILE EINER OFFSHORE FIRMA IM VAE-EMIRAT RAS AL-KHAIMAH (RAK)

Seine Hoheit Sheikh Faisal Bin Saqr Al Qassimi gründete nach dem Tod seines Vaters im Jahre 2000 die Freihandelszone Ras Al Khaimah (RAK). *Das besondere Interesse des aufstrebenden Emirates liegt seither insbesondere darin, ausländische Offshore- und Onshore Unternehmer für Ras Al Khaimah (RAK) zu gewinnen.* ***Entsprechend wertvolle, teils weltweit einzigartige Vorteile bieten sich dem dort registrierten Offshore Unternehmen:***

- Unternehmen dürfen sich zu **100% in ausländischem Besitz** befinden (*in den VAE nicht üblich!*);

- es besteht eine **völlige Steuerfreiheit**, **keine** Einkommens- **und keine** Unternehmenssteuern;
- **Offshore Firmen** sind von der Pflicht zur Führung eines inländischen Geschäftskontos **befreit**
- Treuhänder sind in RAK seit dem 01. Juni 2012 nicht mehr erforderlich, da Director und Shareholder seither nicht mehr namentlich in der Gründungsurkunde genannt werden müssen;
- **RAK unterhält**, wie die gesamten VAE, **keine Informationsabkommen mit Drittstaaten**;
- die Positionen des **Shareholders, Directors und Secretary** können auch mit nur einer Person besetzt werden;
- es dürfen sowohl **natürliche Personen**, als auch **juristische Personen** als Organ(e) der Gesellschaft fungieren;
- **Offshore Gesellschaften**, auch aus Drittländern, können Director und sogar Shareholder der RAK Offshore Firma werden;
- RAK (VAE) trägt sich im **Rahmen der Gemeinschaft** der Vereinigten Arabischer Emirate neutral;
- **Abkommen mit OECD** wurden nicht gezeichnet, die gesamte VAE wurde jedoch trotzdem von der **OECD »White Listed«**:
- verhältnismäßig niedrige und fest **kalkulierbare Kosten** bei der RAK Firmengründung
- **es existieren keinerlei Währungsbeschränkungen** oder auch keine Devisenbeschränkungen;
- **unbeschränkte Auszahlung von Gewinnen** und Vermögen der Offshore Company;

- **keine Betriebsstättenpflicht, keine laufenden Miet- oder auch Unterhaltskosten**;
- es müssen **keine Mitarbeiter** im Unternehmen beschäftigt werden;es ist **kein Mindestkapital** zur Gründung der RAK Offshore Firma erforderlich;
- RAK Offshore Firmen dürfen ausdrücklich **Immobilien** erwerben und besitzen;
- RAK Offshore Gesellschaften dürfen in vollem Umfang als **geschützte Holding** fungieren.

NACHTEIL DER RAK OFFSHORE IBC IM VERGLEICH ZUR RAK ONSHORE GESELLSCHAFT?

Kein persönliches Dauervisum für die VAE durch Gründung einer Offshore Firma möglich (nur bei Onshore Company).

Die Vorzüge und Möglichkeiten einer Offshore Firma mit Sitz in RAK (Emirat Ras Al Khaimah) sind hinsichtlich deren Verwendung und des praktischen Einsatz damit nahezu unbegrenzt. Die **Unabhängigkeit** gegenüber der Europäischen Union und den USA sowie deren internen Informationsaustausch, an dem sich die VAE <u>nicht</u> beteiligen, garantieren jedem Investor (Firmeninhaber) eine maximale Sicherheit und Vertraulichkeit.

RAK Offshore bietet Ihnen somit, was Sie mittlerweile im internationalen Offshore Geschäft oftmals vergeblich suchen. **Generell ist RAK** der ideale Ort für **internationales Offshore Business und Asset Protection** (Vermögensschutz und Verwaltung).

Strukturen und Vorteile einer RAK Onshore Gesellschaft (Freezone)

Die Vereinigten Arabischen Emirate bieten ausländischen Unternehmern einzigartige Vorteile. Um diese Vorteile jedoch mittels einer realen Onshore Gesellschaft nutzen zu können, fordern die Vereinigten Arabischen Emirate eine Beteiligung an Onshore Unternehmen von 51% der Gesellschaftsanteile (Beteiligung durch Staatsangehörigen der VAE).

Ausnahme: Ras Al Khaimah (RAK). Onshore Gesellschaften im Emirat Ras Al Kheimah (FZ) dürfen sich zu 100% in ausländischem Besitz befinden. Wir haben für Sie diese und weitere vorteilhafte Sonderregelungen (RAK) in einer Übersicht zusammen gestellt:

VORTEILE EINER ONSHORE GESELLSCHAFT IN DER RAK FREEZONE

Seine Hoheit Sheikh Faisal Bin Saqr Al Qassimi gründete nach dem Tod seines Vaters im Jahre 2000 die Freihandelszone Ras Al Khaimah (RAK). Das besondere Interesse des aufstrebenden Emirates Ras Al-Khaimah (RAK) liegt seither insbesondere darin, ausländische Offshore- und Onshore Unternehmer zu gewinnen. Entsprechend wertvolle, teils weltweit einzigartige Vorteile bieten sich dem Offshore Unternehmen:

- Unternehmen dürfen sich zu **100% in ausländischem Besitz** befinden (*in den VAE nicht üblich!*);
- es besteht eine **völlige Steuerfreiheit**, **keine** Einkommens- **und keine** Unternehmenssteuern;

- Onshore Unternehmen ermöglichen den **Shareholdern und Mitarbeitern** einen Zugang zum **Residence-Visa** (V.A.E.);
- Die Treuhandschaft ist bei der Gründung der Onshore Gesellschaft, in RAK, seit dem 01. Juni 2012 nicht mehr erforderlich, da Director und Shareholder nicht namentlich in der Gründungsurkunde genannt werden;
- **keine Beschränkungen** hinsichtlich der Anzahl ausländischer Mitarbeiter im Unternehmen;
- **max. 5% Zollgebühren** für die Einfuhr von Gütern (viele Güter unterliegen der Null-Prozent-Regelung);
- es bestehen 40 Doppelbesteuerungsabkommen und 30 bilaterale Investitionsabkommem;
- **niedrigste Frachtkosten** von und nach Europa, Asien, Afrika und den USA;
- niedrige und fest **kalkulierbare Kosten** bei der Firmengründung;
- **keine Währungsbeschränkungen**, keine Devisenbeschränkungen;
- **unbeschränkte Auszahlung von Gewinnen** und Vermögen der Gesellschaft;
- sehr geringe Miet- und Unterhaltskosten in der RAK Freezone
- **geringe Lohn- und Lohnnebenkosten**
- **kein Mindestkapital** bei Gründung der RAK FZ Onshore Gesellschaft erforderlich;
- RAK Onshore Gesellschaften dürfen **Immobilien** erwerben und besitzen;
- RAK Onshore Gesellschaften dürfen als **geschützte Holding** fungieren

GRUNDLAGEN DER STEUERPOLITIK IN DEN VEREINIGTEN ARABISCHEN EMIRATEN

Das Steuersystem des Emirates Ras Al Khaimah (RAK), Vereinigte Arabische Emirate, ist einfach gestaltet. Im Gegensatz zu anderen Staaten erhebt RAK weder Körperschaftssteuern (Ausnahmen bei Öl produzierenden Firmen und Filialen ausländischer Banken), noch fallen in Ras Al Khaimah (RAK) Einkommenssteuern, Zinsertrags- oder gar Dividendensteuern an.

Es gibt, um es auf dem Punkt zu bringen, keinerlei direkte Steuern im Emirat Ras Al Khaimah. Der Grund hierfür ist, dass eine direkte Besteuerung in der VAE keine Tradition hat und grundsätzlich von bürgerlicher Seite, wie auch auf politischer Ebene, abgelehnt wird. Die Kosten der Verwaltungsbehörden werden in RAK durch Gebühren finanziert und auf Alkohol muss eine Abgabe in Höhe von 30 % gezahlt werden. Gesetze zur Einkommens- oder Unternehmensbesteuerung gibt es in den VAE bereits schon seit Jahrzehnten, doch ist der Steuersatz auf 0,00 % festgelegt, was folglich einer **Nichtbesteuerung** gleichkommt.

Fazit. **Die RAK Offshore Firma** unterliegt einer Null-Besteuerung hinsichtlich der Gewinne. Dividenden der RAK Offshore Firma unterliegen ebenfalls der Null-Besteuerung. Inhaber (Shareholder) von Offshore Gesellschaften mit Wohnsitz im Emirat zahlen weder Einkommens- noch Dividendensteuern. Werden Dividenden einer RAK Offshore Firma an Shareholder aus dem Ausland gezahlt, so unterliegen diese Dividenden einer Null-Besteuerung im Emirat Ras Al Khaimah (Versteuerung am Wohnsitz des Shareholders).

Die RAK Onshore Firma unterliegt ebenfalls einer Null-Besteuerung hinsichtlich ihrer erwirtschafteten Gewinne. Dividenden der RAK Onshore Firma unterliegen der Null-Besteuerung. Inhaber (Shareholder) von Onshore Gesellschaften mit Wohnsitz im Emirat zahlen weder Einkommens- noch Dividendensteuern. Werden Dividenden einer RAK Onshore Firma an Shareholder aus dem Ausland gezahlt, so unterliegen diese Dividenden einer Null-Besteuerung im Emirat Ras Al Khaimah (Versteuerung am Wohnsitz des Shareholders). Die Gründung einer Onshore Firma im Emirat RAK (Freezone) besitzt den einzigartigen Vorteil, dass damit ein Recht auf Visum und Wohnsitz für die gesamten Vereinigten Arabischen Emirate einher geht.

Wir informieren Sie gern auch weiterführend zum Thema »Steuern in der Vereinigten Arabischen Emiraten«, Visum und Wohnsitznahme. Nehmen Sie bitte Kontakt mit uns auf!

WOHNSITZ IN DEN VAE / RAK

Die Wohnsitznahme in den Vereinigten Arabischen Emiraten (Residence Visa)

Die Vereinigten Arabischen Emirate bieten, wie auch Monaco und die Bahamas, eine unbeschränkte Steuerfreiheit.

Um jedoch in den Vereinigten Arabischen Emiraten steuerlich ansässig werden zu können, bedarf es der Erfüllung einiger wichtiger Voraussetzungen. Die Grundvoraussetzung stellt hierbei das **Residence-Visa der V.A.E.** dar, welches mittels eines **Arbeitsvisums des Emirates Ras Al Khaimah** erlangt werden kann.

Fazit. Der Betrieb einer in den Vereinigten Arabisch Emirate ansässigen Firma (**Onshore Unternehmen**) verlangt die Beschäftigung **mindestens** eines Arbeitnehmers. Handelt es sich bei den Arbeitnehmern einer RAK Onshore Gesellschaft um Ausländer, so ist es möglich, für diese ein sogenanntes **Residence-Visa** über das Unternehmen zu beantragen. Auf Grund der liberalen Visa-Regelungen der einzelnen Emiraten der VAE untereinander, ist ein in Ras Al Khaimah erteiltes **Residence-Visa** in den gesamten Vereinigten Arabischen Emiraten gültig! **Sie, als Angestellter Ihres Unternehmens, können sich daher durchaus auch in Dubai, im Emirat Abu Dhabi oder in einem der sonstigen Emirate der VAE aufhalten bzw. niederlassen.**

RAK RESIDENCE-VISA, WOHNSITZ UND STEUERFREIHEIT

Wie Sie sicherlich bereits auf unseren vorangegangenen Informationsseiten festgestellt haben, öffnet der Besitz einer Onshore Gesellschaft in der Freezone von Ras Al Khaimah tatsächlich nahezu alle Türen und Tore. Und dies bei vergleichsweise minimalen Gebühren für Gründung und Betrieb einer solchen Unternehmung.

KRANKENVERSICHERUNG IN DEN VAE

Krankenversicherung und Versorgung in den VAE

Die Vereinigten Arabischen Emirate gelten als ein Land mit einem qualitativ hochwertigen Gesundheitswesen. Von 1996 bis 2003 wurden von der Regierung mehr als 400 Mio. US$ in diesem Sektor investiert. Laut WHO geben die VAE knapp 3 % ihres Bruttosozialproduktes für das Gesundheitswesen aus. In der Region sind Dubai und Abu Dhabi nach Jordanien zweit- bzw. drittbeliebtestes Ziel des Gesundheitstourismus.

Private Krankenversicherung in den VAE erforderlich

Bürger der VAE werden gratis versorgt. **Ausländische Einwohner haben entweder eine Private Krankenversicherung oder müssen für Behandlungen bezahlen** (bitte informieren Sie sich im Vorfeld eines Umzuges über die Möglichkeiten einer Privaten Krankenversicherung für das Ausland). Die Zahl der Ärzte pro 100.000 Einwohner liegt bei 181.

Im Februar 2008 veröffentlichte das Gesundheitsministerium einen Fünfjahresplan für das Gesundheitswesen der nördlichen Emirate, da sie im Gegensatz zu Abu Dhabi und Dubai über keine eigenen Gesundheitsbehörden verfügen und deshalb in seine Kompetenz fallen. Der Plan richtet sich auf die Vereinheitlichung der Gesundheitsrichtlinien und die Verbesserung der Versorgung. Das Ministerium plant, neben den bereits vorhandenen 14 Krankenhäusern drei neue zu bauen, sowie die momentan 86 Gesundheitszentren um 29 zu verstärken, von denen neun im Jahr 2008 eröffnet wurden.

Im Emirat Abu Dhabi ist für Ausländer eine Krankenversicherung inzwischen obligatorisch. Für Einheimische gilt dies bereits seit 1. Juni 2008. Dubai hat Gleiches für seine Staatsbediensteten eingeführt. **Perspektivisch ist ein landesweites Pflichtversicherungssystem sowohl für Emiratis als auch Ausländer geplant.**

Ras al Khaimah hat drei öffentliche Krankenhäuser: Saqr Hospital, Saif bin Ghobash Hospital und Al Zarawi Hospital.

Im November 2007 wurde zusätzlich das private *RAK Hospital* eröffnet. Es wird betrieben von *Arabian Healthcare LLC*, einem Joint Venture zwischen der Regierung von Ra's al-Chaima und der in Dubai ansässigen ETA-Star-Gruppe. Für das Management von RAK Hospital ist die *Sonnenhof Swiss Health Ltd.* aus Bern verantwortlich, eine schweizerische Privatspitalgruppe.

Kurz gesagt, die VAE und das Emirat RAK bietet Ihnen auch hier beste Versorgung.

RAK FIRMENGRÜNDER

Privacy Management Group FZ LLC - www.rak-offshore-firma.com

OCRA Worldwide - www.ocra.com

Global Money Consultants S.A. - www.global-money.com

BANK-KONTEN

Sie bekommen heutzutage nur noch Konten eröffnet, wenn Sie selbst bei der jeweiligen Bank vorsprechen. Hierzu gehören auch die Banking Plätze Singapur, Hongkong und Dubai. Sie finden hier jede Menge Banken die Ihnen für Ihre Firma problemlos ein Konto eröffnen insbesondere dann, wenn Ihnen der Firmengründer gleich ein Empfehlungsschreiben zur Bank macht oder Ihnen dort einen Termin vereinbart. Die meisten Firmengründer haben diesen Service im Angebot.

In Europa bekommen Sie noch am einfachsten ein Konto bei der Rietumu Bank in Lettland für Ihre Offshore-Firma eröffnet. Auch hierzu müssen Sie anreisen. Sollten Sie Ihre Kontoeröffnung über den Anbieter Global Money Consultants aus Griechenland bestellen ist bis jetzt die Anreise nicht erforderlich und Sie können alles per Post abwickeln.

www.global-money.com

www.rietumu.com

Eine hervorragende Alternative zu allen Banken bietet die Eröffnung eines Kontos bei einem Sammelverwalter an. Sehr gute Erfahrungen haben wir hier mit der Firma Trustpay in der Slowakei gemacht. Diese arbeitet professionell, zuverlässig und schnell. Sie können dort auch für eine Offshore-Firma ein Konto einrichten. Der große Vorteil ist, dass es sich hier um ein Sammelkonto von Trustpay handelt und Ihr Konto diesem Sammelkonto untergeordnet wird. Dies bedeutet Ihr Kunde oder die Person die auf Ihr Konto überweist, hat als Zahlungsempfänger immer Trustpay anzugeben und nur als Verwendungszweck Ihre Kontonummer. Somit können Sie Zahlungen anonym erhalten und auch wieder per Internet-Banking weiter überweisen, da als Zahlungsabsender auch wiederrum nur Trustpay als Sender vermerkt ist und nicht Sie oder Ihre Firma. Dieses Konto ist zwar mit einer Monatsgebühr von ca. 150 Euro relativ teuer, aber unsere Devise ist: besser ein Sammelkonto für Ihre Offshore Firma das sich in Europa befindet zu haben, als überhaupt kein Bankkonto. Außerdem sind Sie mit diesem Konto anonymer und geschützter unterwegs als mit einem eigenen Konto bei einer Bank. Zusätzlich können Sie auf Ihr Firmenkonto auch eine Kreditkarte mit gesondertem Kartenkonto bekommen. Wir können dieses Konto und diesen Anbieter auf jeden Fall sehr empfehlen. Weitere Informationen erhalten Sie direkt auf der Webseite des Anbieters unter:

www.trustpay.eu

11 | MEIN EIGENER VEREIN

WIE GRÜNDE ICH MEINEN EIGENEN VEREIN

Kaum eine andere Rechtsform sollten potentielle Körperschaftgründer, vor allen anderen Gesellschaftsformen ins Auge fassen, wie die des »eingetragenen Vereins« (e.V.).

Es gibt viele Gründe und Anwendungsmöglichkeiten um mit einem e.V. erfolgreich tätig werden zu können.

Deswegen möchte ich Ihnen in diesem Report ausführlich die Gründungsvoraussetzungen und Anwendungsmöglichkeiten eines »eingetragenen Vereins« darstellen, damit auch Sie erfolgreich diese Gesellschaftsform nutzen können.

1. Gesetzliche Regelungen

Die gesetzlichen Bestimmungen zum Verein finden sich im Bürgerlichen Gesetzbuch (BGB) §§ 21 bis 79, also im Zivilrecht.

Das oft als »Vereinsgesetz« bezeichnete »Gesetz zur Regelung des öffentlichen Vereinsrechts« (Verein G) ist Öffentliches Recht und regelt die Vereinigungsfreiheit und das Verbot von Vereinigungen.

2. Warum einen e.V. gründen?

Der eingetragene Verein (e.V.) zählt in Deutschland zu den häufigsten Gesellschaftsformen. Rund 600.000 eingetragene Vereine gibt es hierzulande. Fast ausnahmslos handelt es sich dabei um sogenannte Idealvereine, die also keine wirtschaftlichen Zwecke verfolgen.

Die Rechtsform des e.V. wird regelmäßig gewählt, wenn

- sich eine größere Zahl von Personen zu einem nichtwirtschaftlichen Zweck zusammen schließt und
- Aufnahme und Ausscheiden von Mitgliedern unkompliziert von statten gehen sollen.

Vorteile des e.V. sind:

- Der Vorstand ist vor den Risiken einer vertraglichen Haftung (also den typischen wirtschaftlichen Risiken) geschützt.
- Die Mitglieder haften nicht für den Verein.
- Der e.V. ist eine juristische Person; er kann im eigenen Namen klagen und verklagt werden und ins Grundbuch eingetragen werden
- Der e.V. kann als Körperschaft gemeinnützig sein (das kann eine GbR z. B. nicht).
- Er hat eine rechtlich klar definierte Form mit gesetzlichen Regelungen nach innen und außen.
- Der e.V. ist eine grundsätzlich demokratische Organisationform mit gleichen Rechten und Pflichten für alle Mitglieder (»one man, one vote«)
- Die Gründungskosten sind relativ niedrig.
- Es wird kein Mindestkapital benötigt (wie z.B. bei einer GmbH).

Nachteile des e.V. sind:Er kann in aller Regel keine wirtschaftlichen Zwecke (gewerbliche oder Erwerbszwecke) haben und darf sich nur nebenher und nachrangig wirtschaftlich betätigen.

- Die Gründung stellt bestimmte Anforderungen, wie Erstellung einer Satzung und Wahl des Vorstandes.
- Er benötigt zur Gründung mindestens 7 Mitglieder.

3. Welche anderen Rechtsformen kommen in Frage?

Das deutsche Recht kennt eine Reihe fest definierter Gesellschaftsformen (zu denen sich Personen für bestimmte Zwecke zusammenschließen). Dazu gehören z. B. die GbR, der Verein, die GmbH, die Genossenschaft und andere. Bei jeder Gründung eines Personenzusammenschlusses wird entweder bewusst eine Rechtsform gewählt oder sie entsteht automatisch (z. B. die GbR).

Weitere gesetzlich nicht festgeschriebene Zusammenschlüsse kennt das deutsche Recht nicht.

- Eine **Arbeitsgemeinschaft** (Arge) oder **Interessengemeinschaft** (IG) ist gesetzlich nicht definiert. Meist handelt es sich um eine GbR. Oft wird die Bezeichnung für zeitlich begrenzte Kooperationen von Wirtschaftsunternehmen (z. B. der Baubranche) benutzt.
- Ein »**Club**« ist ebenfalls keine gesetzlich bestimmte Rechtsform (er könnte ein Verein oder auch eine GbR sein).
- Das gleiche gilt für einen »**Freundeskreis**«. Oft nennen sich Fördervereine so.
- Ein **Verband** ist ebenfalls keine gesetzlich festgelegte Rechtsform. Meist handelt es sich um einen Verein, der andere Organisationen (Vereine, Unternehmen) als Mitglieder hat.
- Ein Sonderfall ist der **Dachverband**. Er ist ein Zusammenschluss von Mitgliedsorganisationen mit einem be-

stimmten Betätigungsfeld (z.B. Sport) in Form eines Vereins, der sich auf Leistungen für seine Mitglieder konzentriert.

- Ein **Förderverein** ist ein Verein mit einer gemeinnützigkeitsrechtlichen Besonderheit (siehe unten), im Übrigen ist er ein ganz »gewöhnlicher« Verein.

Da ein e.V. nicht vorwiegend wirtschaftlich sein tätig darf, kommt er für erwerbswirtschaftliche Zwecke (Existenzgründung) in der Regel nicht in Frage. Die einfachste Alternative ist hier eine Gesellschaft bürgerlichen Rechts (GbR oder BGB-Gesellschaft). Der Nachteil der GbR liegt aber in der persönlichen Haftung der Mitglieder.

Soll die Organisation gemeinnützig sein, kommen Personengesellschaften wie die GbR nicht in Frage. Denkbar wäre dann aber auch ein **nicht eingetragener Verein** oder eine **GmbH.**

Seit der Reform des GmbH-Rechts (November 2008) ist vor allem die **Unternehmergesellschaft** (UG oder »Mini-GmbH«) eine interessante Alternative zum Verein. Sie kann mit nur einem Euro Stammkapital gegründet werden. Allerdings liegen bei einer gemeinnützigen Mini-GmbH die Gründungskosten deutlich höher (rund 800 Euro), weil eine Standardgründung mit Mustersatzung nicht möglich ist.

Weil ein e.V. nicht vorwiegend wirtschaftlich tätig sein darf, aber für manche Projekte die Gemeinnützigkeit und auch große Mitgliederzahlen gewünscht sind, entstehen nicht selten **Doppelstrukturen**. Neben dem Verein gibt es dann eine wirtschaftliche Organisation (z.B. GbR oder GmbH), die dem Einkommenserwerb der Initiatoren dient bzw. Träger der wirtschaftlichen Tätigkeit ist.

Der Verein sorgt für Publizität, große Mitgliederzahlen und eventuell ist er Träger der Gemeinwohlzwecke. Ein Beispiel dafür ist eine Kultureinrichtung, deren Gastronomie privat bewirtschaftet wird.

4. Was kostet die Gründung eines e.V.?

Die Kosten für die Vereinsgründung setzen sich zusammen aus

- der Notargebühr für die Beglaubigung der Anmeldung (11,60 € zuzüglich Schreib- und Zustellgebühren)
- der Registergebühr für eine Eintragung beim zuständigen Amtsgericht (52 €, wobei regelmäßig ein Gegenstandswert von 3.000 € unterlegt wird)
- die Bekanntmachung der Eintragung (10 bis 30 €)

Zusammen sind das ca. **75 bis 120 €**.

Weitere Kosten fallen nicht an; es sei denn, man beauftragt einen Rechtsanwalt mit der Erstellung der Satzung usf. In manchen Bundesländern erlassen die Registergerichte gemeinnützigen Vereinen die Eintragungsgebühr (beim Amtsgericht erfragen).

5. Der nicht eingetragene Verein

Der nicht eingetragene (nichtrechtsfähige) Verein kommt recht häufig vor. Von der GbR unterscheidet er sich vor allem dadurch, dass er

- Organe (Vorstand, Mitgliederversammlung) hat,
- eine größere Mitgliederzahl (mindestens drei) umfasst,
- trotz Mitgliederwechsel fortbesteht,
- einen eigenen Namen führt.

Wie der e.V. kann auch der nichtrechtsfähige Verein gemeinnützig sein (dann ist aber eine Satzung unabdingbar).

Nachteile des nicht eingetragenen Vereins sind vor allem:

- Die Mitglieder haften persönlich (was aber per Satzung eingeschränkt werden kann).
- Privat haftet aber immer, wer für den Verein Rechtsgeschäfte abschließt, also vor allem der Vorstand. Anders als der e.V. kennt der nichtrechtsfähige Verein nämlich keine Organhaftung.

Vor allem wegen dieser Haftungsproblematik wird man – wenn möglich – den rechtsfähigen Verein vorziehen. Wenn aber keine wirtschaftlichen Haftungsrisiken bestehen oder wegen des beschränkten Wirkungskreises die Eintragung als zu aufwendig erscheint, kann der nicht eingetragene Verein durchaus eine angemessene Rechtsform sein.

6. Der wirtschaftliche Verein

Der wirtschaftliche Verein (ein eingetragener Verein mit wirtschaftlichen Zwecken) ist eine seltene Ausnahme. Er kann nicht per Anmeldung im Vereinsregister eingetragen werden, sondern muss von der Innenbehörde (Innensenat oder -ministerium) des jeweiligen Bundeslandes genehmigt werden. Das geschieht nur, wenn überzeugend dargelegt wird, warum für die Organisation nicht eine andere Rechtsform gewählt werden kann. Da das deutsche Recht eine Reihe von Rechtsformen speziell für Wirtschaftsunternehmen kennt (Genossenschaft, GmbH, Aktiengesellschaft, OHG, KG), wird das nur in wenigen Sonderfällen möglich sein (z. B. Forstbetriebsgemeinschaften)

Oft wird auf die Eintragung des Vereins verzichtet, weil er wirtschaftliche Zwecke verfolgt. Ein solcher nicht eingetragener (nicht rechtsfähiger) Verein ist aber kein Wirtschaftsverein im Sinn des BGB.

7. Ablauf der Gründung

Für die Gründung eines e.V. sind mindestens sieben Mitglieder erforderlich. Ist der Verein eingetragen, darf die Mitgliederzahl nicht unter drei sinken.

Als erstes muss eine Satzung erstellt und mit den Gründungsmitgliedern diskutiert werden. Sie enthält die wichtigsten Regelungen für die Zusammenarbeit im Verein. Soll der Verein gemeinnützig werden, sollte die Satzung unbedingt vor der Anmeldung zum Vereinsregister dem Finanzamt zur Prüfung vorlegt werden. Hat das Finanzamt nämlich Bedenken bei der Gewährung der Gemeinnützigkeit, sind Satzungsänderungen und damit weiterer organisatorischer Aufwand nötig und zusätzliche Kosten (Notar, Vereinsregister) fällig.

Zusätzlich können Vereinsordnungen (z.B. Finanzordnung, Beitragsordnung, Ehrenordnung) erstellt werden, die Detailregelungen umfassen.

Dann wird eine Gründungsversammlung (mit mindestens 7 Mitgliedern) einberufen. Dort wird

- die Vereinsgründung und die Satzung (und eventuell weitere Vereinsordnungen) beschlossen und
- der Vorstand gewählt.

Die Gründungssatzung muss von mindestens 7 Gründungsmitgliedern, nach Möglichkeit bei der Gründungsversammlung, unterschrieben werden.

Ebenfalls erstellt werden muss ein Protokoll der Gründungsversammlung, das entsprechend den Satzungsregelungen unterschrieben sein muss.

8. Eintragung des Vereins

Die Anmeldung beim Vereinsregister (das beim örtlichen Amtsgericht angesiedelt ist – z.T. ist für mehrere Bezirke ein bestimmtes Amtsgericht zuständig) muss in den meisten Bundesländern durch einen Notar beglaubigt werden. Neben dem Anmeldeschreiben müssen beim Registergericht das Original der Gründungssatzung und das Gründungsprotokoll vorgelegt werden.

Die notarielle Anmeldung erfolgt durch den Vorstand (d.h. durch die vertretungsberechtigten Mitglieder – sogenannter BGB-Vorstand). Bei der Erstanmeldung müssen alle BGB-Vorstandsmitglieder erscheinen.

Nach der Registereintragung erhält der Verein einen Registerauszug, mit dem er die Eintragung nachweist. Der Registerauszug dient als Nachweis des e.V.-Status. Er wird z.B. bei der Eröffnung eines Bankkontos und beim Finanzamt verlangt.

9. Was ist ein Förderverein?

Fördervereine stellen zivilrechtlich keine Sonderform des Vereins dar. Es handelt sich um »gewöhnliche« (eingetragene oder nicht eingetragene) Vereine im Sinn des BGB. Für Satzung, Mitgliedschaft, Vorstand usf. gelten keine Sonderregelungen.

Die Besonderheit von Fördervereinen (und anderen Förderkörperschaften) ist eine rein steuerliche: Sie stellen eine Ausnahme vom gemeinnützigkeitsrechtlichen Grundsatz der *Unmittelbarkeit* dar. Statt selbst im Sinne der Satzungszwecke tätig zu werden, beschaffen sie lediglich Mittel für andere gemeinnützige oder öffentlich-rechtliche Körperschaften. Ein Verein kann danach auch dann gemeinnützig sein, wenn er ausschließlich Mittel für andere Körperschaften beschafft. Das müssen entweder Körperschaften des privaten Rechts (Vereine, GmbH, Stiftungen...) sein, die selbst gemeinnützig (steuerbegünstigt) sind oder Körperschaften des öffentlichen Rechts (z. B. Kommunen, Amtskirchen), die die Mittel für steuerbegünstigte Zwecke einsetzen.

Typische Fördervereine unterstützen andere Vereine, Kindergärten und Schulen (private und öffentliche), Universitäten oder Forschungseinrichtungen u.v.a.m.

In welcher Form die Mittel weitergegeben werden, spielt keine Rolle. Es kann sich dabei um Geldzuwendungen, Sachmittel oder andere wirtschaftliche Vorteile wie z.B. die Gewährung von Darlehen handeln.

10. Die Satzung

Für die Erstellung der Satzung ist nicht unbedingt die Hilfe eines Rechtsanwaltes erforderlich. Die vielfach erhältlichen Mustersatzungen sind meist eine gute Orientierung. Auch die Satzung eines Vereins mit ähnlicher Tätigkeit ist eine Hilfe. Viele Vereine veröffentlichen ihre Satzung im Internet. Beim Vereinsregister erhalten Sie übrigens keine Einsicht in Satzungen eingetragener Vereine, wenn sie nicht einen wichtigen Grund angeben können.

Zwingende Bestandteile der Satzung sind:

- Vereinsname
- Vereinssitz (nur den Ort, nicht die Straße angeben)
- Regelung zur Eintragung des Vereins
- Vereinszweck

- Aus- und Eintritt von Mitgliedern
- Mitgliedsbeiträge
- Beurkundung von Beschlüssen (Protokollierung)
- Bildung des Vorstandes
- Einberufung der Mitgliederversammlung (wann und wie)

Fehlt einer dieser Satzungsbestandteile, lehnt das Registergericht die Eintragung ab.

Anders als oft vermutet bietet das Vereinsrecht eine Vielzahl von Gestaltungsmöglichkeiten. **Vereinsrecht ist überwiegend Satzungsrecht.** Nur dort, wo die Satzung keine Regelungen trifft, gilt das BGB und seine Auslegung durch die Rechtsprechung. Planen Sie organisatorische Regelungen, die von den gängigen Mustersatzungen deutlich abweichen, sollte sie sich fachkundigen Rat holen. Nicht alle Gestaltungsmöglichkeiten sind rechtlich zulässig und manches erweist sich in der Praxis als untauglich.

Beachten müssen Sie vor allem, dass eine Reihe von Bestimmungen nur durch die Satzung wirksam getroffen werden können. Beschlüsse von Vorstand oder Mitgliederversammlung reichen dann nicht aus. Das gilt z.B. für

- die Festlegung verschiedener Mitgliedergruppen (mit unterschiedlichen Rechten und Pflichten) wie z.B. Fördermitglieder, Ehrenmitglieder
- Sonderrechte für Mitglieder
- Beitragspflichten und Sonderleistungen wie z.B. Umlagen
- die kommissarische Berufung von Vorstandsmitgliedern (Selbstergänzung des Vorstandes)

11. Der Vereinsname

Der Name des Vereins muss sich von anderen Vereinen im Registerbezirk deutlich unterscheiden. Er darf außerdem nicht irreführend sein (in dem er z.B. über Art und Größe des Vereins täuscht).

Beachten Sie, dass die Eintragung des Namens keinen weitreichenden Namensschutz beinhaltet. Verstöße gegen Namens- und Markenrecht können nicht nur eine spätere Änderung des Namens erforderlich machen, sondern auch zu erheblichen Schadenersatzforderungen führen. Recherchieren Sie deshalb gründlich, ob der Name nicht schon in Gebrauch ist.

12. Der Vorstand

Der Vorstand ist neben der Mitgliederversammlung das einzige Pflichtorgan. Er leitet den Verein und vertritt ihn nach außen (Geschäftsführung und Vertretung).

Die Zusammensetzung des Vorstandes muss in der Satzung geregelt sein. Anders als vielfach angenommen, muss der Vorstand weder aus mehreren Personen bestehen noch gibt es bestimmte Pflichtämter (Schriftführer, Kassenwart usf.). In der Regel wird der Vorstand aus ein bis fünf Personen bestehen. Dabei gelten zwei Empfehlungen:

- Ein zu großer Vorstand kann oft später nicht mehr komplett besetzt werden.
- Mehrere Personen im Vorstand können sich gegenseitig kontrollieren und der Verein wird nicht beim Ausfall (Krankheit, Rücktritt) des einzigen Vorstandsmitglieds handlungsunfähig.

In der Satzung geregelt werden muss, ob die BGB-Vorstandsmitglieder einzeln oder gemeinsam vertretungsberechtigt sind. So kann z. B. bestimmt werden, dass zwei von drei Vorstandsmitgliedern den Verein gemeinsam vertreten. Nur zu zweit können dann die Vorstandsmitglieder Verträge abschließen, die den Verein verpflichten.

Gewählt wird der Vorstand in aller Regel von der Mitgliederversammlung. Auch eine Berufung auf anderem Weg (z.B. durch einen von der Mitgliederversammlung gewählten Beirat) ist möglich, wenn die Satzung das so regelt.

13. Die Mitgliederversammlung

Die Mitgliederversammlung ist das Hauptorgan des Vereins. Sie kann dem Vorstand Weisungen erteilen und beschließt über alle Angelegenheiten, die nicht ausdrücklich (per Satzung) dem Vorstand zugewiesen sind. Insbesondere gehört dazu die Wahl des Vorstandes, Satzungsänderungen oder die Entlastung des Vorstandes. Außerdem hat sie umfängliche Auskunftsrechte gegenüber dem Vorstand.

Nur Mitgliederversammlungen, zu denen entsprechend der Satzungsbestimmungen (Form und Frist) eingeladen wurde, sind beschlussfähig. Die Einladung muss nicht zwingend per Post erfolgen, auch eine Einladung per Anzeige in einer Zeitung oder per E-Mail ist zulässig, wenn die Satzung das vorsieht. Entscheidend ist, dass Zeitpunkt und Ort der Mitgliederversammlung so gewählt werden, dass jedes Mitglied ohne größere Erschwernis teilnehmen kann.

Wichtig ist bei der Einladung die Tagesordnung. Nur zu bei der Einberufung benannten Tagesordnungspunkten können wirksame Beschlüsse gefasst werden (wenn die Satzung das nicht anders regelt).

Eine »Hauptversammlung« hat gegenüber einer »gewöhnlichen« Mitgliederversammlung keine Sonderfunktion, es sei denn, die Satzung trifft hier besondere Regelungen.

14. Weitere Vereinsorgane

Pflichtorgane des Vereins sind nur Mitgliederversammlung und Vorstand. Daneben können – per Satzung – weitere Organe festgelegt werden. Welche Aufgaben diese haben, ist dem Verein weitgehend freigestellt. Es ist aber unbedingt zu empfehlen, Zusammensetzung und Aufgaben dieser Organe in der Satzung klar zur definieren.

Ein **Geschäftsführer** ist entweder ein alleinvertretungsberechtigtes Vorstandsmitglied oder ein sogenannter »besonderer Vertreter« neben dem Vorstand. Oft gibt es neben einem ehrenamtlichen Vorstand einen hauptamtlichen Geschäftsführer. Ein besonderer Vertreter kann nur bestellt werden, wenn die Satzung das vorsieht.

Ein **Beirat** kann die Aufgabe haben, den Vorstand zu beraten oder zu überwachen. Wie er sich zusammensetzt, muss die Satzung regeln.

Kassenprüfer (Revisoren) sind - anders als oft vermutet - kein Pflichtorgan. Es gibt auch keine Pflicht zur Kassenprüfung. In der Regel werden der oder die Kassenprüfer von der Mitgliederversammlung berufen. Sie dürfen nicht Mitglieder des Vorstands sein.

15. Gemeinnützigkeit

Ein Verein ist nicht per se gemeinnützig. Die Gemeinnützigkeit hat auch nichts mit der Eintragung des Vereins zu tun. Vielmehr ist die Gemeinnützigkeit (genauer: Steuerbegünstigung) ein rein steuerlicher Tatbestand. Die Gemeinnützigkeit wird auf Antrag vom Finanzamt gewährt und bescheinigt.

Entsprechend bietet die Gemeinnützigkeit vor allem steuerliche Vorteile. Die wichtigsten sind:

- Eine Reihe von Einnahmen des Vereins bleiben körperschafts- und gewerbesteuersteuerfrei.
- Für bestimmte Leistungen gilt der ermäßigte Umsatzsteuersatz (7%).
- Der Verein kann Spendenbescheinigungen (Zuwendungsbestätigungen) ausstellen. Die Zuwendungen (Spenden und z.T. auch Mitgliedsbeiträge, Aufnahmegebühren und Umlagen) können dann vom Spender/Mitglied als Sonderausgaben steuerlich abgesetzt werden. Dieser Spendenabzug erhöht die Spendenmotivation und damit das Spendenaufkommen des Vereins.

Neben den steuerlichen Vorteilen hat die Gemeinnützigkeit einen Imageeffekt (Gemeinwohlorientierung). Zudem werden bestimmte Zuschüsse ausschließlich oder bevorzugt an gemeinnützige Organisationen vergeben.

Mit der Gemeinnützigkeit sind aber eine Reihe von Auflagen verbunden. Das betrifft vor allem

- Einschränkungen bei der Mittelverwendung
- Beschränkungen bei der wirtschaftlichen Betätigung
- strenge Beschränkungen bei Zuwendungen an Mitglieder
- die Vermögensbindung bei Auflösung des Vereins
- erweiterte Buchführungspflichten

Deswegen sollte vorab genau geprüft werden, ob sich die Gemeinnützigkeit für den Verein wirklich lohnt oder die Nachteile überwiegen. Wegen der Vermögensbindung ist ein späterer Verzicht auf die Gemeinnützigkeit problematisch. Entzieht das Finanzamt die Gemeinnützigkeit später wieder (z.B. weil der Verein überwiegend nicht begünstigte Zwecke verfolgte), kann es zu erheblichen Steuernachzahlungen kommen. Auch eine private Haftung der Vorstandsmitglieder ist möglich.

Beantragt wird die Gemeinnützigkeit beim zuständigen Finanzamt. Dazu muss bei neu gegründeten Vereinen die Satzung vorgelegt werden. Das Finanzamt gewährt – wenn die Voraussetzungen vorliegen, zunächst die vorläufige Freistellung (für maximal 18 Monate). Als Nachweis erhält der Verein einen Freistellungsbescheid. Nachdem für das erste Jahr die Steuererklärung vorgelegt wurde, wird die Freistellung für jeweils drei Jahre im Voraus erteilt.

16. Vereine und Steuern

Mit dem Finanzamt hat der Verein – falls er die Gemeinnützigkeit anstrebt – schon bei der Gründung zu tun. Im Übrigen erfolgt meist vom Vereinsregister eine Meldung ans Finanzamt.

Steuerpflichtig wird ein Verein – wie jedes Unternehmen – wenn er wirtschaftliche Einkünfte erzielt. Mitgliedsbeiträge, Aufnahmegebühren und Umlagen sind zwar steuerfrei (wenn sich dahinter nicht in Wirklichkeit wirtschaftliche Leistungen verbergen). Die meisten anderen Einnahmen (z.B. aus dem Verkauf von Speisen und Getränken, Eintrittsgelder, Werbeeinnahmen usf.) sind aber grundsätzlich steuerpflichtig. Die Überschüsse (Gewinne) die der Verein erzielt, unterliegen der Körperschaftsteuer (entspricht der Einkommensteuer) und meist auch der Gewerbesteuer.

Für gemeinnützige Vereine gibt es hier aber Sonderregelungen. Bestimmte wirtschaftliche Erträge (aus sogenannten Zweckbetrieben) bleiben körperschafts- und gewerbesteuerfrei. Das Gleiche gilt für Einnahmen aus der Vermögensverwaltung. Wegen der unterschiedlichen steuerlichen Behandlung werden unterschieden:

- der ideelle Bereich (mit Einnahmen wie Mitgliedsbeiträgen, Spenden, Zuschüssen)
- die Vermögensverwaltung (z.B. Zinsen, langfristige Vermietung und Verpachtung von Immobilien u.a.)
- der Zweckbetrieb (z.B. Eintrittsgelder zu Kultur- und Sportveranstaltungen)
- der Steuerpflichtige wirtschaftliche Geschäftsbetrieb (z.B. gastronomische Einnahmen, Warenverkauf, gesellige Veranstaltungen)

Das Nebeneinander von steuerlich unterschiedliche behandelten Einnahmen macht die Besteuerung (und damit auch die Buchhaltung) gemeinnützige Vereine recht kompliziert – zumindest dann, wenn der Verein verschiedene Einnahmequellen hat.

Bei der Umsatzsteuer wird der Verein nicht anders behandelt als gewerbliche Unternehmen. Für gemeinnützige Vereine gilt aber in Vermögensverwaltung und Zweckbetrieb der ermäßige Umsatzsteuersatz von 7%. Wegen der oft geringen Einnahmen können zwar Vereine oft die Kleinunternehmerregelung in Anspruch nehmen. Überschreiten sie die entsprechenden Grenzen, müssen sie aber auf ihre Leistungen Umsatzsteuer berechnen.

17. Buchhaltung

Eine geordnete Aufzeichnung seiner Einnahmen und Ausgaben muss der Verein nicht nur für das Finanzamt machen. Auch für die Rechenschaft gegenüber der Mitgliederversammlung sind Aufzeichnungen nötig.

In der Regel hat der Verein nur einfache Aufzeichnungspflichten. Eine Doppelte Buchhaltung (Bilanzierung) ist zunächst nicht erforderlich. Erst wenn der Verein mit seinen steuerpflichtigen wirtschaftlichen Geschäftsbetrieben bestimmte Gewinn- und Umsatzgrenzen überschreitet, hat er eine steuerliche Pflicht zur Bilanzierung.

Für gemeinnützige Vereine gilt die Besonderheit, dass die Aufzeichnungen getrennt nach den steuerlichen Bereichen vorgenommen werden müssen.

18. Spenden

Der Spendenabzug ist ein wichtiger Gesichtspunkt bei der Beantragung der Gemeinnützigkeit.

Spendenbescheinigungen darf der Verein aber erst ausstellen, wenn der Freistellungsbescheid des Finanzamtes vorliegt. Aus dem Freistellungsbescheid geht auch hervor, ob die Mitgliedsbeiträge abzugsfähig sind (das hängt von den Satzungszwecken ab).

Für die Zuwendungsbestätigungen muss der amtliche Mustertext verwendet werden. Unterschieden werden dabei Geld- und Sachspenden.

Da der Verein (und eventuell auch der Vorstand) für falsch oder unberechtigt ausgestellte Spendenbescheinigungen und für die falsche Verwendung von Spendenmitteln haftet, sollte auf Spendenbescheinigungen ein besonderes Augenmerk gelegt werden. Das gilt besonders für Sonderfälle wir die sogenannten Aufwandsspenden.

19. Mitarbeiter im Verein

Auch Vereine können Arbeitgeber sein. Bei abhängig Beschäftigten Mitarbeitern bestehen die entsprechenden Meldepflichten und es müssen Lohnsteuer und Sozialversicherungsbeiträge abgeführt werden. Auch »Aufwandsentschädigungen« sind in der Regel abgabenpflichtiger Arbeitslohn. Nur echter Aufwandsersatz (z.B. für Fahrten mit dem eigenen Pkw im Auftrag des Vereins oder für Sportkleidung) ist steuerfrei.

Nur bestimmte Tätigkeiten gelten als selbstständig und sind dann nicht Lohnsteuer- und Sozialversicherungspflichtig.

Auch in gemeinnützigen Vereinen müssen die Beteiligten nicht ausschließlich ehrenamtlich tätig sein. Mitglieder und auch der Vorstand können für ihre Arbeit bezahlt werden – aber nur wenn die Satzung dem nicht entgegensteht. Dabei ist auf klare vertragliche Regelungen (Art und Umfang der Tätigkeit) zu achten und darauf, dass die Vergütung nicht überhöht (sondern ortsüblich oder tariflich) ist.

Ein Sonderfall bei Vergütungen an Mitarbeiter in gemeinnützigen Vereinen ist der sogenannten **Übungsleiterfreibetrag** (2.100 Euro pro Jahr). Er gilt für bestimmte nebenberufliche pädagogische und künstlerische Tätigkeiten und in der Alten-, Kranken und Behindertenpflege.

Seit 2007 gibt es außerdem die steuerfreie **Ehrenamtspauschale** von 500 Euro pro Jahr.

20. Wie gründe ich eine eigene Partei

Sicherlich ist dies nicht eine gewöhnliche Sache die man in Betracht zieht, wenn man an die Gründung eines Vereines denkt. Ich wollte Ihnen jedoch auch hier zum Abschluss noch veranschaulichen, was für Verdienste und Möglichkeiten alles mit der Eintragung eines Vereines möglich sind und Ihnen diese Ausführungen als Lektüre oder Gedankenanstoß nicht vorenthalten.

Vieles an einer Partei erinnert an den eingetragenen Verein. In der Tat sind die Unterschiede nicht groß. Menschen schließen sich unter Vorgabe eines bestimmten Zweckes zusammen. Deutschland gilt als Mekka der Vereinsmeierei. Nicht umsonst, denn Vereine bieten mannigfache Vorteile.

So werden viele Vereine zu dem Zweck gegründet, um leicht an Geld zu kommen. Durch Mitgliedsbeiträge und Spenden aber oft auch schlicht um staatliche Subventionen abzugreifen. Im Bundeshaushalt sind Mittel in dreistelliger Millionenhöhe für die Unterstützung förderungswürdiger Organisationen vorgesehen.

Eine Satzung, die vor guten Vorsätzen- die Allgemeinheit betreffend- trieft, ein Antrag beim zuständigen Ministerium und ein bisschen Glück genügen und schon prasselt ein wahrer Geldsegen aus dem staatlichen Füllhorn auf die Organisation nieder.

Allerdings besteht keine Pflicht zur Förderung. Den Organisatoren gelingt es daher nicht immer, »Zuwendungen für Vereine und Gesellschaften, zentrale Informationsveranstaltungen, Modell vorhaben und Aufklärung« (so die offizielle Leseart) aus der Staatskasse loszueisen. Umso weniger kann das gelingen, wenn der Verein weltanschaulich verdächtig ist. Warum dann nicht gleich auf die Nummer sicher gehen und einen Verein ins Leben zu rufen, der garantiert gefördert wird? Genau dies ist DIE PARTEI.

Grundlage dieser »Reibach-Maschine« der staatlichen Förderung ist §18 des Parteien Gesetzes. Hier ein kleiner Auszug:

1) Die Parteien erhalten Mittel als Teilfinanzierung der allgemeinen Tätigkeit. Maßstäbe der Verteilung staatlicher Mittel bilden den Erfolg…, die Summe ihrer Mitgliedsbeiträge sowie der Umfang der von ihr beworbenen Spenden.

2) Das jährliche Gesamtvolumen beträgt 133 Millionen Euro

3) Die Parteien erhalten jährlich im Rahmen der staatlichen Teilfinanzierung

    3.a) 0,70 Euro für jede für ihre jeweilige Liste abgegebene Stimme oder

    3.b) 0,70 Euro für jede für sie in einem Wahl- oder Stimmkreis abgegebene gültige Stimme, wenn in einem Land eine Liste für diese Partei nicht zugelassen war, und

    3.c) 0,38 Euro für jeden Euro, den Sie als Zuwendung (eingezahlter Mitglieds-Mandatsbeiträge oder rechtsmäßig erlangter Spenden) erhalten haben, dabei werden nur Zuwendungen bis 3.300 Euro je natürlicher Person berücksichtigt. Die Parteien erhalten abweichend von den Nummern 1 und 2 für die von ihnen jeweils erzielten bis zu 4 Millionen Stimmen 0,85 Euro je Stimme.

Die genannten Summen werden unter allen Bundeswahlkampf beteiligten Parteien aufgeteilt. Prozentual nach Abgabe der Zweitstimme 0,5 % genügen bereits, um aus dem Topf bedient zu werden. Also auch kleine Splitterparteien, die sich seit Jahrzehnten zur Wahl stellen und wegen der 5%-Hürde nie ein Parlament von innen gesehen haben, greifen beim Finanzierungskuchen ab. Jetzt wird Ihnen vielleicht auch klar, warum Parteien nie aufgeben. Die kräftig sprudelnde Einkommensquelle ist einfach zu verlockend.

Und als kleiner Obolus wird jeder Mitgliedsbeitrag und jede eingehende Spende obendrein staatlich subventioniert. Das können nur die Gehirne von Parteilobbyisten erfunden haben- und genau die beschließen ja die sich selbst betreffende Gesetze.

Parteien werden größten teils durch den Staat, sprich den Steuerzahler, finanziert. Gewinnt die Partei ein neues zahlendes Mitglied, wird dies vom Steuerzahler mit zusätzlichen 38% des Mitgliedsbeitrages honoriert. Spende ich der Partei 3.000 Euro, legt der Steuerzahler automatisch nochmals 1.254 Euro drauf. Ich setze die Spende natürlich von meinen Steuern ab. Folge: Der Steuerzahler zahlt die gesamte Spende. Also Selbstbedienung in Reinkultur. Damit kann kein normaler Verein und keine Stiftung mithalten. Eine Partei ist ein Geldvermehrungs- und Reibach-Maschine, die seinesgleichen sucht. Wären da nicht hin und wieder persönliche Gier, Verschwendungssucht, sinnloses Verpulvern, Überheblichkeit und natürlich Machstreben, würde eine gut laufende Partei bald aus den Nähten platzen.

Die staatliche Parteien-Finanzierung kommt im Wesentlichen den großen Parteien zu gute. Falsch gedacht! Natürlich kassieren diese den größten Brocken ab, aber sie verbrauchen auch eine Unmenge in diesem Zirkel.

Schauen wir uns lieber einmal die kleineren und Kleinst-Parteien an, dort wirkt sich ein derartiger Geldregel viel dramatischer aus.

Die Republikaner z.B. wurden Ende 1983 von drei Personen inklusive Franz Schönhuber gegründet. Bei den bayrischen Landtagswahlen 1986 erhielt die Partei 3% der Stimmen oder umgerechnet 1,3 Mio. DM Wahlkampfkostenerstattung.

Gestartet aus einem 3-Zimmer-Büro ohne nennenswerte Eigenmittel war man plötzlich reich. Nur einige weitere Eckdaten: 7,1 % im Berliner Abgeordnetenhaus, 7,1% bei den Europawahlen und 10,9% im Landtag von Baden-Württemberg. Jedes Mal gab es Millionen ausbezahlt! Heute ist die Partei bedeutungslos. Aber damals erhielt sie dann auch noch als unter die »Sonstigen Parteien« bei der Wahl 280.671 Stimmen. D.h. also trotz Bedeutungslosigkeit und kaum vorhandener Parteistruktur kassierte die Kleinpartei trotzdem noch knapp eine Million Euro ab!

Ähnlich erging es der sogenannten Schill-Partei, die außerhalb Hamburgs keinerlei Infrastruktur hatte. Schill ist ein Paradebeispiel dafür, dass zur Parteiengründung und Teilnahme an Wahlen keinerlei politische Erfahrung nötig ist, ebenso wie das bei der neu auferstandenen Piratenpartei der Fall ist. Dem Richter reichten in Hamburg eine Kriminalstatistik, einige Stammtischparolen und radikales Durchgreifen im eigenen Gerichtssaal, um ruck-zuck 20% zu erreichen um zur Regierungsbeteiligung zu kommen. Natürlich wusste jeder, dass dieser Partei bei der Bundestagswahl kein Erfolg ins Haus stehen würde. Tatsächlich wurde sogar kurz diskutiert, ob sie überhaupt teilnehmen sollte. Dies allerdings nur wirklich kurz, denn wer lässt sich schon eine Menge Geld durch die Lappen gehen? Immerhin erreichte Schill trotz Low-Cost-Wahlkampf bundesweit ganze 0,8% bzw. 400.476 gültige Stimmen, die daraus resultierende Folge für die

Schill-Partei: Eine Einnahme von 3,5 Millionen Euro. Ein Narr wer freiwillig auf diesen Geldregen verzichten würde.

Sie sehen also, auch bei Kleinparteien kann keinesfalls die Rede von Taschengeld sein. Vervielfachung (hundertfach und mehr netto und steuerfrei!) des eingesetzten Kapitals in so kurzer Zeit werde Sie kaum wo anders erreichen.

Man mag es kaum glauben, aber eine Parteiengründung ist absolut einfach. Kein Vergleich zu einer Firmengründung selbständig zu machen ist dagegen ein richtiger Akt. Ja sogar eine normale Vereinsgründung erfordert mehr Personal.

Besorgen Sie sich zuerst Material (Parteiengesetze etc.) vom Bundeswahlleiter. Dann halten Sie eine Gründungsversammlung ab. Dazu müssen mindestens 3 natürliche Personen anwesend sein, da nur bei wenigstens 3 Personen eine geheime Wahl möglich ist. Nicht einmal ein Mindestalter ist vorgeschrieben!

Auf dieser Gründungsversammlung geben Sie sich dann eine Satzung, die den Vorgaben des Parteiengesetzes genügt und beschließen ein Programm, das nicht im Widerspruch zur Verfassung der Bundesrepublik steht. Nach Erstellung der Satzung wird ein Vorstand (bestehend aus 3 anwesenden Mitgliedern) gewählt. Das teilen Sie dann dem Bundeswahlleiter in Wiesbaden mit- fertig!

Schon haben Sie eine Partei gegründet und können fortan an der politischen Willensbildung des Volkes mitwirken.

Natürlich ist das auf Dauer nicht alles. Da kommen über die Jahre dann Rechenschaftsberichte, Mitgliederversammlungen, Werbemaßnahmen und einiges mehr auf Sie zu. Für Parteien gibt es zahlreiche Detailbestimmungen, die über Vereinsanforderungen hinausgehen, aber im Endeffekt nur etwas mehr Bürokratie erfordern, nicht aber unbedingt mehr Schwierigkeiten bedeuten. Falls Sie an einer Wahl teilnehmen wollen, reicht es nicht aus, wenn Ihre Partei vor der Wahl immer nur noch aus den 3 Mitgliedern besteht. Ein wenig Zuwachs müsste schon sein.

Die andere Frage wäre, wann eine Partei ihre Rechtsstellung als Partei verliert: Dann wenn sie sechs Jahre weder an Bundestags- noch an Landtagswahlen teilnimmt. Hier geht es lediglich um die Teilnahme nicht um das Erreichen einer bestimmten Stimmenzahl. Wenn Sie dann also bei der Wahl 0 Stimmen erhalten, weil Sie sich nicht mal Ihre Partei selbst gewählt haben, behalten Sie dennoch den Parteistatus bei, da nur die Teilnahme ausschlaggebend ist nicht das Stimmergebnis.

Der Witz ist, dass es keine Vorschrift gibt, wie eine Partei sich selbst zu verwalten hat oder an der politischen Willensbildung teilnimmt. Sie kann daher auch wie eine Firma eingesetzt werden, jedoch ohne jegliches Stammkapital. Der Partei können Vermögen und Sachwerte überschrieben werden, Dienstwagen können über die Partei laufen, genauso wie Yachten, Häuser und Clubräume oder Büros. Die Vorsitzenden können praktisch alles im Namen der Partei durchziehen, ohne jede persönliche Haftung. Und dass eine Partei steuerfrei vor sich hin wursteln kann, wenn Sie wissen wer die Konstrukteure derartiger Möglichkeiten sind, versteht sich von selbst.

Und um die Verwirrung und Verschachtelung noch komplett zu machen, bietet sich für eine Partei zusätzlich die Gründung einer Stiftung an. Keine zwielichtige Liechtenstein Stiftung alla Zumwinkel oder Wittgenstein, kein Offshore-Trust in der Karibik, nein alles ganz offen mitten in Deutschland.

Parteistiftungen bzw. parteinahe Stiftungen genießen im Gegensatz zu Stiftungen von Privatpersonen, höchstes Ansehen und gelten sogar in den Augen der Finanz-Stasi als absolut unverdächtig.

Die bekanntesten parteinahen Stiftungen sind: Friedrich-Ebert-Stiftung (SPD), Konrad-Adenauer-Stiftung (CDU), Hanns-Seidel-Stiftung (CSU), Heinrich-Böll-Stiftung (Grüne), Friedrich-Neumann-Stiftung (FDP), Rosa-Luxemburg-Stiftung (PDS). Wie die Parteien, so werden die Stiftungen hauptsächlich aus dem Steuersäckel finanziert. Einnahmen aus Scheingebühren und Veranstaltungen sind dagegen verschwindend gering.

Insgesamt erhalten diese Stiftungen über 150 Millionen Euro pro Jahr an staatlichen Geldern, diese werden praktisch automatisch bereitgestellt. Die CSU nahe Hanns-Seidel-Stiftung musste sogar extra dafür gegründet werden um dieses Geld in Empfang nehmen zu können.

Normalerweise wird Auslands-Stiftungen vorgeworfen, dass es ihnen an Transparenz fehlt bzw. die Gefahr der Verschleierung ultrahoch sei. Da kann eine Partei nahe Stiftung aber mit links mithalten! Gesetzlich sind Parteien-Stiftungen nämlich nicht zur Offenlegung ihres Vermögens verpflichtet und werden von niemand kontrolliert. Genauso existiert keine klare Trennung zwischen Stiftung und Partei. Raten Sie mal, wer regelmäßig die Vorstandposten der Stiftungen besetzt? Ja richtig geraten! Es sind dieselben Personen die auch in der Partei etwas zu sagen haben.

Eine Parteinahe Stiftung macht prinzipiell Sinn. Denn sollte sich die Partei einmal auflösen, was bei einer Kleinpartei durchaus im Bereich des Möglichen ist, kann es nicht schaden, wenn eine Stiftung die vorhandenen Vermögenswerte als Erbe auffängt. Weitblickende Parteigründer sorgen dem entsprechend dafür, dass sie auch in der Stiftung das Sagen haben und so dafür sorgen können, dass alles den gewünschten und geordneten Weg geht.

Das Fazit:

Zugegeben, der Gedanke, eine Partei zu gründen und damit womöglich auch noch Geld zu verdienen, erscheint zunächst abwegig. Wer seine Geschäfte eher im Stillen machen möchte ist mit einem eingetragenen Verein ideal dran. Der Verein kann als fast perfekte private Reibach- und Selbstschutzmaschine benutzt werden, weshalb ich Ihnen die Möglichkeiten und hochprofitable Einsätze in der Praxis veranschaulichen wollte. Menschen mit Visionen, Durchsetzungsvermögen, Phantasien und einem angeborenen Hang zu Machtspielen sind mit einer Partei bestens bedient. In diesen Fällen eröffnet sich auf sehr einfache Weise eine Spielwiese mit außerordentlichen perspektiven, auf der man sich nach Herzenslust austoben kann. Eine vernünftige erscheinende Zielsetzung wie Umweltschutz, Arbeitsplätze, Steuerreduzierung reicht zur allgemeinen Anerkennung. Mit etwas Glück sowie dem Einsatz professioneller Werbe- - und PR-Methoden sind dann sensationell einträgliche Wahl- und sonstige Erfolge zu erzielen. Entschädigt für die aufopfernde Parteiarbeit werden Sie mit einem Geldsegen und Gestaltungsspielräumen, welche Gewinne und Möglichkeiten herkömmlicher Unternehmen bei weitem übertreffen.

Diese Klein-Parteien waren in den vergangenen Jahren für Wahlen zugelassen. Die Liste erhebt keinerlei Anspruch auf Vollständigkeit, eben so wenig unsere hier genannten Tarife für Wählerstimmen und ähnliche gesetzlich regulierte Subventionen die sich immer wieder ändern können:

Die Violetten, Aufbruch für Bürgerrechte, Freiheit und Gesundheit, Autofahrer und Bürger Interessen Partei, Bayern Partei, Bund freier Bürger, Chance 2000, Christliche Mitte, Deutsche Zentrumspartei, Deutschland Partei, Familien Partei, Feministische Partei, Familien Partei, Die Grauen, Humanistische Partei, Deutsche Mittelstandspartei, Nationaldemokratische Partei

Deutschlands, Naturgesetzpartei, Partei der Nichtwähler, Partei für soziale Gerechtigkeit, Deutsche Volksunion, usw… usw…

Hier noch abschließend an wen Sie sich wenden können, wenn Sie Fragen zur Parteiengründung und zum Parteiwesen haben:

Der Bundeswahlleiter, 65180 Wiesbaden
E-Mail: bundeswahlleiter@destatis.de
Web: www.bundeswahlleiter.de

12 | AUSLANDS – FÜHRERSCHEIN

Mobilität ist heute oberstes Gebot! Wer sein Fahrzeug nicht mehr nutzen darf, kann oft auch gleich den Beruf, sprich die Existenz, an den Nagel hängen. Da reicht es bisweilen schon, wenn die Fahrerlaubnis nur für kurze Zeit entzogen wird. Ein kleiner Eingriff mit fataler Wirkung! Es mehren sich außerdem die Zeichen, dass der Staat den Entzug der Fahrerlaubnis mehr und mehr als eine Art Instrument zur Züchtigung der Bürger einzusetzen gedenkt und auch für nicht im Straßenverkehr begangenen Straftaten und Ordnungswidrigkeiten zum Einsatz bringt. Letztlich jedoch ist es für den Betroffenen gleichgültig aus welchen Gründen ihm der Führerschein entzogen wurde. Es gebietet sich förmlich dafür zu sorgen, dass ein möglicher Entzug keine existenzgefährdeten Folgen für den Betroffenen hat.

NIEMAND IST SICHER VOR FÜHRERSCHEINENTZUG

Da mag es bestimmte Moralisten geben die noch nie ein Tropfen Alkohol in ihrem Leben getrunken haben, bevor sie sich ans Steuer setzten. Genau so gibt es einige, die behaupten, noch nie irgendwelche Verkehrsregeln gebrochen zu haben.

Die absolute Mehrheit alle Führerscheininhaber ist sich jedenfalls der permanent lauernden Gefahr bewusst, irgendwann einmal bei einem Verkehrsdelikt erwischt zu werden.

Natürlich hat sich so etwas kein normal denkender Mensch ausgedacht. Dahinter steht eine Lobby, deren Mitglieder davon leben, dass möglichst viele Führerscheinentzüge zur Disposition stehen: Verkehrspsychologen!

Seit der Einführung des sogenannten Idioten-Tests (MPU), bei dem eine nicht gerade billige medizinisch-psychologische Untersuchung vorgenommen wird, hat sich eine richtige gehende Zunft an Seelendoktoren herausgebildet, die fast ausschließlich sehr gut von diesen Untersuchungen lebt, dies ist dennoch für Sie kein Grund den Kopf hängen zu lassen. Es gibt einige Möglichkeiten, dem Entzug der Fahrerlaubnis vorzubeugen, diese besonders dann in Betracht gezogen werden sollten, wenn Ihre Existenz durch den Führerscheinentzug gefährdet sein sollte.

DER AUSLANDSFÜHRERSCHEIN

Es gibt vielerlei Gründe die jemand dazu bringen einen ausländischen Führerschein zu machen bzw. zu erwerben.

- Der Erwerb im Ausland ist wesentlich billiger als in Deutschland
- Theoretische und Praktische Prüfungen sind einfacher abzulegen
- Der ausländische Führerschein kann in einen deutschen Führerschein umgeschrieben werden
- Ein ausländischer Führerschein berechtigt zum Fahren auch wenn in Deutschland der Führerschein entzogen ist
- Mit einem ausländischen Führerschein dürfen Sie selbst wenn Sie in Deutschland ein Fahrverbot haben, überall außer in Deutschland fahren

Genau deshalb gibt es mittlerweile auch eine Unmenge von Anbietern ausländischer Führerscheine. Diese Anbieter locken Bundesweit in allen möglichen Foren und Zeitungen. Sie sollten jedoch penibel darauf achten, dass Sie sich keinen Führerschein kaufen, sondern den Führerschein im Ausland ordnungsgemäß mit Prüfung erlangen. Aber Sie sollten dabei nicht vergessen, dass Sie mit einer ausländischen Fahrerlaubnis in Deutschland nur fahren können, wenn Sie Ihren Wohnsitz auch im entsprechenden Ausland haben und auch mit einem ausländischen Führerschein ein in Deutschland gegen Sie verhängtes Fahrverbot gültig ist!

Das Fahrverbot können Sie in der Regel nicht umgehen! Sie werden übel bestraft wenn Sie dagegen verstoßen und Sie sollten auch mit einbeziehen, dass in einem solchen Fall auch kein Versicherungsschutz im Falle eines Unfalles mehr besteht.

AUSSER DEUTSCHER KRAFTFAHRER

Als außerdeutscher Kraftfahrer zählt derjenige der außerhalb Deutschlands eine Fahrerlaubnis besitzt um ein Fahrzeug zu führen und zum Zeitpunkt des Erwerbes der Fahrerlaubnis seinen Wohnsitz nicht in Deutschland sondern im Land der ausstellenden Behörde der Fahrerlaubnis hatte. Der Beweis ist erbracht wenn Sie Ihren Hauptwohnsitz mindestens 185 Tage im Ausland hatten von dem Sie Ihre Fahrerlaubnis erworben haben.

Der EUGH (Europäischer Gerichtshof) hat hierzu mit einem Urteil vom 1.März und 26.April 2012 ganz klar entschieden, dass Deutschland jeden Führerschein aus dem Ausland anerkennen muss! Bitte sehen Sie auch hierzu folgenden Youtube Beitrag:

http://youtu.be/-kY_ZWn7FCc

Fahrschulen im Ausland / Kontaktadressen

EFGO GmbH - www.maltadrivers.org

Efgo24 - www.efgo24.de

Tschechien - www.fuehrerschein-in-tschechien.eu

England - www.fuehrerschein-kaufen.de

Die meisten der Fahrschulen bieten Führerscheinprüfungen in Malta, Ungarn, Tschechien, Polen, Slowakei oder anderen Ländern an.

DIE MPU

Die MPU auch volkstümlich als »Idioten-Test« bezeichnet wird jährlich in Deutschland für über 200.000 Personen angeordnet. Dass diese Menschen die eine MPU über sich ergehen lassen müssen, in Wahrheit zumindest keine Idioten sind, beweist alleine schon die Tatsache, dass sie vorher eine theoretische und praktische Fahrprüfung bestanden haben. Es ist leicht, Häme und Spott über andere auszuschütten, bis es einen dann einmal selbst erwischt hat. Das einzige Vergehen, das sich diese »Idioten« haben zu Schulden kommen lassen, ist häufig, dass sie sich dabei haben erwischen lassen, wie sie beispielsweise in mehr oder weniger angetrunkenen Zustand ein KFZ steuerten.

Oder dass sie z.B. innerhalb einiger Jahre ihr Punktekonto in Flensburg über die Schallgrenze trieben. Auch zumeist nur eine Sache des Erwischtwerdens. Denn eines steht unweigerlich fest: In Deutschland wird nur ein Minibruchteil aller Alkoholfahrten und ein noch kleinere Anteil an Verkehrsvergehen entdeckt und geahndet. Wenn jemand also auf frischer Tat ertappt wird kann man dies als Pech bezeichnen.

Allerdings sollte hier keinesfalls der Eindruck erweckt werden, dass etwa Alkohol am Steuer zu dulden ist.

Warum ist es so schwer, eine MPU erfolgreich zu bestehen? Ganz einfach, Sie bekommen es hier mit Psychologen zu tun. Das ist ein ganz eigenartiger Menschenschlag. Die MPU setzt sich aus zwei Teilen zusammen:

1. Einer medizinischen Untersuchung
2. Einem Gespräch mit einem Psychologen

Entscheidend ist vor allem der zweite Teil, das Gespräch mit dem Psychologen. Der soll nämlich eine Prognose über Ihr zukünftiges Verhalten abgeben. Solange dieser Psychologe einigermaßen unparteiisch ist, dürfte das ok sein, im Widerspruch hierzu jedoch steht, dass dieser seinen Lebensunterhalt fast ausschließlich durch MPU Gutachten bestreitet. Es liegt hier also im vitalen Interesse des Psychologen, dass der Kundenfluss nicht abnimmt.

Als die MPU in Deutschland eingeführt wurde, dachte wohl niemand daran, dass sich Derartiges herausbilden kann. Dazu kam dann, dass schnell einige Monopolisten zuschlugen, die Angelegenheit der MPU in die Hand nahmen und seither ebenfalls gut daran verdienen.

Gehen wir nun einige Einwände gegen die MPU einmal sachlich an, dann ergeben sich Missstände die eigentlich vom Gesetzgeber beseitigt werden müssten:

- Die MPU ist fast gänzlich monopolisiert. Manche sprechen von fast schon mafiaähnlichen Strukturen. Hierfür zuständig ist TÜV und DEKRA.
- Die für die MPU zuständigen Stellen sind ausschließlich wirtschaftlich ausgerichtet. Jährlich werden Millionen Umsätze damit erzielt.
- Die Gutachter können nach Gutsherrenart darüber bestimmen, dass genug Geld hereinkommt. Geht der Umsatz zurück, lässt man einfach mehr durchfallen. Wer durchfällt kann sich ein teures Obergutachten machen lassen. Misslingt das wieder darf er die MPU nochmals machen. Fest steht jedoch, dass jeder der die MPU besteht ein verlorener Kunde ist.
- Wer durchfällt darf ebenfalls die teuren Nachschulungen besuchen. Ein weiterer Zusatzverdienst. Natürlich versucht der TÜV, die Durchgefallenen in eigenen Nachschulungen unterzubringen. So wird der Prüfer gleichzeitig zum Lehrer.
- Es ist zumindest zweifelhaft, ob ein einziges, noch dazu kurzes Gespräch mit einem Psychologen wirklich ausreicht, um eine so weitreichende Entscheidung wie den Entzug der Fahrerlaubnis zu rechtfertigen.
- Die Persönlichkeit des Delinquenten wird durch standardisierte Fragen erforscht. Ein wiederum höchst zweifelhaftes Verfahren.
- Im Bereich des fahrerlaubnisrechtes gibt es praktisch keinen Rechtsschutz.

Es ist also keines Falles so, dass die MPU eine sachliche und unparteiische Prüfung darstellt, vielmehr spielen hier eine ganze Reihe Materieller Interessen mit hinein. Zudem ist das Verfahren groß teils den subjektiven Kriterien des Psychologen unterworfen. Der kann im Prinzip Begründungen herbeiführen wie er will. Ein Einspruch oder Gegendarstellung machen in den allerwenigsten Fällen einen Sinn.

13 | ZWEIT – PASS

WARUM BENÖTIGE ICH EINEN ZWEITPASS ODER EINE ZWEITSTAATSBÜRGERSCHAFT?

Stellen Sie sich vor Sie wachen eines Tages auf und Sie stellen mit Entsetzen fest, dass Ihre so geliebte freie und demokratische Heimat mit allen Vorzügen des freien Kapitalismus oder der sogenannten »Freien Sozialen Marktwirtschaft« sich über Nacht in einen hässlichen, kommunistischen und diktatorischen Staat oder gar in einen diktatorischen und nationalsozialistischen Staat, mit dem Dritten Reich vergleichbar, gewandelt hat. Sie können plötzlich von heute auf morgen nicht mehr die Bücher lesen die Sie gerne lesen möchten, ausländische Zeitungen werden verboten und anstatt RTL und BBC können Sie nur noch das staatliche Propaganda-TV-Programm empfangen.

Sollten Sie sich gegen diese Bevormundung wehren, holt man Sie ohne Haftbefehl einfach ab, und steckt Sie bis zur Besserung in ein Internierungslager. Der Zugang zu jeglichen freien Rechtsanwälten wird Ihnen verwehrt und wann Sie sich schließlich gebessert haben entscheidet ausschließlich ein oberster Militärbefehlshaber, dies kann dann in der Regel zwischen 5-10 Jahre dauern, siehe Chodorkowski, oder vielleicht bessern Sie sich auch nie! Ihnen werden auch jegliche Reisen ins Ausland untersagt und Ihr Reisepass wird Ihnen abgenommen und gegen eine nationale ID Card ausgewechselt mit der Sie sich zwar in Ihrer Heimat ausweisen können aber mit der Sie nirgendwo in der restlichen Welt legal einreisen können, siehe Nordkorea. Diese Szenarien gab es im Dritten Reich, zum Zeitpunkt des Mauerbaus in der dann daraus resultierenden DDR, in Nord- und Südkorea in Vietnam, Russland und Birma (Myanmar) usw.

Sie denken dies gibt es in unserer heutigen Zeit nicht? Da liegen Sie völlig falsch! Jüngstes Beispiel hierfür ist Hongkong. Seit dem 1. Juli 1997 ist Hongkong plötzlich nicht mehr Teil der westlichen freien Welt sondern ist Sonderzone der kommunistischen Chinesischen Volksrepublik. Daraufhin haben 6 Millionen »westliche« Chinesen versucht sich irgendwo in der restlichen Welt einzubürgern.

Nicht nur die Hongkong-Chinesen sondern mittlerweile auch viele US Amerikaner und Europäer kommen zu dem Entschluss, dass es sicherlich in den turbulenten Zeiten von Wirtschafts- und Bankenkrisen nicht von Nachteil sein kann sich hier ein zweites Standbein und eine Lebensversicherung in einem anderen Land aufzubauen. Die Gründe hierfür können sehr vielschichtig sein:

- Vielleicht sind Sie mit Ihrem jetzigen Pass ein Ziel für Terroristen
- Vielleicht sehen Sie die Gefahr dass Ihr Pass eingezogen oder nicht verlängert wird
- Sie haben Angst dass Ihre Grund- und Menschenrechte Ihres bisherigen Staates in Kürze eingeschränkt oder sogar ganz missachtet werden
- Sie befürchten Kapitalkontrollen und Restriktionen Ihres Staates Ihr Kapital frei zu bewegen
- Sie befürchten mit Ihrem jetzigen Pass irgendwelche Restriktionen oder Einreiseverbote in bestimmte Länder (wenn Sie z.B. einen Einreisestempel aus Israel im Pass haben werden Sie sicherlich Probleme bei der Einreise in den Vereinigten Arabischen Emiraten bekommen und umgekehrt)

- Ihr bisheriger Pass benötigt zu viele Visa, Sie können in viele Länder ohne Visa nicht einreisen
- Der Pass Ihres bisherigen Staates ist unbeliebt und Sie bekommen bei jeder Einreise in ein anderes Land erhebliche Schwierigkeiten man behandelt Sie schlecht und Ihr Gepäck wird jedes Mal übergründlich kontrolliert
- Sie können mit Ihrer bisherigen Staatsbürgerschaft nicht dort investieren wo Sie eigentlich wollen und Sie haben Ausfuhrrestriktionen
- Sie werden von Ihrem jetzigen Staat überdurchschnittlich hoch besteuert und ausgebeutet
- Sie werden regelmäßig zum Militärdienst und Militär-Einsätzen herangezogen
- Und viele, viele Gründe mehr…

NORMALE WEGE ZUR ERLANGUNG DER STAATSBÜRGERSCHAFT

Sie können grundsätzlich in den meisten Staaten die Staatsbürgerschaft erlangen durch:

a) Geburt

b) Einbürgerung durch Aufenthalt

c) Heirat

d) Adoption

e) Investment

Da der Erlangung der Staatsbürgerschaft durch Geburt, Heirat oder Adoption eigentlich nicht mehr viel hinzuzufügen ist, außer dass Sie sich um die entsprechende Gesetze und Vorgaben dazu von Ihrem gewünschten Einbürgerungsland bemühen sollten, da diese von Staat zu Staat unterschiedlich sind, beschränken wir uns hier auf die Staatsbürgerschaft durch ein Investment oder durch den entsprechenden vorgeschriebenen Aufenthalt um dann den Antrag auf Einbürgerung stellen zu können, und dass Sie je nach Land heiratswillige und adoptionswillige Personen gegen Bares finden können, muss ich Ihnen auch nicht erklären. Hierbei ist lediglich darauf zu achten, dass Sie den Lieben die Sie heiraten oder adoptieren wollen keine Vollmachten auf Vermögen oder Konten oder sonstigen Besitz ausstellen und lassen Sie sich, wenn möglich eine notarielle Verzichtserklärung ausstellen, dass die entsprechende Person keinerlei Ansprüche an Sie stellen kann und keinerlei Forderungen auf Besitz, Kapital und ein zukünftiges Erbe hat!

Der normale Vorgang bei einer Einbürgerung durch Aufenthalt ist sehr einfach. Sie melden sich einfach an Ihrem bisherigen Wohnsitz ab und melden sich in Ihrem Wunschland wieder offiziell an. Meist dann über ein Daueraufenthaltsvisum das evtl. dann auch an ein Arbeitsvisum gebunden sein kann, sofern Sie noch der Arbeit überhaupt frönen müssen.

Einfacher ist es manchmal für bestimmte gesuchte Berufsgruppen wie Ärzte oder Ingenieure oder auch als Unternehmer die entsprechende Arbeitsplätze schaffen oder auch als Rentner oder Pensionär.

Sollten Sie einen entsprechenden Anwalt, der sich in Ihrem Wunschland auf Einbürgerungen spezialisiert hat, einschalten bzw. irgendeinen anderen Hiwi oder Vermittler auftun, so haben

Sie in vielen Ländern die Möglichkeit die Einreise und den Daueraufenthalt einfach um die vorgeschriebenen Jahre rückzudatieren, so dass Sie auf dem Papier schon bereits die vorgeschriebene Zeit im Land verbracht haben und nun direkt Ihren Antrag auf Einbürgerung stellen können ohne die vorgeschriebenen Aufenthaltszeit wirklich in Ihrem Wunschland absitzen zu müssen. Sollten Sie den kleinen »Schreibfehler« in Ihrem Einbürgerungsantrag nicht zu Ihrem Vorteil nutzen wollen, steht es Ihnen natürlich frei die ganze normale Version einzuschlagen und Ihre vorgeschriebene Wartezeit in Ihrem Wunschland abzusitzen. Es gibt aber in den meisten Ländern genügend Personen die sich auf das Einbringen derartiger »Schreibfehler« in Ihrem Antrag, gegen kleine Gaben, spezialisiert haben.

In vielen Ländern gibt es auch sogenannte Investment-Programme die zur sofortigen Einbürgerung führen können, dazu gehören Brasilien, Argentinien, Dominikanische Republik und andere Staaten. Oft sind derartige Investment-Programme sehr kurzlebig und wechseln je nachdem wie der entsprechende Minister das Amt wechselt. Es ist daher unsinnig irgendwelche spezifischen Programme hier aufzuzählen. Sogar die Republik Österreich hat ein derartiges Gesetzt die eine Einbürgerung bei einer Minimum Investition in der Alpenrepublik von 1 Mio. Euro ermöglicht. Ob diese Summe bereits angehoben wurde konnte leider bis zur Fertigstellung dieses Reportes nicht ergründet werden in Irland sind es 10 Mio. Euro. Die Seychellen hatten ein Programm das nur Insidern bekannt war. Bei einem Investment in Höhe von 10 Mio. US-Dollar garantierte man Ihnen die sofortige Einbürgerung sowie die absolute diplomatische Immunität (wahrscheinlich durften Sie in einer zum Botschaftsgebäude gemachten Villa residieren inkl. Speziellen diplomatischen Berufungen). Ob es dieses unbeschriebene Programm noch gibt ist uns nicht bekannt.

Fakt ist jedoch auch, dass die meisten legalen Einbürgerungs-Programme nach den Anschlägen von 9/11, aufgrund großen Drucks der USA vollständig eingestellt wurden.

Economic Citizenship-der schnellste Weg zu einem zweiten Pass.

Folgende Staaten haben ein legales Economic Citizenship Programm gesetzlich aufgelegt:

St. Kitts & Nevis, Commonwealth of Dominica, Antigua & Barbuda und Grenada.

ST. KITTS UND NEVIS

Investieren Sie in Immobilien und erhalten so einen zweiten Pass von St. Kitts und Nevis.

Es ist relativ einfach diesen Pass zu erhalten. Alles, was Sie tun müssen, ist eine von der Regierung genehmigte Immobilie zu kaufen, die auf entweder St. Kitts oder Nevis für eine Mindestanlage von US $ 400.000 angeboten wird.

Hinzu kommen die Gebühren für die Registrierung sowie die Überprüfung Ihrer Person.

Die Registrierungsgebühren sind wie folgt:

- 50.000 US $ für den Hauptantragsteller,
- US $ 25.000 für einen Ehepartner,
- US $ 25.000 pro Kind unter 18 Jahren,
- US $ 50.000 pro Kind älter als 18 Jahre.

- Darüber hinaus gibt es folgende Due-Diligence-Gebühren: US $ 7.500 für den Hauptantragsteller.
- und 4.000 US $ pro weitere Person.

Alternative zu ihrem Immobilien-Investment-Programm ist eine Spende an die Stiftung der Diversifikation der Zuckerindustrie zu tätigen. Der Spendenbetrag beläuft sich auf Ihre Spende in Höhe von 350.000 US $ für den Hauptantragsteller und bis zu fünf Familienangehörige oder auf US $ 450.000 für den Hauptantragsteller und bis zu sieben Angehörige.

COMMONWEALTH OF DOMINICA

(nicht mit der Dominikanischen Republik zu verwechseln)

Im Gegensatz zu St. Kitts, bietet dieser Saat keine Anlagemöglichkeit in Immobilien an sondern fordert für die Einbürgerung die Teilnahme an einem Spenden-Programm das die Regierung auferlegt hat.

Die Spende wird verwendet um Schulen zu bauen, das Krankenhaus zu renovieren, ein nationales Sportstadion zu bauen, usw.

Der Mindestbeitrag beträgt 100.000 US $ für einen einzelnen Bewerber. Plus US $ 75.000 für Ihren Lebenspartner und weitere 25.000 US $ für jedes Kind unter 18 Jahren.

Hier »spenden« Sie ein Minimum von US $ 250.000 an die National Development Fund (NDF). Die NDF ist eine gemeinnützige Organisation die im Jahr 2006 gegründet wurde und staatlich geförderte Projekte finanziert.

ANTIGUA UND BARBUDA

Hier müssen Sie mindestens ein Minimum von 1,5 Millionen US $ investieren, daher ist dieses Programm relativ teuer und nicht so sehr attraktiv.

GRENADA

Grenada ist das neueste Land in der Karibik das ein wirtschaftliches Staatsbürgerschaft-Programm anbietet.

Eine Economic Citizen Staatsbürgerschaft benötigt hier eine minimale Investition von US $ 250.000 in eine Immobilie oder eine Spende von 200.000 US $ an den Insel Transformation Fund.

Auch sogenannte »Non Citizen« Einbürgerungen wurden eingestellt. Sie waren zwar damals Halter eines Passes aber waren kein Bürger des Staates und durften auch nicht wählen, also auf gut Deutsch gesagt ein Bürger zweiter Klasse, aber man stellte Ihnen einen Reisepass aus, der von einer ausländischen Behörde jedoch nicht von einem vollwertigen Staatsbürger Reisepass dieser Länder unterschieden werden konnte. Dazu gehörten die Staaten Costa Rica, Panama und Uruguay.

Anzumerken ist hier noch, dass es auch grundsätzlich in fast allen Staaten der Erde möglich ist, dass das entsprechende Staatsoberhaupt des jeweiligen Staates eigenständig ad-hoc Einbürgerungen veranlassen und vornehmen kann, dies gilt z.B. für Prominente (siehe Depardieu der von Frankreich nach Russland ging um der bevorstehenden »Reichen-Steuer« im Land der »Froggies« zu entgehen) Präsident Putin hat ihn in nur einem Tag eingebürgert und ihm den Pass persönlich überreicht. Dies gilt genauso für Sportler wie z.B. brasilianische Fußballspieler die dann in Europa, obwohl diese außer »Caipirinha« kein Wort Deutsch oder Englisch sprechen können, sofort eingebürgert werden oder z.B. auch Wissenschaftler wie Einstein und andere die einen Nutzen für den entsprechenden Staat bringen können.

VON DIESES STAATEN WERDEN SIE NIEMALS STAATSBÜGER WERDEN

Eine Einbürgerung und die Ausstellung eines Passes der folgenden Staaten dürfte Ihnen fast unmöglich sein: Fürstentum Liechtenstein, Schweiz, Vatikan, Monako und San Marino. Und nicht unmöglich aber sehr schwierig erweist es sich auch für Thailand und Singapur.

LEGALE EINWANDERUNGS-PROGRAMME

Die typischen Einwanderungsländer wie z.B. Canada, Australien, Südafrika und Neuseeland, haben spezielle Einbürgerungsprogramme die Sie auf der jeweiligen Webseite der entsprechenden Regierungen abrufen können. Starten Sie Ihre Suche über Google und Sie erhalten auch gleich sogenannte Einwanderungsagenturen, die Sie bei Ihren Anträgen betreuen können.

DIE BESTEN RESINDENT-PROGRAMME WELTWEIT

Die besten Voraussetzungen für eine legale Aufenthaltsgenehmigung bieten die folgenden 21 Staaten:

Argentinien, Belize, Brasilien, Kolumbien, Costa Rica, Kroatien, Dominikanische Republik, Ecuador, Frankreich, Guatemala, Irland, Italien, Malaysia, Mexiko, Neuseeland, Nicaragua, Panama, Philippinen, Spanien, Thailand und Uruguay.

Es würde hier jedoch den Rahmen des Buches sprengen, wenn jedes Programm einzeln aufgeführt werden müsste. Sie können jedoch länderspezifische Informationen unter folgenden Webseite erhalten:

www.liveandinvestoverseas.com

DIE 4 BESTEN RESIDENT-PROGRAMME FÜR PENSIONÄRE

Hier bieten sich die folgende Staaten an, wobei in Belize dieses Programm bereits schon ab einem Alter von 45 Jahren beantragt werden kann: Panama, Malaysia, Belize und Ecuador.

Auch hierzu finden Sie unter oben genannter Webseite spezifische Länderinformationen.

WELCHE ANDEREN LEGALEN MÖGLICHKEITEN GIBT ES NOCH EINEN ZWEITPASS MIT STAATSBÜRGERSCHAFT ZU ERHASCHEN

In dem Sie Ihrer Familie zu hochkarätigen Passansprüchen verhelfen. Dazu müssten Sie dafür sorgen, dass zumindest Ihre Kinder in einem Erste-Welt Land auf die Welt kommen, wo die Staatsbürgerschaft durch Geburt vergeben wird.

Dies gilt z.B. für USA, Canada, Neuseeland, Australien und vielleicht zwischenzeitlich noch für andere Staaten.

Die andere Möglichkeit wäre, dass Sie einen Urahnen aus dem entsprechenden Land ausgraben in dem Sie sich einbürgern wollen und den Sie in Ihrem Stammbaum zur Einbürgerung nachweisen können. Dies würde in den folgenden Staaten funktionieren: Deutschland, Irland, Türkei, Lettland, Estland und Litauen. Alles nach dem Motto »Heim ins Reich«.

IRLAND

Wenn einer Ihrer Eltern oder Großeltern in Irland geboren wurde, meinen Glückwünsch, dann sind Sie berechtigt, die irische Staatsbürgerschaft und einen EU-Pass zu beantragen. Alles was Sie tun müssen ist sich in das Geburtsregister eintragen zu lassen. Folgende Dokumente werden für Ihren Einbürgerungsantrag benötigt:

A) Von Ihren irischen geboren Großeltern:

1 Heiratsurkunde (falls zutreffend)

2 Reisepass oder Kopie der Sterbeurkunde

B) Von den Eltern, von denen Sie Ihre irische Abstammung behaupten:

1 Heiratsurkunde (falls zutreffend)

2 Reisepass oder den offiziellen I.D.

3 Wenn verstorben, eine beglaubigte Kopie der Sterbeurkunde

C) Von Ihnen als Antragssteller:

1 Geburtsurkunde

2 Beglaubigte Kopien des Reisepasses oder eines offiziellen I.D.

3 Adressnachweis (Kontoauszug, Stromrechnung)

Die Registrierungsgebühren liegen bei weniger als 200 Euro. Der Registrierungsprozess dauert etwa fünf Monate. Sind Sie einmal registriert, sind Sie ein irischer Bürger und können dann Ihren irischen Reisepass beantragen.

ITALIEN

Die Staatsbürgerschaft durch das Abstammung Programm zu beantragen ist ähnlich wie in Irland.

Kontaktieren Sie hierzu das entsprechende italienische Konsulat.

UNGARN

Ungarn hat in seiner Verfassung die Einbürgerung aller Antragsteller garantiert die eine ungarische Abstammung nachweisen können. Bitte setzen Sie sich mit Ihrem Konsulat in Verbindung.

POLEN

Übersee-Nachkommen aus Polen, haben Anspruch auf Staatsbürgerschaft durch Abstammung. Aber Ihre polnischen Vorfahren müssen aus Polen nach 1918 ausgewandert sein.

Ihre Vorfahren müssen lückenlose Staatsbürgerschaftspapiere von Polen vorweisen können.

GRIECHENLAND

Auch hier können Sie über Ihre Vorfahren eine Einbürgerung erreichen. Männliche Antragsteller sollten hier bitte unbedingt die Wehpflicht der Griechen beachten.

PORTUGAL

Portugal gewährt die Staatsbürgerschaft aller im Ausland geborenen Enkeln portugiesischer Bürger. Darüber hinaus gewährt Portugal Staatsbürgern von Brasilien das Recht auf Portugiesische Staatsbürgerschaft nach drei Jahren legalen Aufenthaltes in Portugal, das entspricht der Hälfte der normalen Aufenthaltszeit.

Spanien reduziert auch den normalen 10-jährigen Mindestaufenthalt zur Beantragung der Staatsbürgerschaft auf nur zwei Jahre für die Bürger von lateinamerikanischen Ländern. Dies ermöglicht somit auch Passanwärtern die Ihre Staatsbürgerschaft aus Südamerika mit Bakschisch erworben haben wieder durch die Hintertür nach Europa zu kommen und einen komplett neuen europäischen Pass zu beantragen.

AUF WELCHEN PASS UND WELCHE STAATSBÜRGERSCHAFT VERZICHTET MAN AM BESTEN

Hierzu gehört an erster Stelle sicherlich die USA. Diese Staatsbürgerschaft bekommen Sie nicht mal mehr los wenn Sie Ihre Dokumente verbrennen.

US Bürger sind ständigen Repressalien und Überwachungen seit 9/11 ausgesetzt und sind auf Ihr Einkommen weltweit steuerpflichtig! D.h. auch wenn der Wohnsitz eines US Bürgers im steuerfreien Monaco wäre, müsste er dennoch seine Einkünfte jährlich an die amerikanischen Steuerbehörden melden und versteuern obwohl er dort ausgewandert und abgemeldet ist! Die Steuerbehörden der USA sind dafür berüchtigt Ihre Steuersünder auch im Ausland zur Strecke zu bringen und bis ans Ende der Welt mit aller Nachgiebigkeit zu verfolgen!

An zweiter Stelle folgt Israel. Aus politischen Gründen möchte ich die Gründe hierfür in diesem Report nicht erläutern.

Und an dritter Stelle kommt Frankreich welches Höchststeuersätze seinen Bürgern zumutet und weshalb auch Depardieu dies als Grund nahm um sich in Russland einbürgern zu lassen und dem Land des Käses den Rücken zu kehren.

Dann gehören zu dieser Kategorie auch prinzipiell alle Staaten dazu die entweder in Bürgerkriege oder sonstige Schandtaten und Menschenrechtsverletzungen verwickelt sind sowie Länder mit deren Pässe man nur eingeschränkt und nur mit Visa reisen kann, zu dieser Gruppe gehören hauptsächlich schwarzafrikanische Pässe und Pässe der Dritten Welt Staaten wie z.B. Bangladesch.

VON WELCHEN STAATEN BEKOMME ICH EINEN PASS UND EINBÜRGERUNG GEGEN CASH

Hierzu gehören die folgenden Staaten in der Preisklasse zwischen 100.000 Euro bis 150.000 Euro:

Argentinien, Paraguay, Belize, Bolivien, Kolumbien, Dominikanische Republik, Ecuador, Guatemala, Honduras und Peru.

Von Angeboten aus Schwarzafrika empfehlen wir Abstand zu nehmen, diese wären u. A. auch Mali, Liberia, Elfenbeinküste, Mosambik etc. Diese Papiere erhalten Sie zwar meist ab 15.000 Euro aufwärts, Sie haben aber damit erhebliche Schwierigkeiten ungehindert zu reisen und Sie haben fast in allen Staaten mit diesen Pässen Visumspflicht was sich als sehr lästig und nervenaufreibend entpuppen kann. Früher wurden derartige Pässe als sogenannte »Banking-Passports« gehandelt und für die Eröffnung anonymer Bankkonten weltweit verwendet. Wir empfehlen Ihnen dies jedoch keines Falles und raten dringend davon ab, da sich die Regularien der Banken zur Kontoeröffnung erheblich verschärft haben und die Chance, dass Sie mit einem derartigen Dokument bei der Konteröffnung oder späteren Kontoführung auffliegen ist relativ groß!!

Zypern, Malta und Österreich nehmen derzeit Einbürgerungen offiziell ab einem Investment im Land von 1 Mio. Euro und mehr vor.

Die oben genannten Preise sind eine Richtlinie, die Preise sind abhängig vom jeweiligen Vermittler, aktueller Gesetzgebung, Regierungskontakte, Nachfrage, etc. Und können daher stark abweichen.

DIE NEUE IDENTITÄT

In den meisten oben aufgeführten Ländern die Ihnen gegen Cash Dokumente ausstellen, können Sie auch eine legale und in manchen Fällen auch nicht ganz so legale Namensänderung vornehmen lassen.

In den meisten Südamerikanischen Staaten kann man bei einer Einbürgerung den Namen der Sprache anpassen lassen. D.h., dass Sie dann aus Dieter Mayer eben dann Diego Gonzales-Mayer werden oder ähnliches. In den südamerikanischen Ländern ist es auch üblich, dass der Name aus einem Doppelnamen besteht, der aus dem Nachnamen der Mutter und des Vaters zusammengesetzt wird.

In diesem Zusammenhang bei Staatsbürgerschaften gegen Cash kommt es durchaus auch mal vor, dass Ihnen auf Wunsch auch eine sogenannte »Wiedergeburt« angeboten wird. Bei dieser Methode wird für Sie mit einer alten Geburtsurkunde eines bereits verstorbenen Staatsbürgers Ihr Pass mit Ihrer Personenbeschreibung beantragt.

Hier die genauere Beschreibung aus dem Bestseller »der Schakal« aus Britannien:

»...........um an einen britischen Pass zu kommen, hatte der Schakal eine Autotour gemacht und kleine Dorffriedhöfe besucht. Bei der St. Markus-Kirche in Sambourne Fishley hatte er den Grabstein eines Alexander Duggan entdeckt, der 1931 zweieinhalbjährig gestorben war. Würde er noch leben, so wäre er jetzt ein paar Monate älter als der Schakal. Bei einem älteren Pfarrer, dem er eine Spende für die Kirchenrenovierung zukommen ließ, erfuhr er, dass die Eltern von Alexander dem Kirchenregister zufolge am 3. April 1929, also vor 30 Jahren, gestorben und auf dem kleinen Friedhof der Gemeinde begraben worden waren.

Wieder in London präsentierte er beim Geburts-, Heirats- und Todesregister eine Visitenkarte die ihn als Partner einer Anwaltskanzlei auswies und er behauptete einen »Erben« zu suchen, nämlich Alexander Duggan. Aus den Büchern ging hervor, dass das Kind am 8. November 1931 bei einem Verkehrsunfall ums Leben gekommen war. Für ein paar Pfund bekam der Schakal Kopien von Geburts- und Sterbeurkunde des Jungen.

In seiner Wohnung füllte er anschließend ein Antragsformular für einen Reisepass aus und setzte darin genau die Daten aus der Geburtsurkunde von Alexander Duggan ein, aber mit seiner eigenen Personalien Beschreibung. Als Beruf gab er Kaufmann an, die Namen der Eltern schrieb er von der Geburtsurkunde ab. Als Referenz nannte er den Pfarrer von der St. Markus Kirche. Die Unterschrift des Pfarrers fälschte er und mit einem selbstgemachten Stempel der Pfarrei den er neben der Unterschrift platzierte sah das ganze amtlich aus. Er schickte die Kopie der Geburtsurkunde, den Antrag und eine Postanweisung an das Passamt und die Sterbeurkunde vernichtete er. Vier Tage später war der neue Pass an seiner Deckadresse angekommen!«

Hierzu wäre noch anzumerken, dass in den angelsächsischen Ländern auch das Postamt Passanträge bearbeitet und entgegen nimmt, was für diese Methode des Schakals natürlich verschiedene Vorteile bringt, die ich Ihnen jedoch hier nicht nennen möchte. Zu diesen Ländern gehören Großbritannien, Irland, Australien und Neuseeland.

Wir raten jedoch dringend davon ab derartiges nachzuahmen da dies sicherlich ein Straftatbestand erfüllen dürfte! Wir haben die Geschichte lediglich zur Vervollständigung des Reportes mit aufgeführt.

Wie Sie Ihren Namen legal in England inh. von nur 24 Stunden ändern lassen können erfahren Sie auf S. 57.

FAKE-DOKUMENTE

Wir haben Kontakt zu einem Hersteller von englischen Dokumenten, hier bekommen Sie Steuererklärungen, Kontoauszüge, Strom- und Gasrechnungen, Telefonrechnungen u.v.m. alles in erstklassiger »original Qualität« aller führenden Firmen und Institutionen.

Außerdem haben wir einen Kontakt zu einem deutschsprachigen Hersteller, hier bekommen Sie Führungszeugnis, Führerschein, Reisepässe (auch EU!) u.v.m. alles in erstklassiger original Qualität. In manchen Fällen können diese sogar amtlich eingetragen werden. Wir haben aus journalistischen Investigativ-Gründen beide Quellen geprüft und getestet und waren von deren »Ware« absolut überzeugt. Beide Kontakte sind schon mehrere Jahre erfolgreich auf dem Markt und Sie können sich hier sicher sein, dass Sie Ihre Bestellung auch ausgeliefert bekommen und nicht irgendwelchen dubiosen afrikanischen Banden oder anderer Mafia ähnlicher Kreaturen zum Opfer fallen, bei denen Sie Ihr Geld dann nach Überweisung in den Wind schreiben können.

Aus Gründen des Quellschutzes können wir diese Kontakte nur gegen einen Schutzbetrag von 199 Euro weitergeben. Dies um sicher zu gehen, dass auch nur wirkliche Interessenten in den Genuss des Kontaktes kommen können und um die Quelle entsprechend zu schützen. Bei Interesse senden Sie mir einfach eine formlose Mail an Dr.Goldmann@publicist.com mit der Bitte um Mitteilung der Kontaktdaten für die Fake-Dokumente. Ich werde Sie dann für den weiteren Ablauf kontaktieren. Sofort nach Zahlungseingang der Schutzgebühr bekommen Sie die Kontakt-Daten übermittelt.

DIE REGIERUNGSKONTAKTE DES AUTORS

Durch langjährige Recherchen und durch seine geschäftliche Tätigkeit hat der Autor Verbindungen und direkte Kontakte zu den verschiedensten Botschaftern, Regierungsmitgliedern, Präsidenten, Parlamentsabgeordneten und Ministern weltweit hergestellt. Es ist dem Autor möglich diese Kontakte zu nutzen um Ihnen Ihren Einbürgerungs-Wunsch in einigen Staaten zu erfüllen. Der Autor weist jedoch ausdrücklich darauf hin, dass er hier nur unentgeltlich vermittelnd tätig wird und weder in die daraus zu resultierenden Geschäfte noch in die Abwicklung oder andere direkte Verbindungen und Handlungen selbst eingebaut werden möchte. Die einzige Aufgabe des Autors dabei ist Ihnen den direkten Kontakt zu entsprechenden Stellen und Personen zu ermöglichen bzw. herzustellen. Die entsprechenden Verhandlungen muss der Leser mit der Kontaktperson selbst führen ohne den Autor hierbei zu involvieren. Unter Beachtung dieser Vorgaben ist der Autor gerne bereit ernsthaften Interessenten mit Kapitalnachweis an entsprechende Stellen und Personen weiterzuvermitteln die Ihnen bei der Erlangung Ihres Wunsches behilflich sein können. Bitte richten Sie hierzu eine formlose Mail an den Autor unter: Dr.Goldmann@publicist.com

Dieses Angebot gilt sowohl für Zweitstaatsbürgerschaften wie auch für die Erlangung einer diplomatischen Position und eines Diplomaten-Passes bzw. die Ernennung zum Konsul, wie in den nachstehenden Kapiteln beschrieben. Die entsprechenden Länder-Liste zu denen Kontakt hergestellt werden kann müssten Sie beim Autor anfragen, da diese sich ständig ändert.

14 | DER DIPLOMATEN – PASS

DER DIPLOMATENSTATUS

Die Beziehungen zwischen verschiedenen Staaten werden durch schriftliche Vereinbarungen und unausgesprochene Regeln bestimmt. Die diplomatischen Beziehungen und deren Regeln und Vorschriften wurden 1961 im Wiener Übereinkommen über Diplomatische Beziehungen festgehalten. Verbindlich ist die Konvention allerdings nur für jene Staaten, deren Repräsentanten die Vereinbarung unterzeichnet haben.

Das Errichten einer Botschaft bedingt eine so genannte »Akkreditierung«, eine Erlaubnis seitens des jeweiligen Staates. Mit der offiziellen Akkreditierung wird dem Personal und den Gebäuden gleichzeitig der Diplomaten-Status verliehen: das Gebäude samt Grundstück werden zu einer Insel bzw. zu einem kleinen Staat im Staat. Nach den Wiener Regeln unterteilt sich das Botschaftspersonal in drei Klassen. Zur ersten Klasse gehören:

- Botschafter
- Minister
- Gesandte
- Chargé d'Affaires

Zur zweiten Klasse gehören die Mitglieder des Botschaftsstabes (Kofferträger, Referenten, Sekretäre o. Ä.). Auch diesen wird die volle diplomatische Immunität gewährt. Die dritte Klasse ist das Personal (Bodyguards, Butler, Fahrer usw.). Hier gibt es eine begrenzte Immunität, die sich nur auf die Arbeitszeit beschränkt.

DER DIPLOMATENPASS

Es gibt drei Arten von Pässen

1. Diplomatenpass
2. Dienstausweis
3. Normaler Pass

Staaten mit einem ernst zu nehmenden, anerkannten Corps stellen in der Regel nur Diplomaten-Pässe an Botschaftsangehörige, die direkt zum Corps gehören, aus. Eine Sekretärin kann durchaus einen Diplomatenpass erhalten, während ein gewöhnlicher Fahrer nur einen Dienstausweis erhält. Benötigen die Botschaftsangehörigen und -angestellten aufgrund einer politischen Situation einen besonderen Schutz, z.B. vor der Willkür des Behördenapparates im Empfängerland, kann natürlich auch dem Gärtner ein Diplomatenpass ausgestellt werden. Der Status kann bei unehrenhaftem Verhalten entzogen werden. Auch ein Gerücht reicht schon (denken Sie an die Story des Schweizer Botschafters in Berlin). Eine »Persona non grata« ist eine Person, die im diplomatischen Dienst unerwünscht ist.

VORTEILE EINES DIPLOMATENPASSES

Die Vorteile ergeben sich zum einen aus der Festlegung der Begrifflichkeit der Immunität, zum anderen aus der Exklusivität.

IMMUNITÄT

So kann es bei einer von der Polizei durchgeführten Kontrolle schon hilfreich sein, wenn man einen Diplomatenpass vorweisen kann, um behaupten zu können, dass das Auto – in dem Sie angetrunken sitzen – ein Hoheitsgebiet sei. Ferner sind Sie sicher vor Durchsuchungen Ihres Gepäcks am Flughafen, auch vor Hausdurchsuchungen.

PRESTIGE

Wenn Sie die Wahl zwischen einem Porsche und einem Diplomatenpass haben, nehmen Sie den Porsche. Wenn Sie den Porsche ohnehin schon fahren, ist ein Diplomatenpass die Krönung. Exotik verführt und man wird sich fragen, was sich hinter Ihnen wirklich verbirgt. Sie vermitteln den Eindruck des Weltmannes, der internationale Beziehungen besitzt. Wissen Sie es geschickt einzusetzen, können Sie Ihren neuen Pass auch geschäftlich nutzen.

SCHUTZ

Natürlich können Sie mit Ihrem Diplomatenpass genauso wie mit einem normalen Reisepass reisen. Besonders bezahlt macht sich das Dokument aber in Staaten, in denen entweder Geld (sprich: Korruption) oder Obrigkeitshörigkeit alles ist. Hier kann Sie das Dokument vor Willkür bewahren. Als Diplomat wird man in Ihnen einen »Übermenschen« sehen. Keiner wird sich mit Ihnen anlegen, denn Sie haben großen Einfluss.

DIE ERLANGUNG EINES DIPLOMATENPASSES

Wenn Sie einen Diplomatenpass, den Diplomaten-Status, ein Konsulat oder den »Lettre de Chancellerie« erlangen wollen, sind Sie auf die Zusammenarbeit mit einem Repräsentanten eines fremden Staates angewiesen. Aber wie erhalten Sie einen Pass, ohne dem Botschafteralltag zu frönen, ohne sich offiziell beim Auswärtigen Amt zu bewerben?

DER OFFIZIELLE WEG

Werden Sie »Diplomat ad hoc« – ein »Situationsdiplomat«.

Nehmen wir an, dass irgendwo eine multinationale Konferenz abgehalten wird. Thema: Die Verschuldung der Dritten Welt und die allgemeine Wirtschaftslage. Alle beteiligten Staaten schicken Delegierte auf diese Konferenz. Einige davon sind sicher Diplomaten. Da es sich um ein Finanzprojekt handelt, ist es aber auch durchaus denkbar, dass ein Mitglied der Delegation ein Bankier ist. Dieser erhält für diese Zeit den »Diplomatenstatus ad hoc«.

Der »Diplomat ad hoc« genießt also die volle diplomatische Immunität, ohne von irgendeiner Regierung als Diplomat akkreditiert worden zu sein. Seine Berufung hängt von der jeweiligen Situation und seiner Aufgabe ab.

ANDERE WEGE

Sollte Ihnen der vorab genannte Weg zu offiziell oder zu unrealistisch erscheinen, nenne ich Ihnen im Folgenden vier Alternativen.

1. Sie kaufen den Pass von einem Vermittler. Seriöse Vermittler haben es nicht nötig, in der Tagespresse zu inserieren, sie verkaufen durch Mundpropaganda. Die Preise liegen zwischen 50.000 und 150.000 Euro. Natürlich ist dieses Vorgehen illegal.
2. Der Außenminister stellt Ihnen das Dokument aus. Vielleicht versuchen Sie es mit einem kleinen Geschenk (ein kleiner Porsche oder so) für den »Genscher von Nepal«. Arme gemäßigte Diktaturen sind für diesen Zweck günstiger als Demokratien. Natürlich ist dieses Vorgehen ebenfalls illegal.
3. Sie lassen sich von einem willigen Staat zum Konsul ernennen. Aufgrund dieses Verdienstes wird man Ihnen unter Umständen auch den Diplomatenpass einer europäischen Nation ausstellen. Fragen Sie bei den Botschaften an. Geld darf dabei natürlich keines fließen.
4. Sie besorgen sich einen »Lettre de Chancellerie«, die Bestätigung eines Konsulates oder einer Botschaft, die belegt, dass Sie im Auftrag der jeweiligen Regierung handeln. So könnte Ihnen z.B. die Botschaft von Myanmar die Bestätigung ausstellen, dass Sie den Auftrag haben, die deutsche Bevölkerung dazu zu bewegen, anstatt Currywurst mit Pommes diese nur noch mit Reis zu essen.

ANERKENNUNG DES DIPLOMATENPASSES

Wenn Sie einen Diplomatenpass einer europäischen Nation oder eines anderen entwickelten Staates in der Hand halten, brauchen Sie sich nicht den Kopf zu zerbrechen. Ihr Dokument hat überall seine Wirkung, auch wenn Sie sich mal nicht im Dienst befinden. Sie können überall hin-reisen, auch in Nationen, die mit dem Staat, dessen Diplomat Sie sind, keine Beziehungen haben.

Probleme kann es geben, wenn es sich um einen diplomatischen Pass eines Staates handelt, der nur von einem einzigen Staat anerkannt wird – z.B. Venda. Dieser Landstrich wird nur von Südafrika als autonomer Staat anerkannt. Taiwan hat ähnliche Probleme. Nur ca. zwanzig Staaten erkennen Taiwan als souveränen Staat an.

WO BEKOMME ICH AM LEICHTESTEN EINEN DIPLOMATENPASS?

In dieser Rubrik möchte ich Sie mit den diplomatischen Gepflogenheiten vertraut machen und Ihnen aufzeigen, wie man Diplomat wird. Dass nicht jedermann in jedem Staat Diplomat werden kann, ist klar. Es ist daher notwendig, bestimmte Staaten mit ähnlichen Anforderungsstrukturen in Gruppen zusammenzufassen. Je nach Ihrem eigenen Profil, sprich »Human Capital«, also Ihrer persönlichen Ausstattung mit Bildung und Ihrem anderen Kapital, müssen Sie die Entscheidung selber treffen. Ich habe Ihnen hier die Staaten in 9 Blöcke eingeteilt:

Block 1

Diese Staaten können Sie eigentlich gleich wieder vergessen, denn hier gibt es keinen Weg, das zu bekommen, was Sie wünschen. Zu dieser Gruppe gehören: Afghanistan, Algerien, Angola, Bulgarien, Volksrepublik China, Kuba, Iran, Libyen, Rumänien, Russland, Ukraine, Vietnam, Nordkorea und Zimbabwe.

Block 2

Diese sind de jure unabhängige Staaten, und sie sind normalerweise auch offen für jede Art von Geschäften. Die »auswärtigen«

Angelegenheiten werden jedoch von anderen Nationen übernommen. Es ist theoretisch zwar möglich, durch diese Staaten in den diplomatischen Status erhoben zu werden, aber in der Realität ist das eher ungewöhnlich. Zu diesen Staaten gehören: Andorra, Bhutan und Liechtenstein.

Block 3

Diese de jure unabhängigen Staaten sind de facto sehr abhängig von anderen Staaten und deren Repräsentanten im Ausland. Es empfiehlt sich, die aktuelle politische Situation in den nachstehend angeführten Kleinstaaten näher zu untersuchen. Diese Staaten sind: Nauru, Palau, Mikronesien und die Marshall-Inseln.

Block 4

Diese Staaten sind durchaus in der Lage, Ihnen den Diplomaten-Status, den Diplomatenpass oder ein Konsulat zu übertragen. Sie wären aber verrückt, diese zu beantragen, wenn Sie kein ergebener Moslem sind. Ferner sollte der Regierungschef des entsprechenden Staates zu Ihren persönlichen Freunden gehören. Nebenbei müssten Sie den Staat auch noch politisch und finanziell unterstützen. Wenn Sie all diese Punkte erfüllen können, dann sollten Sie die folgende Liste genauer betrachten: Bahrain, Komoren, Ägypten, Kuwait, Malediven, Oman, Katar, Saudi-Arabien, Syrien, VAE, Jemen.

Block 5

Diese Staaten ernennen Sie gerne zum Diplomaten, allerdings nur, wenn Sie von einer einflussreichen Unternehmensgruppe unterstützt werden und dieses Geld natürlich im entsprechenden Staat verbleibt. Außerdem wäre es ratsam, einen ortsansässigen

Rechtsanwalt zu konsultieren und ihn mit der Aufgabe zu betrauen, die nötigen Arrangements zu treffen. Zu diesen Staaten gehören: Argentinien, Bolivien, Brasilien, Chile, Kolumbien, Costa Rica, Dominikanische Republik, Ecuador, El Salvador, Guatemala, Haiti, Honduras, Mexiko, Panama, Paraguay, Peru, Uruguay, Venezuela und die »neuen« Oststaaten.

Block 6

Hier handelt es sich um »einwandfreie« Staaten. Traditionell vergibt der Außenminister Konsulate. Allerdings umsonst und nur an Personen, die sich bereits im öffentlichen Leben oder in der Wirtschaft sehr verdient gemacht haben. So z.B. an Unternehmer, die einen Großteil ihrer Geschäfte in dem entsprechenden Staat abwickeln. Wenn Sie glauben, dass Sie diese Voraussetzung erfüllen, empfiehlt sich ein Besuch bei dem akkreditierten Botschafter in Berlin oder in Wien. Wenn dann noch keine diplomatische Vertretung in Ihrer Umgebung zu finden ist, kann der Botschafter unter Umständen Interesse zeigen. Wenn Sie z.B. ein Privatbankier in Port Vila, der Hauptstadt von Vanuatu, sind, dürfte es leicht sein, diese Gespräche erfolgreich führen zu können. Sie könnten dann ein Konsulat des entsprechenden Landes auf Vanuatu übernehmen. Fast alle europäischen Staaten (auch Dänemark, Norwegen, Schweden, Island, Finnland, Österreich, Belgien und Griechenland) und alle größeren Hauptstädte in den USA sind mit Konsulaten ausgestattet. Dänemark bietet hierbei eine Besonderheit: So gestattet es auch Ausländern, eine dänische Vertretung an entsprechenden Orten zu übernehmen. Bleiben wir bei Vanuatu, was heißen würde, dass Sie als Konsul von Dänemark Ihr Konsulat auf Vanuatu eröffnen dürfen.

Block 7

Die hier angeführten Staaten sind bekannt dafür, dass sie für Geld alles verkaufen, auch Regierungsdokumente, Diplomaten-Pässe, Berufung zum Konsul usw. Sie können hier jede Art von Unterstützung anbringen. Vielleicht liefern Sie ja neue Autos für den Regierungspräsidenten, eine Computeranlage für das Rathaus oder Sie geben einfach nur Bargeld her. Es ist aber besser, wenn Sie einen ortsansässigen Rechtsanwalt kontaktieren, der für Sie ein »Bittschreiben« an den Regierungschef richtet. Zu dieser Gruppe zählen: Bangladesch, Kamerun, Ghana, Guinea, Malawi, Niger, Liberia, Senegal, Sierra Leone, Sudan und Togo.

Block 8

Diese Staaten gehören zu den ärmsten der Welt. Das Bruttosozialprodukt pro Kopf liegt bei weniger als 300 Dollar. Während für uns ein paar Tausend Dollar in Europa so gut wie gar nichts sind, ist das für diese Staaten ein Riesenvermögen. Alles was Sie tun müssen, ist, den Botschafter oder einen anderen Vertreter dieser Staaten zu konsultieren. Wenn es um größere Summen geht, sind diese Herren gerne bereit, mit Ihnen »Verkaufsgespräche« zu führen. Benin: Offiziell ist Benin ein marxistisch-leninistischer Staat. Allerdings hat das politische System – sofern man bei Diktatur, Brutalität und Korruption noch von System sprechen kann – sehr wenig mit den Ideen von Lenin oder Marx zu tun. Der Kommunismus wird hier als das uneingeschränkte Recht des Herrschers interpretiert. Es wird das getan, was der Herrscher für richtig hält. Des Weiteren Myanmar: Myanmar ist ein sozialistischer Staat. Ideologien lassen sich immer besser verkaufen als Wahrheiten. Die Wahrheit ist, dass sich das ganze Geschäft auf dem schwarzen Markt – oder besser, auf freiem Markt – abspielt. Die festgesetzten Preise und Abgabemengen der sozialistischen

Möchtegern-Führer werden hier genauso kontrolliert wie die Geschwindigkeitsregelungen auf bundesdeutschen Autobahnen. Äquatorial Guinea: Das jetzige Regime wird sicher froh darüber sein, einen Europäer oder US-Amerikaner zum Diplomaten berufen zu dürfen. Besonders, wenn es dafür die obigen Dollar als »Kostenersatz« gibt.

Block 9

Diese Staaten sind zwar sehr seriös, aber extrem arm, und sie haben eine Reihe von unlösbaren Schwierigkeiten. Die Repräsentanten dieser Staaten werden Ihnen kaum irgendein Dokument verkaufen. Aber wenn Sie ihnen klar machen, dass Sie versuchen, ein Problem zu lösen oder aus der Welt zu schaffen (vielleicht durch Ihren Einfluss, vielleicht durch Ihr Geld), steht Ihrem Diplomaten-Status nichts mehr im Wege. Vor allem, wenn Sie mit internationalen Waren handeln, die für diese Staaten einen sehr hohen Stellenwert haben, z.B. Landmaschinen, Autos, Computer. Laden Sie doch einfach den Minister oder einen anderen hochrangigen Repräsentanten zum Essen ein und erklären Sie ihm, dass Sie den Staat finanziell oder mit der Lieferung von Waren unterstützen wollen. Wenn Sie denken, dass das äußerst kompliziert wäre und dass Sie diplomatisch oder gar mit deutscher Zurückhaltung vorgehen müssten, haben Sie sich geirrt. Sie werden sich wundern, wie offen und freimütig sich mit den Ministern und Repräsentanten verhandeln lässt.

Da diese Staaten nur eine begrenzte Repräsentation im Ausland haben und auch fernab von allen Wirtschaftszentren liegen, wird es Ihnen nicht schwer fallen, als Europäer einen Termin zu bekommen. Man wird froh sein, wieder etwas »Neues« von Ihnen zu hören. Zu diesen Staaten gehören: Cap Verde, Djibouti, Nepal, Sao Tome e Principe (2 Inseln im Golf von Guinea, Hauptstadt: Sao Tome), Vanuatu.

DAS DIPLOMATISCHE KFZ KENNZEICHEN

Diplomaten-Kennzeichen

Kennzeichen für Diplomaten

Diplomatenkennzeichen für ausländische Missionen werden vergeben an:

- Leiter ausländischer diplomatischer Missionen (Botschafter)
- Mitglieder des diplomatischen Personals (Funktionäre in Positionen ähnlich denen des deutschen »höheren Dienstes«)
- Familienangehörige dieser Berechtigungsgruppen, die im selben Haushalt leben, keine deutsche Staatsangehörigkeit besitzen und keine nicht-diplomatische berufliche Tätigkeit ausüben.

Ein Fahrzeug mit diesem Kennzeichen darf nur den o.g. Personen gefahren werden. Es gibt allerdings Ausnahmen: Mitarbeiter des Fahrdienstes einer Botschaft beispielsweise dürfen diese Fahrzeuge fahren (sie selbst gehören meist zum technischen oder Verwaltungspersonal, oder sind gar deutsche Staatsangehörige ohne jeglichen Sonderstatus).

Das Kennzeichen besagt folgendes:

- Dieses Fahrzeug wird geführt von einer Person, die in Deutschland besondere Rechte und Immunitäten genießt.
- Diese Person ist von der deutschen Gerichtsbarkeit (u.U. nur teilweise) entbunden.
- Den Insassen dieses Fahrzeugs ist nötigenfalls bevorzugt Schutz und Hilfe zu gewähren.
- Diesem Fahrzeug ist bei Sicherheitsabsperrungen Durchlass zu gewähren.
- Für dieses Fahrzeug entfallen keine Steuern wie Einfuhrsteuer und Mehrwertsteuer. Sollte das Fahrzeug je an einen nicht-diplomatischen Halter veräußert werden, so ist die Einfuhr- bzw. Mehrwertsteuer zu diesem Zeitpunkt zu entrichten. (Steuernachzahlungen können sogar erhoben werden, wenn das Fahrzeug gestohlen wurde und damit aus dem diplomatischen Dienst ausscheidet!)

DAS WIENER ÜBEREINKOMMEN ÜBER DIPLOMATISCHE BEZIEHUNGEN 1961

veröffentlicht im Bundesgesetzblatt Jahrgang 1964 Teil II Nr. 38, Seite 959 ff.,
ausgegeben zu Bonn am 13. August 1964

Wiener Übereinkommen vom 18. April 1961 über diplomatische Beziehungen

DIE VERTRAGSSTAATEN DES ÜBEREINKOMMENS -
EINGEDENK DESSEN, dass die Völker aller Staaten von alters her die besondere Stellung des Diplomaten anerkannt haben,
IN ANBETRACHT der in der Charta der Vereinten Nationen verkündeten Ziele und Grundsätze in Bezug auf die souveräne Gleichheit der Staaten, die Wahrung des Weltfriedens und der internationalen Sicherheit und auf die Förderung freundschaftlicher Beziehungen zwischen den Nationen,
ÜBERZEUGT, dass ein internationales Übereinkommen über den diplomatischen Verkehr, diplomatische Vorrechte und Immunitäten geeignet ist, ungeachtet der unterschiedlichen Verfassungs- und Sozialordnungen der Nationen zur Entwicklung freundschaftlicher Beziehungen zwischen ihnen beizutragen,
IN DER ERKENNTNIS, dass diese Vorrechte und Immunitäten nicht dem Zweck dienen, einzelne zu bevorzugen, sondern zum Ziel haben, den diplomatischen Missionen als Vertretungen von Staaten die wirksame Wahrnehmung ihrer Aufgaben zu gewährleisten,
UNTER BEKRÄFTIGUNG des Grundsatzes, dass die Regeln des Völkergewohnheitsrechts auch weiterhin für alle Fragen gelten sollen, die nicht ausdrücklich in diesem Übereinkommen geregelt sind -
HABEN FOLGENDES VEREINBART:

Artikel 1

Im Sinne dieses Übereinkommens haben die nachstehenden Ausdrücke folgende Bedeutung:
a) der Ausdruck "Missionschef" bezeichnet die Person, die vom Entsendestaat beauftragt ist, in dieser Eigenschaft tätig zu sein;
b) der Ausdruck "Mitglieder der Mission" bezeichnet den Missionschef und die Mitglieder des Personals der Mission;

c) der Ausdruck "Mitglieder des Personals der Mission" bezeichnet die Mitglieder des diplomatischen Personals, des Verwaltungs- und technischen Personals und des dienstlichen Hauspersonals der Mission;
d) der Ausdruck "Mitglieder des diplomatischen Personals" bezeichnet die in diplomatischem Rang stehenden Mitglieder des Personals der Mission;
e) der Ausdruck "Diplomat" bezeichnet den Missionschef und die Mitglieder des diplomatischen Personals der Mission;
f) der Ausdruck "Mitglieder des Verwaltungs- und technischen Personals" bezeichnet die im Verwaltungs- und technischen Dienst der Mission beschäftigten Mitglieder ihres Personals;
g) der Ausdruck "Mitglieder des dienstlichen Hauspersonals" bezeichnet die als Hausbedienstete bei der Mission beschäftigten Mitglieder des Personals;
h) der Ausdruck "privater Hausangestellter" bezeichnet eine im häuslichen Dienst eines Mitgliedes der Mission beschäftigte Person, die nicht Bediensteter des Entsendestaats ist;
i) der Ausdruck "Räumlichkeiten der Mission" bezeichnet ungeachtet der Eigentumsverhältnisse die Gebäude oder Gebäudeteile und dazugehörige Gelände, die für die Zwecke der Mission verwendet werden, einschließlich der Residenz des Missionschefs.

Artikel 2

Die Aufnahme diplomatischer Beziehungen zwischen Staaten und die Errichtung ständiger diplomatischer Missionen erfolgen in gegen-seitigem Einvernehmen.

Artikel 3

(1) Aufgabe einer diplomatischen Mission ist es unter anderem,
a) den Entsendestaat im Empfangsstaat zu vertreten,
b) die Interessen des Entsendestaats und seiner Angehörigen im Empfangsstaat innerhalb der völkerrechtlich zulässigen Grenzen zu schützen,
c) mit der Regierung des Empfangsstaats zu verhandeln,
d) sich mit allen rechtmäßigen Mitteln über Verhältnisse und Entwicklungen im Empfangsstaat zu unterrichten und darüber an die Regierung des Entsendestaats zu berichten,
e) freundschaftliche Beziehungen zwischen Entsendestaat und Empfangsstaat zu fördern und ihre wirtschaftlichen, kulturellen und wissenschaftlichen Beziehungen auszubauen.
(2) Dieses Übereinkommen ist nicht so auszulegen, als schließe es die Wahrnehmung konsularischer Aufgaben durch eine diplomatische Mission aus.

Artikel 4

(1) Der Entsendestaat hat sich zu vergewissern, dass die Person, die er als Missionschef bei dem Empfangsstaat zu beglaubigen beabsichtigt, dessen Agrément erhalten hat.

(2)Der Empfangsstaat ist nicht verpflichtet, dem Entsendestaat die Gründe für eine Verweigerung des Agréments mitzuteilen.

Artikel 5

(1) Der Entsendestaat kann nach einer Notifikation an die beteiligten Empfangsstaaten die Beglaubigung eines Missionschefs oder gegebenenfalls die Bestellung eines Mitglieds des diplomatischen Personals für mehrere Staaten vornehmen, es sei denn, dass einer der Empfangsstaaten ausdrücklich Einspruch erhebt.

(2) Beglaubigt der Entsendestaat einen Missionschef bei einem oder mehreren weiteren Staaten, so kann er in jedem Staat, in dem der Missionschef nicht seinen ständigen Sitz hat, eine diplomatische Mission unter der Leitung eines Geschäftsträgers *ad interim* errichten.

(3) Ein Missionschef oder ein Mitglied des diplomatischen Personals der Mission kann den Entsendestaat bei jeder internationalen Organisation vertreten.

Artikel 6

Mehrere Staaten können dieselbe Person bei einem anderen Staat als Missionschef beglaubigen, es sei denn, dass der Empfangsstaat Einspruch erheben

Artikel 7

Vorbehaltlich der Artikel 5, 8, 9 und 11 kann der Entsendestaat die Mitglieder des Personals seiner Mission nach freiem Ermessen ernennen. Bei Militär-, Marine- und Luftwaffenattachés kann der Empfangsstaat verlangen, dass ihm ihre Namen vorher zwecks Zustimmung mitgeteilt werden.

Artikel 8

(1) Die Mitglieder des diplomatischen Personals der Mission sollen grundsätzlich Angehörige des Entsendestaats sein.

(2) Angehörige des Empfangsstaats dürfen nur mit dessen Zustimmung zu Mitgliedern des diplomatischen Personals der Mission ernannt werden; die Zustimmung kann jederzeit widerrufen werden.

(3) Der Empfangsstaat kann sich das gleiche Recht in Bezug auf Angehörige eines dritten Staates vorbehalten, die nicht gleichzeitig Angehörige des Entsendestaats sind.

Artikel 9

(1) Der Empfangsstaat kann dem Entsendestaat jederzeit ohne Angabe von Gründen notifizieren, dass der Missionschef oder ein Mitglied des diplomatischen Personals der Mission persona non grata oder dass ein anderes Mitglied des Personals der Mission ihm nicht genehm ist. In diesen Fällen hat der Entsendestaat die betreffende Person entweder abzuberufen oder ihre Tätigkeit bei der Mission zu beenden. Eine Person kann als non grata oder nicht genehm erklärt werden, bevor sie im Hoheitsgebiet des Empfangsstaats eintrifft.

(2) Weigert sich der Entsendestaat oder unterlässt er es innerhalb einer angemessenen Frist, seinen Verpflichtungen auf Grund des Absatzes 1 nachzukommen, so kann der Empfangsstaat es ablehnen, die betreffende Person als Mitglied der Mission anzuerkennen.

Artikel 10

(1) Dem Ministerium für Auswärtige Angelegenheiten oder einem anderen in gegenseitigem Einvernehmen bestimmten Ministerium des Empfangsstaats ist folgendes zu notifizieren:

a) die Ernennung von Mitgliedern der Mission, ihre Ankunft und ihre endgültige Abreisereise oder die Beendigung ihrer dienstlichen Tätigkeit bei der Mission;

b) die Ankunft und die endgültige Abreise eines Familienangehörigen eines Mitglieds der Mission und gegebenenfalls die Tatsache, dass eine Person Familienangehöriger eines Mitglieds der Mission wird oder diese Eigenschaft verliert;

c) die Ankunft und die endgültige Abreise von privaten Hausangestellten, die bei den unter Buchstabe a bezeichneten Personen beschäftigt sind, und gegebenenfalls ihr Ausscheiden aus deren Dienst;

d) die Anstellung und die Entlassung von im Empfangsstaat ansässigen Personen als Mitglied der Mission oder als private Hausangestellte mit Anspruch auf Vorrechte und Immunitäten.

(2) Die Ankunft und die endgültige Abreise sind nach Möglichkeit im Voraus zu notifizieren.

Artikel 11

(1) Ist keine ausdrückliche Vereinbarung über den Personalbestand der Mission getroffen worden, so kann der Empfangsstaat verlangen, dass dieser Bestand in den Grenzen gehalten wird, die er in Anbetracht der bei ihm vorliegenden Umstände und Verhältnisse sowie der Bedürfnisse der betreffenden Mission für angemessen und normal hält.

(2) Der Empfangsstaat kann ferner innerhalb der gleichen Grenzen, aber ohne Diskriminierung, die Zulassung von Bediensteten einer bestimmten Kategorie ablehnen.

Artikel 12

Der Entsendestaat darf ohne vorherige ausdrückliche Zustimmung des Empfangsstaats keine zur Mission gehörenden Büros an anderen Orten als denjenigen einrichten, in denen die Mission selbst ihren Sitz hat.

Artikel 13

(1) Als Zeitpunkt des Amtsantritts des Missionschefs im Empfangsstaat gilt der Tag, an welchem er nach der im Empfangsstaat geübten und einheitlich anzuwendenden Praxis entweder sein Beglaubigungsschreiben überreicht hat oder aber dem Ministerium für Auswärtige Angelegenheiten oder einem anderen in gegenseitigem Einvernehmen bestimmten Ministerium des Empfangsstaats seine Ankunft notifiziert hat und diesem eine formgetreue Abschrift seines Beglaubigungsschreibens überreicht worden ist.

(2) Die Reihenfolge der Überreichung von Beglaubigungsschreiben oder von deren formgetreuen Abschriften richtet sich nach Tag und Zeit der Ankunft des Missionschefs.

Artikel 14

(1) Die Missionschefs sind in folgende drei Klassen eingeteilt:

a) die Klasse der Botschafter oder Nuntien, die bei Staatsoberhäuptern beglaubigt sind, und sonstiger in gleichem Rang stehender Missionschefs;

b) die Klasse der Gesandten, Minister und Internuntien, die bei Staatsoberhäuptern beglaubigt sind;

c) die Klasse der Geschäftsträger, die bei Außenministern beglaubigt sind.

(2) Abgesehen von Fragen der Rangfolge und der Etikette wird zwischen den Missionschefs kein Unterschied auf Grund ihrer Klasse gemacht.

Artikel 15

Die Staaten vereinbaren die Klasse, in welche ihre Missionschefs einzuordnen sind.

Artikel 16

(1) Innerhalb jeder Klasse richtet sich die Rangfolge der Missionschefs nach Tag und Zeit ihres Amtsantritts gemäß Artikel 13.

(2) Änderungen im Beglaubigungsschreiben des Missionschefs, die keine Änderung der Klasse bewirken, lassen die Rangfolge unberührt.

(3) Dieser Artikel lässt die Übung unberührt, die ein Empfangsstaat hinsichtlich des Vorrangs des Vertreters des Heiligen Stuhls angenommen hat oder künftig annimmt.

Artikel 17

Die Rangfolge der Mitglieder des diplomatischen Personals der Mission wird vom Missionschef dem Ministerium für Auswärtige Angelegenheiten oder dem anderen in gegenseitigem Einvernehmen bestimmten Ministerium notifiziert.

Artikel 18

Das in einem Staat beim Empfang von Missionschefs zu befolgende Verfahren muss für jede Klasse einheitlich sein.

Artikel 19

(1) Ist der Posten des Missionschefs unbesetzt oder ist der Missionschef außerstande, seine Aufgaben wahrzunehmen, so ist ein Geschäftsträger ad interim vorübergehend als Missionschef tätig. Den Namen des Geschäftsträgers ad interim notifiziert der Missionschef oder, wenn er dazu außerstande ist, das Ministerium für Auswärtige Angelegenheiten des Entsendestaats dem Ministerium für Auswärtige Angelegenheiten oder dem anderen in gegenseitigem Einvernehmen bestimmten Ministerium des Empfangsstaats.

(2) Ist kein Mitglied des diplomatischen Personals der Mission im Empfangsstaat anwesend, so kann der Entsendestaat mit Zustimmung des Empfangsstaats ein Mitglied des Verwaltungs- und technischen Personals mit der Leitung der laufenden Verwaltungsangelegenheiten der Mission beauftragen.

Artikel 20

Die Mission und ihr Chef sind berechtigt, die Flagge und das Hoheitszeichen des Entsendestaats an den Räumlichkeiten der Mission einschließlich der Residenz des Missionschefs und an dessen Beförderungsmitteln zu führen.

Artikel 21

(1) Der Empfangsstaat erleichtert nach Maßgabe seiner Rechtsvorschriften dem Entsendestaat den Erwerb der für dessen Mission in seinem Hoheitsgebiet benötigten Räumlichkeiten oder hilft ihm, sich auf andere Weise Räumlichkeiten zu beschaffen.

(2) Erforderlichenfalls hilft der Empfangsstaat ferner den Missionen bei der Beschaffung geeigneten Wohnraums für ihre Mitglieder.

Artikel 22

(1) Die Räumlichkeiten der Mission sind unverletzlich. Vertreter des Empfangsstaats dürfen sie nur mit Zustimmung des Missionschefs betreten.

(2) Der Empfangsstaat hat die besondere Pflicht, alle geeigneten Maßnahmen zu treffen, um die Räumlichkeiten der Mission vor jedem Eindringen und jeder Beschädigung zu schützen und um zu verhindern, dass der Friede der Mission gestört oder ihre Würde beeinträchtigt wird.

(3) Die Räumlichkeiten der Mission, ihre Einrichtung und die sonstigen darin befindlichen Gegenstände sowie die Beförderungsmittel der Missi-

on genießen Immunität von jeder Durchsuchung, Beschlagnahme, Pfändung oder Vollstreckung.

Artikel 23

(1) Der Entsendestaat und der Missionschef sind hinsichtlich der in ihrem Eigentum stehenden und der von ihnen gemieteten bzw. gepachteten Räumlichkeiten der Mission von allen staatlichen, regionalen und kommunalen Steuern oder sonstigen Abgaben befreit, soweit diese nicht als Vergütung für bestimmte Dienstleistungen erhoben werden.
(2) Die in diesem Artikel vorgesehene Steuerbefreiung gilt nicht für Steuern und sonstige Abgaben, die nach den Rechtsvorschriften des Empfangsstaats von den Personen zu entrichten sind, die mit dem Entsendestaat oder dem Missionschef Verträge schließen.

Artikel 24

Die Archive und Schriftstücke der Mission sind jederzeit unverletzlich. wo immer sie sich befinden.

Artikel 25

Der Empfangsstaat gewährt der Mission jede Erleichterung zur Wahrnehmung ihrer Aufgaben.

Artikel 26

Vorbehaltlich seiner Gesetze und anderen Rechtsvorschriften über Zonen, deren Betreten aus Gründen der nationalen Sicherheit verboten oder geregelt ist, gewährleistet der Empfangsstaat allen Mitgliedern der Mission volle Bewegungs- und Reisefreiheit in seinem Hoheitsgebiet.

Artikel 27

(1) Der Empfangsstaat gestattet und schützt den freien Verkehr der Mission für alle amtlichen Zwecke. Die Mission kann sich im Verkehr mit der Regierung, den anderen Missionen und den Konsulaten des Entsendestaats, wo immer sie sich befinden, aller geeigneten Mittel einschließlich diplomatischer Kuriere und verschlüsselter Nachrichten bedienen. Das Errichten und Betreiben einer Funksendeanlage ist der Mission jedoch nur mit Zustimmung des Empfangsstaats gestattet.
(2) Die amtliche Korrespondenz der Mission ist unverletzlich. Als »amtliche Korrespondenz« gilt die gesamte Korrespondenz, welche die Mission und ihre Aufgaben betrifft.
(3) Das diplomatische Kuriergepäck darf weder geöffnet noch zurückgehalten werden.
(4) Gepäckstücke, die das diplomatische Kuriergepäck bilden, müssen äußerlich sichtbar als solches gekennzeichnet sein; sie dürfen nur diplomatische Schriftstücke oder für den amtlichen Gebrauch bestimmte Gegenstände enthalten.

(5) Der diplomatische Kurier muss ein amtliches Schriftstück mit sich führen, aus dem seine Stellung und die Anzahl der Gepäckstücke ersichtlich sind, die das diplomatische Kuriergepäck bilden; er wird vom Empfangsstaat bei der Wahrnehmung seiner Aufgaben geschützt. Er genießt persönliche Unverletzlichkeit und unterliegt keiner Festnahme oder Haft irgendwelcher Art.
(6) Der Entsendestaat oder die Mission kann diplomatische Kuriere ad hoc ernennen. Auch in diesen Fällen gilt Absatz 5; jedoch finden die darin erwähnten Immunitäten keine Anwendung mehr, sobald der Kurier das ihm anvertraute diplomatische Kuriergepäck dem Empfänger ausgehändigt hat.
(7) Diplomatisches Kuriergepäck kann dem Kommandanten eines gewerblichen Luftfahrzeugs anvertraut werden, dessen Bestimmungsort ein zugelassener Einreiseflugplatz ist. Der Kommandant muss ein amtliches Schriftstück mit sich führen, aus dem die Anzahl der Gepäckstücke ersichtlich ist, die das Kuriergepäck bilden; er gilt jedoch nicht als diplomatischer Kurier. Die Mission kann eines ihrer Mitglieder entsenden, um das diplomatische Kuriergepäck unmittelbar und ungehindert von dem Kommandanten des Luftfahrzeugs entgegenzunehmen.

Artikel 28

Die Gebühren und Kosten, welche die Mission für Amtshandlungen erhebt, sind von allen Steuern und sonstigen Abgaben befreit.

Artikel 29

Die Person des Diplomaten ist unverletzlich. Er unterliegt keiner Festnahme oder Haft irgendwelcher Art.
Der Empfangsstaat behandelt ihn mit gebührender Achtung und trifft alle geeigneten Maßnahmen, um jeden Angriff auf seine Person, seine Freiheit oder seine Würde zu verhindern.

Artikel 30

(1) Die Privatwohnung des Diplomaten genießt dieselbe Unverletzlichkeit und denselben Schutz wie die Räumlichkeiten der Mission.
(2) Seine Papiere, seine Korrespondenz und - vorbehaltlich des Artikels 31 Abs. 3 - sein Vermögen sind ebenfalls unverletzlich.

Artikel 31

(1) Der Diplomat genießt Immunität von der Strafgerichtsbarkeit des Empfangsstaats. Ferner steht ihm Immunität von dessen Zivil- und Verwaltungsgerichtsbarkeit zu; ausgenommen hiervon sind folgende Fälle:
a) dingliche Klagen in Bezug auf privates, im Hoheitsgebiet des Empfangsstaates gelegenes unbewegliches Vermögen, es sei denn, dass der Diplomat dieses im Auftrag des Entsendestaats für die Zwecke der Mission im Besitz hat;

b) Klagen in Nachlasssachen, in denen der Diplomat als Testamentsvollstrecker, Verwalter, Erbe oder Vermächtnisnehmer in privater Eigenschaft und nicht als Vertreter des Entsendestaats beteiligt ist;
c) Klagen im Zusammenhang mit einem freien Beruf oder einer gewerblichen Tätigkeit, die der Diplomat im Empfangsstaat neben seiner amtlichen Tätigkeit ausübt.
(2) Der Diplomat ist nicht verpflichtet, als Zeuge auszusagen.
(3) Gegen einen Diplomaten dürfen Vollstreckungsmaßnahmen nur in den in Absatz 1 Buchstaben a, b und c vorgesehenen Fällen und nur unter der Voraussetzung getroffen werden, dass sie durchführbar sind, ohne die Unverletzlichkeit seiner Person oder seiner Wohnung zu beeinträchtigen.
(4) Die Immunität des Diplomaten von der Gerichtsbarkeit des Empfangsstaats befreit ihn nicht von der Gerichtsbarkeit des Entsendestaats.

Artikel 32

(1) Auf die Immunität von der Gerichtsbarkeit, die einem Diplomaten oder nach Maßgabe des Artikels 37 einer anderen Person zusteht, kann der Entsendestaat verzichten.
(2) Der Verzicht muss stets ausdrücklich erklärt werden.
(3) Strengt ein Diplomat oder eine Person, die nach Maßgabe des Artikels 37 Immunität von der Gerichtsbarkeit genießt, ein Gerichts-verfahren an, so können sie sich in Bezug auf eine Widerklage, die mit der Hauptklage in unmittelbarem Zusammenhang steht, nicht auf die Immunität von der Gerichtsbarkeit berufen.
(4) Der Verzicht auf die Immunität von der Gerichtsbarkeit in einem Zivil- oder Verwaltungsgerichtsverfahren gilt nicht als Verzicht auf die Immunität von der Urteilsvollstreckung; hierfür ist ein besonderer Verzicht erforderlich.

Artikel 33

(1) Vorbehaltlich des Absatzes 3 ist ein Diplomat in Bezug auf seine Dienste für den Entsendestaat von den im Empfangsstaat geltenden Vorschriften über soziale Sicherheit befreit.
(2) Die in Absatz 1 vorgesehene Befreiung gilt auch für private Hausangestellte, die ausschließlich bei einem Diplomaten beschäftigt sind, sofern sie
a) weder Angehörige des Empfangsstaats noch in demselben ständig ansässig sind und
b) den im Entsendestaat oder in einem dritten Staat geltenden Vorschriften über soziale Sicherheit unterstehen.
(3) Beschäftigt ein Diplomat Personen, auf welche die in Absatz 2 vorgesehene Befreiung keine Anwendung findet, so hat er die Vorschriften

über soziale Sicherheit zu beachten, die im Empfangsstaat für Arbeitgeber gelten.

(4) Die in den Absätzen 1 und 2 vorgesehene Befreiung schließt die freiwillige Beteiligung an dem System der sozialen Sicherheit des Empfangsstaates nicht aus, sofern dieser eine solche Beteiligung zulässt.

(5) Dieser Artikel lässt bereits geschlossene zwei- oder mehrseitige Übereinkünfte über soziale Sicherheit unberührt und steht dem künftigen Abschluss weiterer Übereinkünfte dieser Art nicht entgegen.

Artikel 34

Der Diplomat ist von allen staatlichen, regionalen und kommunalen Personal- und Realsteuern oder -abgaben befreit; ausgenommen hiervon sind

a) die normalerweise im Preis von Waren oder Dienstleistungen enthaltenen indirekten Steuern;

b) Steuern und sonstige Abgaben von privatem, im Hoheitsgebiet des Empfangsstaats gelegenem unbeweglichem Vermögen, es sei denn, dass der Diplomat es im Auftrag des Entsendestaats für die Zwecke der Mission im Besitz hat;

c) Erbschaftssteuern, die der Empfangsstaat erhebt, jedoch vorbehaltlich des Artikels 39 Abs. 4;

d) Steuern und sonstige Abgaben von privaten Einkünften, deren Quelle sich im Empfangsstaat befindet, sowie Vermögenssteuern von Kapitalanlagen in gewerblichen Unternehmen, die im Empfangsstaat gelegen sind;

e) Steuern, Gebühren und sonstige Abgaben, die als Vergütung für bestimmte Dienstleistungen erhoben werden;

f) Eintragungs-, Gerichts-, Beurkundungs-, Beglaubigungs-, Hypotheken- und Stempelgebühren in Bezug auf unbewegliches Vermögen, jedoch vorbehaltlich des Artikels 23.

Artikel 35

Der Empfangsstaat befreit Diplomaten von allen persönlichen Dienstleistungen, von allen öffentlichen Dienstleistungen jeder Art und von militärischen Auflagen wie zum Beispiel Beschlagnahmen, Kontributionen und Einquartierungen.

Artikel 36

(1) Nach Maßgabe seiner geltenden Gesetze und anderen Rechtsvorschriften gestattet der Empfangsstaat die Einfuhr der nachstehend genannten Gegenstände und befreit sie von allen Zöllen, Steuern und ähnlichen Abgaben mit Ausnahme von Gebühren für Einlagerung, Beförderung und ähnliche Dienstleistungen:

a) Gegenstände für den amtlichen Gebrauch der Mission;

b) Gegenstände für den persönlichen Gebrauch des Diplomaten oder eines zu seinem Haushalt gehörenden Familienmitglieds, einschließlich der für seine Einrichtung vorgesehenen Gegenstände.

(2) Der Diplomat genießt Befreiung von der Kontrolle seines persönlichen Gepäcks, sofern nicht triftige Gründe für die Vermutung vorliegen, dass es Gegenstände enthält, für welche die in Absatz 1 erwähnten Befreiungen nicht gelten oder deren Ein- oder Ausfuhr nach dem Recht des Empfangsstaats verboten oder durch Quarantänevorschriften geregelt ist. In solchen Fällen darf die Kontrolle nur in Anwesenheit des Diplomaten oder seines ermächtigten Vertreters stattfinden.

Artikel 37

(1) Die zum Haushalt eines Diplomaten gehörenden Familienmitglieder genießen, wenn sie nicht Angehörige des Empfangsstaats sind, die in den Artikeln 29 bis 36 bezeichneten Vorrechte und Immunitäten.

(2) Mitglieder des Verwaltungs- und technischen Personals der Mission und die zu ihrem Haushalt gehörenden Familienmitglieder genießen, wenn sie weder Angehörige des Empfangsstaats noch in demselben ständig ansässig sind, die in den Artikeln 29 bis 35 bezeichneten Vorrechte und Immunitäten; jedoch sind ihre nicht in Ausübung ihrer dienstlichen Tätigkeit vorgenommenen Handlungen von der in Artikel 31 Abs. 1 bezeichneten Immunität von der Zivil- und Verwaltungsgerichtsbarkeit des Empfangsstaats ausgeschlossen. Sie genießen ferner die in Artikel 36 Abs. 1 bezeichneten Vorrechte in Bezug auf Gegenstände, die anlässlich ihrer Ersteinrichtung eingeführt werden.

(3) Mitglieder des dienstlichen Hauspersonals der Mission, die weder Angehörige des Empfangsstaats noch in demselben ständig an-sässig sind, genießen Immunität in Bezug auf ihre in Ausübung ihrer dienstlichen Tätigkeit vorgenommenen Handlungen, Befreiung von Steuern und sonstigen Abgaben auf ihre Dienstbezüge sowie die in Artikel 33 vorgesehene Befreiung.

(4) Private Hausangestellte von Mitgliedern der Mission genießen, wenn sie weder Angehörige des Empfangsstaats noch in demselben ständig ansässig sind, Befreiung von Steuern und sonstigen Abgaben auf die Bezüge, die sie auf Grund ihres Arbeitsverhältnisses erhalten. Im Übrigen stehen ihnen Vorrechte und Immunitäten nur in dem vom Empfangsstaat zugelassenen Umfang zu. Der Empfangsstaat darf jedoch seine Hoheitsgewalt über diese Personen nur so ausüben, dass er die Mission bei der Wahrnehmung ihrer Aufgaben nicht ungebührlich behindert.

Artikel 38

(1) Soweit der Empfangsstaat nicht zusätzliche Vorrechte und Immunitäten gewährt, genießt ein Diplomat, der Angehöriger dieses Staates

oder in dem-selben ständig ansässig Ist, Immunität von der Gerichtsbarkeit und Unverletzlichkeit lediglich in Bezug auf seine in Ausübung seiner dienstlichen Tätigkeit vorgenommenen Amtshandlungen.

(2) Anderen Mitgliedern des Personals der Mission und privaten Hausangestellten, die Angehörige des Empfangsstaats oder in demselben ständig ansässig sind, stehen Vorrechte und Immunitäten nur in dem vom Empfangsstaat zugelassenen Umfang zu. Der Empfangsstaat darf jedoch seine Hoheitsgewalt über diese Personen nur so ausüben, dass er die Mission bei der Wahrnehmung ihrer Aufgaben nicht ungebührlich behindert.

Artikel 39

(1) Die Vorrechte und Immunitäten stehen den Berechtigten von dem Zeitpunkt an zu, in dem sie in das Hoheitsgebiet des Empfangsstaats einreisen, um dort ihren Posten anzutreten, oder, wenn sie sich bereits in diesem Hoheitsgebiet befinden, von dem Zeitpunkt an, in dem ihre Ernennung dem Ministerium für Auswärtige Angelegenheiten oder dem anderen in gegenseitigem Einvernehmen bestimmten Ministerium notifiziert wird.

(2) Die Vorrechte und Immunitäten einer Person, deren dienstliche Tätigkeit beendet ist, werden normalerweise im Zeitpunkt der Ausreise oder aber des Ablaufs einer hierfür gewährten angemessenen Frist hinfällig; bis zu diesem Zeitpunkt bleiben sie bestehen, und zwar auch im Fall eines bewaffneten Konflikts. In Bezug auf die von der betreffenden Person in Ausübung ihrer dienstlichen Tätigkeit als Mitglied der Mission vorgenommenen Handlungen bleibt jedoch die Immunität auch weiterhin bestehen.

(3) Stirbt ein Mitglied der Mission, so genießen seine Familienangehörigen bis zum Ablauf einer angemessenen Frist für ihre Ausreise weiterhin die ihnen zustehenden Vorrechte und Immunitäten.

(4) Stirbt ein Mitglied der Mission, das weder Angehöriger des Empfangsstaats noch in demselben ständig ansässig ist, oder stirbt ein zu seinem Haushalt gehörendes Familienmitglied, so gestattet der Empfangsstaat die Ausfuhr des beweglichen Vermögens des Verstorbenen mit Ausnahme von im Inland erworbenen Vermögensgegenständen, deren Ausfuhr im Zeitpunkt des Todesfalles verboten war. Von beweglichem Vermögen, das sich nur deshalb im Empfangsstaat befindet, weil sich der Verstorbene als Mitglied der Mission oder als Familienangehöriger eines solchen in diesem Staat aufhielt, dürfen keine Erbschaftssteuern erhoben werden.

Artikel 40

(1) Reist ein Diplomat, um sein Amt anzutreten oder um auf seinen Posten oder in seinen Heimatstaat zurückzukehren, durch das Hoheitsgebiet eines dritten Staates oder befindet er sich im Hoheitsgebiet dieses Staates, der erforderlichenfalls seinen Pass mit einem Sichtvermerk versehen hat, so gewährt ihm dieser Staat Unverletzlichkeit und alle sonstigen für seine sichere Durchreise oder Rückkehr erforderlichen Immunitäten. Das gleiche gilt, wenn Familienangehörige des Diplomaten, denen Vorrechte und Immunitäten zustehen, ihn begleiten oder wenn sie getrennt von ihm reisen, um sich zu ihm zu begeben oder in ihren Heimatstaat zurückzukehren.

(2) Unter den Voraussetzungen des Absatzes 1 dürfen dritte Staaten auch die Reise von Mitgliedern des Verwaltungs- und technischen Personals und des dienstlichen Hauspersonals einer Mission sowie ihrer Familienangehörigen durch ihr Hoheitsgebiet nicht behindern.

(3) Dritte Staaten gewähren in Bezug auf die amtliche Korrespondenz und sonstige amtliche Mitteilungen im Durchgangsverkehr, einschließlich verschlüsselter Nachrichten, die gleiche Freiheit und den gleichen Schutz wie der Empfangsstaat. Diplomatischen Kurieren, deren Pass erforderlichenfalls mit einem Sichtvermerk versehen wurde, und dem diplomatischen Kuriergepäck im Durchgangsverkehr gewähren sie die gleiche Unverletzlichkeit und den gleichen Schutz, die der Empfangsstaat zu gewähren verpflichtet ist.

(4) Die Verpflichtungen dritter Staaten auf Grund der Absätze 1, 2 und 3 gelten gegenüber den in jenen Absätzen bezeichneten Personen sowie in Bezug auf amtliche Mitteilungen und das diplomatische Kuriergepäck auch dann, wenn diese sich infolge höherer Gewalt im Hoheitsgebiet des dritten Staates befinden.

Artikel 41

(1) Alle Personen, die Vorrechte und Immunitäten genießen, sind unbeschadet derselben verpflichtet, die Gesetze und andere Rechtsvorschriften des Empfangsstaats zu beachten. Sie sind ferner verpflichtet, sich nicht in dessen innere Angelegenheiten einzumischen.

(2) Alle Amtsgeschäfte mit dem Empfangsstaat, mit deren Wahrnehmung der Entsendestaat die Mission beauftragt, sind mit dem Ministerium für Auswärtige Angelegenheiten oder dem anderen in gegenseitigem Einvernehmen bestimmten Ministerium des Empfangsstaats zu führen oder über diese zu leiten.

(3) Die Räumlichkeiten der Mission dürfen nicht in einer Weise benutzt werden, die unvereinbar ist mit den Aufgaben der Mission, wie sie in diesem Übereinkommen, in anderen Regeln des allgemeinen Völker-

rechts oder in besonderen, zwischen dem Entsendestaat und dem Empfangsstaat in Kraft befindlichen Übereinkünften niedergelegt sind.

Artikel 42

Ein Diplomat darf im Empfangsstaat keinen freien Beruf und keine gewerbliche Tätigkeit ausüben, die auf persönlichen Gewinn gerichtet sind.

Artikel 43

Die dienstliche Tätigkeit eines Diplomaten wird unter anderem dadurch beendet,

a) dass der Entsendestaat dem Empfangsstaat die Beendigung der dienstlichen Tätigkeit des Diplomaten notifiziert, oder

b) dass der Empfangsstaat dem Entsendestaat notifiziert, er lehne es gemäß Artikel 9 Abs. 2 ab, den Diplomaten als Mitglied der Mission anzuerkennen.

Artikel 44

Auch im Fall eines bewaffneten Konflikts gewährt der Empfangsstaat den Personen, die Vorrechte und Immunitäten genießen und nicht seine Angehörigen sind, sowie ihren Familienmitgliedern ungeachtet ihrer Staatsangehörigkeit, die erforderlichen Erleichterungen, um es ihnen zu ermöglichen, sein Hoheitsgebiet so bald wie möglich zu verlassen. Insbesondere stellt er ihnen im Bedarfsfall die benötigten Beförderungsmittel für sie selbst und ihre Vermögensgegenstände zur Verfügung.

Artikel 45

Werden die diplomatischen Beziehungen zwischen zwei Staaten abgebrochen oder wird eine Mission endgültig oder vorübergehend abberufen,

a) so hat der Empfangsstaat auch im Fall eines bewaffneten Konflikts die Räumlichkeiten, das Vermögen und die Archive der Mission zu achten und zu schützen;

b) so kann der Entsendestaat einem dem Empfangsstaat genehmen dritten Staat die Obhut der Räumlichkeiten, des Vermögens und der Archive der Mission übertragen;

c) so kann der Entsendestaat einem dem Empfangsstaat genehmen dritten Staat den Schutz seiner Interessen und derjenigen seiner Angehörigen übertragen.

Artikel 46

Ein Entsendestaat kann mit vorheriger Zustimmung des Empfangsstaats auf Ersuchen eines im Empfangsstaat nicht vertretenen dritten Staates den zeitweiligen Schutz der Interessen des dritten Staates und seiner Angehörigen übernehmen.

Artikel 47

(1) Bei der Anwendung dieses Übereinkommens unterlässt der Empfangsstaat jede diskriminierende Behandlung von Staaten.

(2) Es gilt jedoch nicht als Diskriminierung,

a) wenn der Empfangsstaat eine Bestimmung dieses Übereinkommens deshalb einschränkend anwendet, weil sie im Entsendestaat auf seine eigene Mission einschränkend angewandt wird;

b) wenn Staaten auf Grund von Gewohnheit oder Vereinbarung einander eine günstigere Behandlung gewähren, als es nach diesem Übereinkommen erforderlich ist.

Artikel 48

Dieses Übereinkommen liegt für alle Mitgliedstaaten der Vereinten Nationen oder Ihrer Sonderorganisationen, für Vertragsstaaten der Satzung des Internationalen Gerichtshofs und für jeden anderen Staat, den die Generalversammlung der Vereinten Nationen einlädt, Vertragspartei des Übereinkommens zu werden, wie folgt zur Unterzeichnung auf: bis zum 31. Oktober 1961 im österreichischen Bundesministerium für Auswärtige Angelegenheiten und danach bis zum 31. März 1962 am Sitz der Vereinten Nationen in New York.

Artikel 49

Dieses Übereinkommen bedarf der Ratifizierung. Die Ratifikationsurkunden sind beim Generalsekretär der Vereinten Nationen zu hinterlegen.

Artikel 50

Dieses Übereinkommen liegt zum Beitritt für jeden Staat auf, der einer der in Artikel 48 bezeichneten vier Kategorien angehört. Die Beitrittsurkunden sind beim Generalsekretär der Vereinten Nationen zu hinterlegen.

Artikel 51

(1) Dieses Übereinkommen tritt am dreißigsten Tag nach Hinterlegung der zweiundzwanzigsten Ratifikations- oder Beitrittsurkunde beim Generalsekretär der Vereinten Nationen in Kraft.

(2) Für jeden Staat, der nach Hinterlegung der zweiundzwanzigsten Ratifikations- und Beitrittsurkunde das Übereinkommen ratifiziert oder ihm beitritt, tritt es am dreißigsten Tag nach Hinterlegung seiner eigenen Ratifikations- oder Beitrittsurkunde in Kraft.

Artikel 52

Der Generalsekretär der Vereinten Nationen notifiziert allen Staaten, die einer der in Artikel 48 bezeichneten vier Kategorien angehören.

a) die Unterzeichnungen dieses Übereinkommens und die Hinterlegung der Ratifikations- oder Beitrittsurkunden gemäß den Artikeln 48, 49 und 50;
b) den Tag, an dem dieses Übereinkommen gemäß Artikel 51 in Kraft tritt.

Artikel 53

Die Urschrift dieses Übereinkommens, dessen chinesischer, englischer, französischer, russischer und spanischer Wortlaut gleicher-maßen verbindlich ist, wird beim Generalsekretär der Vereinten Nationen hinterlegt; dieser übermittelt allen Staaten, die einer der in Artikel 48 bezeichneten vier Kategorien angehören, beglaubigte Abschriften.
ZU URKUND DESSEN haben die unterzeichneten, von ihren Regierungen hierzu gehörig befugten Bevollmächtigten dieses Übereinkommen unterschrieben.
GESCHEHEN zu Wien am 18. April 1961.

Wie Sie aus den vorhergegangenen Ausführungen entnehmen konnten, können Sie zwar gegen entsprechende Verbindungen oder auch gegen Bakschisch sicherlich in den Besitz eines Diplomaten Passes kommen, nur dessen Nutzen wird wohl alleine sehr begrenzt sein! Bitte beachten Sie unbedingt diese Regel:

EIN DIPLOMATEN PASS OHNE AKKREDITIERUNG IM LAND VON DEM SIE IHRE STAATSBÜGERSCHAFT BESITZEN WIRD BEHANDELT WIE EIN NORMLAER REISEPASS DIESES AUSTELLENDEN STAATES OHNE SCHUTZ UND IMMUNITÄTEN FÜR SIE!!!

Dies wissen die wenigstens der sogenannten »Möchtegern Diplomaten«, nehmen Sie diese Warnung daher sehr ernst! Sie handeln sich mit einem nicht akkreditierten Diplomaten Pass aus fernen Ländern in Ihrem Land von dem Sie Staatsbürger sind mehr Ärger ein als es Ihnen Vorteile bringt!

Hier die Aussage eines Regierungsbeamten der zur Handhabung von Diplomatenpässen befragt wurde:

FRAGE: Welche Vorteile hat ein Diplomatenpass?

ANTWORT: »Der Pass alleine hat rechtlich keine Wirkung«, sagt Herr Launsky-Tieffenthal. »Er entfaltet erst seine Wirkung, wenn diese Person in einem Drittstaat als offizieller Vertreter eines Entsendestaates, in diesem Falle Österreich, gemeldet wird oder als Mitglied der Bundesregierung oder Parlamentarier zu offiziellen Verhandlungen in einen Drittstaat reist.« Erst dann entwickle der Diplomatenpass gewisse Rechte, die ursprünglich dem Selbstschutz der Reisenden dienen sollen.

UND HIER EINE WEITERE OFFIZIELLE BESCHREIBUNG ZUM DIPLOMATEN PASS

Deutscher Diplomatenpass (als maschinenlesbares Ausweisdokument):

Der Diplomatenpass ist ein für das grenzüberschreitende Reisen vorgesehener Pass, der üblicherweise nur an Diplomaten sowie an hochrangige Amts- und Mandatsträger, etwa Abgeordnete eines Parlaments oder Ministerialbeamte mit politischer Funktion, ausgegeben wird. Er soll nur für Reisen zu dienstlichen Zwecken verwendet werden. An Reisende im staatlichen Auftrag, die nicht Diplomaten sind und die keine politische Funktion ausüben, werden Dienstpässe ausgegeben.

Mit all diesem Wissen sind Sie der Wahrheit schon mal ein Stückchen näher gekommen, aber die wichtigste Information fehlt Ihnen noch!

Haben Sie sich schon mal überlegt warum ein deutscher Staatsbürger oder ein Staatsbürger eines anderen europäischen Staates plötzlich in seiner Heimat oder innerhalb Europas mit einem Diplomaten Pass aus Fantasia umherreisen sollte? Wäre Ihr Staat, von dem Sie Staatsbürger sind, an Ihnen als Diplomat interessiert, würde er Sie auf eine Diplomatenschule schicken und sie dann als Diplomat offiziell im Namen des Staates einstellen bzw. Ihnen einen Job verschaffen den Sie als deutscher Diplomat im Ausland wahrnehmen könnten oder Sie selbst hätten diesen Weg eingeschlagen.

Nachdem dies aber für Sie wahrscheinlich zu 99,99% nicht zu trifft, können sie auch davon ausgehen, dass Ihr Staat NICHT möchte, dass Sie irgendwelche diplomatische Positionen ausführen oder verwirklichen und schon überhaupt keine welche Ihnen Immunitäten im eigenen Land verschaffen!!! Sonst würde sich »Hinz und Kunz« mit einem Diplomaten Pass vom Ende der Welt straffrei im eigenen Land bewegen können. Deswegen wird Sie Ihr Staat von dem Sie Ihren Reisepass haben und von dem Sie die Staatsbürgerschaft besitzen NIEMALS und NIMMER als irgendeinen Diplomat aus Fantasia oder einem sonstigem Land Anerkennen, von dem Sie zwar einen Diplomatenpass besitzen aber von dem Sie weder akkreditiert noch Staatsbürger dieses Landes sind!

Sondern Ihr Staat wird Sie behandeln wie jeder andere normale 08/15 Staatsbürger und Steuerzahler auch und wird über Ihr diplomatisches Papier aus einem exotischen Staat nur müde lächeln und ggf. Strafanzeige wegen Verstoßes gegen das Passgesetz sowie das Führen unerlaubter Titel und Ehren und das Vortäuschen falscher Tatsachen stellen. Also nochmals für alle »Möchtegern Diplomaten« die dies nicht gerne hören wollen weil Sie Ihren Diplomaten Pass teuer irgendwo erstanden haben:

EIN DIPLOMATEN PASS OHNE AKKREDITIERUNG IST NUTZLOS IM LAND VON DEM SIE IHRE STAATS-BÜRGERSCHAFT BESITZEN!!!

Sie können Ihren Diplomaten Pass dann höchstens noch in einer VIP Disko dem Türsteher zum schnelleren Einlass vorzeigen bzw. in einem VIP Restaurant dem Ober, so dass Sie einen Tisch näher zur örtlichen Prominenz sitzen dürfen, ansonsten können sich das Dokument sonst wo hinstecken.

Dem Autor selbst wurden über 5 Diplomaten Pässe verschiedener Regierungen hinterhergeschmissen nachdem er je einen für das betreffende Land positiven Bericht an entsprechenden Stellen veröffentlichte.

Alle Titelhändler, Vermittler und sonstige Gestalten auf dem grauen Markt werden Ihnen diese Wahrheit sicherlich nicht sagen, da sie sich sonst selbst das Geschäft vernichten würden.

Also, Sie wissen nun, dass ein Diplomaten Pass ohne Akkreditierung fast wertlos ist, stellt sich nun natürlich und logischer weise die Frage:

Wie bekomme ich eine Akkreditierung?

All diese Informationen sind Gegenstand des Wienerübereinkommens über diplomatische Beziehungen.

Um hier nicht unnötig in trockene Gesetzesausdeutungen zu kommen werde ich Ihnen den Sachverhalt der Akkreditierung ganz einfach umgangssprachlich erklären.

In der Praxis verhält es sich normaler Weise so, dass Sie ein Entsendestaat, meist der Staat von dem Sie auch Staatsbürger sind, in den diplomatischen Dienst berufen hat entweder als Parlamentsabgeordneter, als Minister, als Attache, als Konsul oder

Generalkonsul, als Botschafter oder als Sondergesandter für bestimmte Zwecke oder auch nur zeitlich begrenzt für bestimmte Aufgaben oder bestimmte Veranstaltungen.

Dann stellt der Entsendestaat Ihnen einen Diplomaten Pass aus gleichzeitig mit der Ernennung zum Botschafter, Konsul oder zu was auch immer. Hierzu bekommen Sie auch eine Ernennungsurkunde bzw. sind dann auch in der Diplomaten Liste des Entsendestaates vermerkt. Dann reisen Sie im Regierungsauftrag in ein anderes Land oder in den Ihnen zugeordneten Empfangsstaat und haben dort diplomatischen Schutz für den Zeitraum Ihrer Tätigkeit. Sollten Sie mit einer Aufgabe vertraut worden sein als Konsul, Generalkonsul, Botschafter, Attache, Botschaftssekretär oder sonstige Aufgaben in einer Botschaft oder einem Konsulat, so werden Sie vom Außenministerium des Entsendestaates dem Außenministerium des Empfangsstaates gemeldet, dass Sie nun als Botschafter etc. ab einer bestimmten Zeit im Empfangsstaat Ihren Dienst beginnen. Dann übersendet Ihnen das Außenministerium des Empfangsstaates eine Bestätigung welches gleichzeitig auch die Akkreditierung ist.

Grundsätzlich werden vom jeweiligen Botschafter und dem jeweiligen Außenministerium des Entsendestaates dann die Mitarbeiter der Botschaft einfach dem Außenministerium des Empfangsstaates mitgeteilt und dieses bestätigt die jeweilige Person und akkreditiert die besagte Person somit. Da bilateral davon ausgegangen wird, dass vom Außenministerium des Entsendestaates ausschließlich nur sogenannte Persona grata in den Dienst berufen werden und dem Außenministerium des Empfangsstaates mitgeteilt werden, erfolgt hier auch keine weitere Überprüfung der Person, wie es z.B. bei einem Honorarkonsul der das Exequatur beantragen muss, gemacht wird.

Somit können Sie schneller in den Diplomatischen Dienst als Mitarbeiter der Botschaft berufen und akkreditiert werden als wie wenn Sie eine Exequatur als Honorarkonsul beantragen müssen.

Ab dem Moment zu dem Sie im Empfangsstaat offiziell anerkannt wurden haben Sie auch die volle diplomatische Immunität im Empfangsstaat und sind dort auch als Diplomat gelistet.

Sie genießen dann die volle diplomatische Immunität wie im Wiener Übereinkommen über diplomatische Beziehungen vereinbart.

Wenn Sie nun aufmerksam gelesen haben, konnten Sie erfahren, dass Sie NUR und AUSSCHLIESSLICH eine Akkreditierung bekommen wenn Sie STAATSBÜRGER des ENTSENDESTAATES sind!!! Und nicht wenn Sie Staatsbürger des Empfangsstaates sind! Das bedeutet in der Regel in Ihrem Fall ÜBERHAUPT NICHT!!!!

Nochmals für alle Schöndenker: Sie bekommen eine Akkreditierung und die volle diplomatische Immunität nur und ausschließlich als Staatsbürger des Entsendestaates! Wer Ihnen was anderes versucht zu erzählen lügt schlicht und einfach! Und dies bedeutet:

OHNE Akkreditierung auch KEINE Immunitäten!

Ab diesem Punkt spätestens dürfte die diplomatische Reise ins Fantasialand der Diplomaten für mindestens 85% der Möchtegern Diplomaten ausgereist sein.

Wohin geht aber die diplomatische Reise für die restlichen noch 15% der Mitreisenden? Dies ist der absolut harte Kern der sich noch nicht aus dem 1. Klasse Abteil vertreiben ließ. Auf dem Weg zum Ziel bleiben nur noch sehr flexible und kapitalkräftige Reisende übrig! Sollten Sie auch hierzu nicht gehören, können Sie den Zug am nächsten und letzten Bahnhof vor dem Zielbahnhof noch verlassen.

DIE LÖSUNG

Lassen Sie uns nochmals kurz zusammenfassen:

1. Sie können in dem Staat von dem Sie Staatsbürger sind grundsätzlich nicht akkreditiert werden, so lange Sie nicht Staatsbürger des Entsendestaates sind oder Ihr eigener Staat Sie zum Diplomaten macht.
2. Jeder Diplomaten Pass eines anderen Staates ist in dem Land von dem Sie Staatsbürger sind, nur so viel wert wie ein normaler Reisepass des Ausstellungslandes, wenn dieser nicht akkreditiert ist und Sie haben mit einem Diplomatenpass ohne Akkreditierung keinerlei Immunitäten außer Ihr Staat von dem Sie Staatsbürger sind hat Ihnen selbst einen Diplomaten Pass ausgestellt.

Um diese Sachlage nun elegant zu umgehen, haben Sie die folgenden Möglichkeiten um dennoch zu Ihrem ersehnten Diplomaten Pass und noch wichtiger zu Ihrer vollen diplomatischen Immunität zu gelangen.

Zum einen können Sie versuchen mit Ihrem nicht akkreditierten Diplomaten Pass sich nur in einem sogenannten Drittland zu bewegen. Dies bedeutet Sie besitzen einen Diplomaten Pass aus Staat A und sind aber Staatsbürger von Staat B und leben oder bewegen sich aber nur in Staat C mit Diplomaten Pass aus Staat A.

Da Sie nicht Staatsbürger aus Staat C sind wird Staat C Sie grundsätzlich als Diplomat aus Staat A auf der Durchreise akzeptieren, entweder zu Ihrem Zielland oder zurück in Ihren Entsendesaat. Wenn Sie dies durch entsprechende Papiere Ihres Staates der Ihnen den Diplomaten Pass ausgestellt hat unterlegen können umso besser zum Beispiel mit einer Kuriertätigkeit des entsprechenden Innenministerium oder einem bestimmten Schreiben welches Ihre Aufgabe oder Ihren Auftrag genauer erläutert.

Fast kein Drittland wird sie jedoch danach Fragen da es sonst sinnlos wäre Diplomaten zu ernennen, wenn diese jedem Beamten erklären müssten was Ihre Aufgaben sind. Sie werden in der Regel ungehindert passieren können.

Und zum anderen wäre die bessere Alternative hierzu, wenn Sie gleich Staatsbürger des Entsendestaates werden, dann hätten Sie Ihr Ziel zu 100% erfüllt.

Dies können Sie in der Regel nur mit der Hilfe sogenannter Vermittler oder Anwälten mit Regierungskontakten verwirklichen. Sie sollten hierzu wie folgt vorgehen:

Suchen Sie sich ein geeignetes Land, das Sie gerne vertreten möchten. Achten Sie darauf, dass Sie sich nicht irgendeinen Schurkenstaat raussuchen bzw. ein Land das gegen Menschenrechte oder ähnliches verstößt. Suchen Sie nach einem Land das Ihnen bestmöglichste Freiheit bietet und in das Sie im Notfall auch einreisen können um dort zu leben ohne in einen Bürgerkrieg oder ähnliche Probleme verwickelt zu werden. Ebenso sollte Sie auch darauf achten, dass das neue Wunsch Land an Ihren bisherigen Staat aus dem Sie Staatsbürger sind keine Rückmeldung macht, dass Sie eine neue Staatsbürgerschaft beantragt haben, da in den meisten europäischen Staaten keine Zweitstaatsbürgerschaft geduldet wird, was zur Folge hätte, dass Sie Ihre jetzige

Staatsbürgerschaft aufgeben müssten, was nicht sehr sinnvoll wäre, da Sie mit einem europäischen Pass immer noch besser und ungehinderter Reisen können wie mit einem exotischen Diplomaten Pass für den Sie übrigens genauso ein Visa benötigen, wie wenn Sie mit einem normalen Reisepass dieses Staates reisen würden.

Sehr gut eignet sich hier für z.B. die Dominikanische Republik, Paraguay, Uruguay, Argentinien, Brasilien, Chile, Mexiko, Panama, Bolivien, Peru, Ecuador, Cape Verde, Sao Tome, Südpazifik Staaten wie Samoa, Kiribati, Vanuatu und sicherlich noch andere Staaten.

Versuchen Sie durch einen Anwalt der sich auf Regierungskontakte und Einbürgerungen spezialisiert hat die Einbürgerung abzuwickeln. Achten Sie hier unbedingt darauf einen seriösen Anwalt vor Ort zu finden der Ihnen bereits entsprechende Erfolge vorweisen kann und der schon mehrere Jahre seine Kanzlei betreibt. Auch andere Vermittler und Dokumentenbeschaffer sind möglich.

Achten Sie jedoch unbedingt darauf mit wem Sie es hier zu tun haben sonst kann die ganze Angelegenheit schnell zu einer Katastrophe ausarten bei der Sie Ihr Geld und Ihren Namen verlieren können.

Es sollte eventuell zuerst noch geklärt werden was für Möglichkeiten der Einbürgerung es gibt (Bitte lesen Sie hierzu auch unser Kapitel Zweitpass und Staatsbürgerschaft). Grundsätzlich erhalten Sie die Zweitstaatsbürgerschaft durch Heirat, Adoption oder durch Einbürgerung in dem Sie eine bestimmte Zeit in Ihrem gewünschten Land gelebt haben bzw. ein bestimmtes Investment im entsprechenden Land getätigt haben.

Ich möchte hier nur auf die Einbürgerung durch Aufenthalt in Ihrem Wunsch Land eingehen, da dies die gängigste und schnellste Variante von allen ist.

Hierzu gibt es auch wiederum zwei verschiedene Möglichkeiten eingebürgert zu werden. Entweder Sie wählen die offizielle und problemloseste Variante, nämlich in dem Sie Ihren Wohnsitz in das Wunsch Land verlegen und Sie sich in Deutschland oder Ihrem jetzigen Wohnsitz einfach abmelden. Wandern Sie dann mit Sack und Pack á la Johny Reimann aus Hamburg in Ihr Wunsch Land aus und sitzen da Ihre vorgeschriebene Zeit ab (meist 3-5 Jahre) bis Sie dann ganz legal und ohne viel Bakschisch Ihre Einbürgerung ganz offiziell selbst beantragen können. Allerdings sollten Sie hier auch über entsprechende Sprachkenntnisse Ihres Wunsch-Landes verfügen! Sonst wird das ganze nichts!

Oder aber Sie helfen hier etwas mit Spenden oder sonstigen Zugaben nach, in dem dann ein entsprechender Anwalt oder Vermittler vor Ort dafür sorgt, dass Sie eben nicht erst HEUTE in Ihrem Wunsch Land eingewandert sind sondern dort bereits schon seit 3 Jahren ansässig sind und Sie jetzt über Ihren Vermittler die entsprechende Einbürgerung SOFORT beantragen können, da Ihre Einwanderung um 3 Jahre zurückdatiert wurde.

Diesem Vermittler oder Anwalt teilen Sie aber am besten auch gleich Ihre wahre Zielvorstellung mit, nämlich dass Sie sich nicht nur einbürgern lassen möchten, sondern mit der Einbürgerung auch als neuer Staatsbürger einen diplomatischen Posten in Land X haben möchten.

Am besten und sichersten ist ein Posten als Attache oder als sonstiger Mitarbeiter in einer Botschaft. Sollten sie aber auf etwas mehr Prestige Wert legen dann ist sicher eine Ernennung zum Konsul von Vorteil! Hier sind Sie nun Volldiplomat als Konsul und als Staatsbürger des Entsendestaates und genießen so auch die volle diplomatische Immunität also Sie sind KEIN Honorar- oder Wahlkonsul sondern ein Konsul mit voller diplomatischer Immunität da Sie als Staatsbürger des Entsendestaates Ihren Posten ausführen. Für derartige Pakete, also Einbürgerung plus diplomatischer Anstellung sollten Sie von einer Spende an den jeweiligen Staat von einem Minimum von 250-500.000 Euro ausgehen. Bei dieser Summe lässt dann auch gerne der jeweilige Botschafter mit sich sprechen ob Sie Ihren Mercedes oder Rolls nicht auch gleich auf die jeweilige Botschaft anmelden wollen, vorausgesetzt natürlich Sie »leihen« dann Ihre Nobelkarosse auch dem Botschafter für bestimmte Anlässe mal aus, damit dieser bei seinen Kollegen mal richtig auf den Putz hauen kann (besonders beliebt bei schwarzafrikanischen Staaten sowie Südamerikanern).

Dafür erhalten Sie aber auch das absolute TOP Paket und eine absolute Lebensversicherung und Sie haben absolute diplomatische Immunität weltweit!! So können Sie sich mit voller Immunität bewegen ob im Auto, auf Reise oder in Ihrer Residenz! Manchen ist diese Versicherung sehr viel mehr wert als die oben genannte Summe, denn schließlich ist Ihre Freiheit am Schluss unbezahlbar! Dies vor allem in der heutigen Zeit des Überwachungswahns an Flughäfen, Innenstädten, Autobahnen etc., bei der Durchleuchtung Ihrer Privatsphäre bei Banken, Krankenkassen und sonstigen offiziellen Institutionen. Dies ist eine der letzten Möglichkeiten Ihre Privatsphäre einigermaßen zu schützen, allerdings sind nicht mehr allzu viele Staaten bereit Ihnen hierbei behilflich zu sein, denn die Zeiten von Konsul Weyer haben sich leider geändert, aber es gibt sie noch!

Alternativ zu den vorgenannten Möglichkeiten besteht auch der Weg des Diplomaten für eine UN Organisation wahrzunehmen. Dies bedeutet, dass zum Beispiel Staat A Sie als Attache oder jede andere diplomatische Position ernennt, aber nicht für einen bestimmten Empfangsstaat, sondern Sie werden für eine UN Organisation wie der UNESCO in Paris, oder IAFA in Wien oder der FAO in Rom abgesandt. Hier können Sie dann auch als Staatsbürger eines sogenannten Dritt-Staates Diplomat mit voller diplomatischer Immunität werden. Ihr Sende Staat ist Staat A, Sie sind aber nicht Staatsbürger des Staates A sonder des Staates B und sind abgesandt an eine UN Organisation im Staat C. Das heißt Sie haben im Staat C völlige Immunität und genießen alle diplomatischen Vorzüge wie ein Botschafter oder jeder andere Diplomat in diesem Staat auch.

DIE REGIERUNGSKONTAKTE DES AUTORS

Bitte beachten Sie hierzu die Ausführungen unter dem Kapitel Zweit-Pass in diesem Buch.

15 | WIE WERDE ICH HONORAR – KONSUL

WAS BEDEUTET DIE BEZEICHNUNG HONORARKONSUL

Ein Honorar- oder Wahlkonsul ist ein ehrenamtlicher Konsul. Die ebenfalls noch gebräuchliche Bezeichnung Handelskonsul rührt daher, dass ursprünglich vor allem Kaufleute zu ehrenamtlichen Konsuln ernannt wurden, da ihre Tätigkeit vornehmlich der Erleichterung von Handelsbeziehungen diente. Der Honorarkonsul ist ein Ehrenbeamter.

Voraussetzung für seine Ernennung zum Honorarkonsul ist heute, dass der Bewerber nach seiner Persönlichkeit, seiner beruflichen Erfahrung, seiner Stellung im Empfangsstaat, seiner Vertrautheit mit den Verhältnissen in dem für ihn vorgesehenen Fachgebiet und seinen Sprachkenntnissen für das Amt geeignet erscheint. Zu Honorarkonsuln der Bundesrepublik Deutschland können sowohl deutsche als auch Ausländische Staatsbürger ernannt werden.

Der Honorarkonsul ist jedoch zumeist ein Bürger des Empfangsstaates, also des Staates, in dem er die Interessen des Entsendestaates vertritt. Die Arbeit des Honorarkonsuls wird nicht besoldet. Der Honorarkonsul bezieht aber die für seine Amtshandlungen zu erhebenden Gebühren für sich. Der Honorarkonsul genießt regelmäßig nur Amtshandlungsimmunität. Diese gewährt nur im Zusammenhang mit der Wahrnehmung der konsularischen Aufgaben Immunität vor der Strafverfolgung.

Häufig bestehen Zweifel über die Reichweite dieser Amtsimmunität, insbesondere bei Verkehrsdelikten, die im Zusammenhang mit einer Fahrt eines Honorarkonsuls zu einem (angeblichen) Konsulatstermin stehen. Hierbei gilt - entgegen einer weit verbreiteten Ansicht -, dass auch der Honorarkonsul strafrechtliche Immunität besitzt, wenn es sich um Fahrten im Rahmen der Konsulatstätigkeit handelt.

Honorargeneralkonsul oder Honorarkonsul eines fremden Landes zu sein ist ehrenvoll, mühsam und teuer.

Der ausländische »Entsendestaat« ernennt seinen künftigen Vertreter im Empfangsstaat mittels einer Urkunde, nachdem der Kandidat vom Auswärtigen Amt in Berlin und von der jeweiligen Landesregierung »auf Herz und Nieren« untersucht worden ist: polizeiliches Führungszeugnis, Steuerakte, Leumund, schriftliche Beurteilung der Handelskammer, ob der Kandidat Gewähr für »wirtschaftlichen Nutzen« bieten könnte. Wenn alles gut läuft, stellt das Auswärtige Amt die Zulassung für einen Konsul, das Exequatur (lateinisch »er vollziehe!«), aus.

Honorarkonsuln müssen ihre Büro-, Personal- und Betriebskosten (selten weniger als 100 000 Euro pro Jahr) aus eigenen versteuerten Einnahmen aufbringen. Steuer- oder Zollvorteile gibt es nicht.

Honorarkonsuln dürfen am Wagen das begehrte CC-Schild (Corps Consulaire) führen, sind gesellschaftlich angesehen und genießen bei der Ausübung von Hoheitsakten Immunität.

Bei dem Titel »Honorarkonsul« denkt man unweigerlich auch an Hans-Hermann Weyer – den »schönen Konsul«, einen Adoptionsadeligen, der vor allem in den 80er-Jahren mit Titeln, Orden und Ritterschlägen handelte. 670 Konsul-Titel will Weyer vergeben haben (mehr hierzu in Kapitel 11 in diesem Report). Heute hätte ein Konsul Weyer kaum noch eine Chance. Seit 1963 regelt das »Wiener Übereinkommen über konsularische Beziehungen« (WÜK), was ein Konsul ehrenhalber können muss und was er darf. In Deutschland gab es im vergangenen Jahr 456 honorarkonsularische Vertretungen, für Deutschland engagierten sich im Ausland etwa 300 Honorarkonsuln.

Der Vorteil: Stellt Deutschland einen Ehrenkonsul statt eines diplomatischen Konsuls, spart die Bundesrepublik Geld. Das Büro und Angestellte zahlt der Honorarkonsul nämlich aus eigener Tasche, er selbst erhält kein Gehalt. Gleichzeitig hat das Land vor Ort eine Anlaufstation für Deutsche und ist offiziell am wirtschaftlichen und kulturellen Netzwerk zwischen den Ländern beteiligt.

Wer Honorarkonsul werden will, tritt an die Botschaft im jeweiligen Land heran. Sieht diese Bedarf an einer Vertretung, hält die Einrichtung für ein diplomatisches Konsulat aber für zu aufwendig, schlägt sie dem Außenministerium des Gastlandes vor, ein Honorarkonsulat zuzulassen. Der Konsul muss eine der beiden Staatsangehörigkeiten haben und darf natürlich nicht vorbestraft sein. Außerdem soll der Würdenträger nicht materiell von seiner Stellung profitieren - meist handelt es sich bei Honorarkonsuln allerdings um Personen, die sich schon lange auch wirtschaftlich in beiden Ländern engagieren.

Aufregend und glamourös ist der Beruf allerdings nur im Film, denn ein Honorarkonsul schlägt sich mit Pässen, Visa und Beglaubigungen herum (ob sie Pässe ausstellen oder nur an die Botschaft weiterleiten dürfen, hängt von der Abmachung mit der Botschaft ab). Und nur im Rahmen seiner Aufgaben genießt der Konsul Amtsimmunität. Die Aufgaben die ein Honorarkonsul erfüllen muss entnehmen Sie dem Wiener Übereinkommen für konsularische Beziehungen von 1963, welches in Kapitel 4 in diesem Report ausführlich abgedruckt ist.

DER UNTERSCHIED ZWISCHEN EINEM KONSUL UND EINEM HONORARKONSUL

Der Unterschied liegt ganz einfach darin begründet, dass der Konsul ein sogenannter Volldiplomat bzw. Berufsdiplomat ist und ausschließlich Staatsbürger des Entsendestaates sein sollte. Dies bedeutet, dass der Konsul von z.B. Brasilien in Deutschland auch ein brasilianischer Staatsbürger sein sollte. Ein Konsul hat dann somit die gleichen Immunitäten wie ein Botschafter. Die Rangfolge ist wie folgt: Botschafter, Generalkonsul, Konsul und Attaches der verschiedenen Bereiche z.B. Militär, Kultur oder Handel. In der Praxis sind manche Konsule auch innerhalb der Botschaft beschäftigt diese haben lediglich eine andere Aufgabe als die Botschafter. Manche Länder haben jedoch auch selbständige Konsulate oder Generalkonsulate im Empfangsstaat eingerichtet.

Dagegen handelt es sich beim Honorarkonsul meist um einen Staatsbürger des Empfangsstaates, d.h. dass z.B. ein deutscher Staatsbürger in Deutschland Honorarkonsul von Brasilien oder von einem beliebigen anderen Staat ist und dessen Handelsinteressen im Empfangsstaat vertritt. Der Schutz und die Immunitäten für einen Honorar- oder Wahlkonsul sind komplett unterschiedlich zu denen eines Berufskonsuls der Staatsbürger des Entsendestaates sein muss. Die Aufgaben und Immunitäten eines Honorarkonsuls entnehmen Sie bitte dem Wiener Übereinkommen über konsularische Beziehungen von 1963 aus Kapitel 4.

MÖGLICHE AUFGABEN EINES HONORARKONSULS

Aufgaben am Beispiel eines Honorarkonsuls von Ungarn für das Bundesland Baden-Württemberg:

Das Honorarkonsulat der Republik Ungarn nimmt im Rahmen des Völkerrechts auf Weisung der Republik Ungarn die konsularischen Aufgaben in Baden-Württemberg wahr. Der Honorarkonsul wahrt die Interessen der ungarischen Staatsbürger, der Rechtspersonen und Organisationen ohne Rechtspersönlichkeit.

Zu den wichtigsten konsularischen Aufgaben gehören:

a) der Schutz der Interessen des ungarischen Staates und seiner Angehörigen sowie die Förderung der Entwicklung der Beziehungen auf dem Gebiet des Handels, der Wirtschaft, des Fremdenverkehrs, der Kultur und der Wissenschaft

b) die Übernahme der Interessen von minderjährigen und handlungsunfähigen Staatsbürgern der Republik Ungarn im Rahmen der Rechtsvorschriften, insbesondere wenn diese unter Vormundschaft gestellt oder entmündigt werden sollen.

c) die Vertretung ungarischer Staatsbürger vor den Gerichten und anderer Behörden im Rahmen des geltenden Rechts und der Verfahrensregeln oder er veranlasst die notwendigen Maßnahmen um ihre Vertretung sicherzustellen, um deren Rechte und Interessen zu wahren und notfalls einstweilige Verfügungen zu erwirken, sofern sie dies wegen Abwesenheit oder aus anderen Gründen nicht selbst wahrnehmen können.

d) im Bedarfsfalle die Hilfeleistung für Flugzeuge, die in Ungarn registriert sind, und deren Besatzung,

e) die Gewährung von Hilfe und Unterstützung für ungarische Staatsbürger, die in Not geraten sind. Gemäß dem § 69 Abs 2 des ungarischen Verfassungsgesetzes haben die ungarischen Staatsangehörigen jeder Zeit das Recht, nach Ungarn heimzukehren. Das Honorarkonsulat gibt in Abstimmung mit der Botschaft den bedrängten Bürgern Hilfe und Unterstützung, um eine Heimkehr sicherzustellen. Dabei ist zunächst eine technische Hilfe bei der Vorbereitung und Heimkehr zu vollziehen. Geldleistungen erfolgen nur in Sonderfällen und nur mit Zustimmung des Generalkonsulats.

Weitere Aufgaben bestehen in folgenden Amtshandlungen:

1.) Beglaubigungen:

Der Honorarkonsul ist gemäß § 157 des Gesetzes Nr. XLI/191 über die öffentlich bestellten Notare befugt, folgende Beglaubigungen zu erteilen:

a) die Authentizität von Dokumenten, die von Behörden in seinem Konsularbereich oder von ungarischen Behörden ausgestellt wurden,

b) die Authentizität von Unterschriften auf Privatdokumenten, die in Ungarn ausgefertigt worden sind,

c) die Authentizität von Unterschriften und Namenszeichen ungarischer Staatsbürger und juristischer Personen auf Privatdokumenten über Rechtserklärungen oder Rechtsgeschäfte, die im Ausland ausgefertigt worden sind,

d) dass eine Kopie mit einem unter Punkt a) – c) genannten Dokument völlig übereinstimmt.

2.) Immatrikulation

Die Geburt, die Ehe, die Ehescheidung und der Tod eines ungarischen Staatsangehörigen muss jeweils in das ungarische Matrikel eingetragen werden. Wenn ein solches Ereignis in Baden-Württemberg stattfindet, kann die Immatrikulation auch beim Honorarkonsulat beantragt werden.

Notwendige Unterlagen:

Geburt:

- ein ausgefülltes Antragsformular (Formular bei Honorarkonsulat erhältlich),
- deutsche Geburtsurkunde (mit beglaubigter ungarischer Übersetzung),
- die ungarische Geburtsurkunde des ungarischen Elternteils,
- die ungarische Heiratsurkunde der Eltern,
- Ausweisdokument der Eltern (Personalausweis, Reisepass)

Ehe:

- ein ausgefülltes Antragsformular (Formular bei Honorarkonsulat erhältlich),deutsche Heiratsurkunde mit beglaubigter ungarischer Übersetzung,
- ungarische Geburtsurkunde des ungarischen Partners,
- gültiger Reisepass oder gültiger Personalausweis,

- falls eine frühere Ehe geschieden wurde ist die ungarische Heiratsurkunde mit dem Eintrag der Ehescheidung des ungarischen Partners beizufügen.

Ehescheidung:

- Ein ausgefülltes Antragsformular (Formular beim Honorarkonsulat erhältlich),
- rechtskräftiges Urteil über die Scheidung mit beglaubigter Übersetzung,
- Bescheinigung gemäß Artikel 33 bei Entscheidungen in Ehesache (Bestätigung des zuständigen deutschen Gerichts mit beglaubigter ungarischer Übersetzung,
- ungarische Heiratsurkunde,
- ungarische Geburtsurkunde des ungarischen Staatsangehörigen,
- Gültiger Reisepass oder gültiger Personalausweis.
- Falls der Antragsteller die Namensführung nach der Scheidung geändert hat, so ist auch das entsprechende Formular ausgefüllt vorzulegen.

Todesfall:

- Ein ausgefülltes Formular (Formular beim Honorarkonsulat erhältlich),
- deutsche Todesurkunde mit beglaubigter Übersetzung,
- ungarische Geburts- und Heiratsurkunde der verstorbenen Person,
- Reisepass oder Personalausweis der verstorbenen Person.

3.) Einholen von Personenstandsbüchern aus Ungarn

Falls jemand nicht über Geburts-, Heirats-, oder Sterbeurkunde verfügt, können diese über die Konsulate beantragt werden.

Mittels des dafür vorgesehenen Formulars können diese beantragt werden. Dazu ist eine Kopie des gültigen Ausweises des Antragsstellers vorzulegen.

4.) Vorläufiger Reisepass

Falls der Reisepass eines ungarischen Staatsbürgers im Ausland abgelaufen oder verlorengegangen ist und weitere Auslandsreisen nicht aufschiebbar sind, bis ein neuer Reisepass zur Verfügung steht, kann das Honorarkonsulat der betroffenen Person einen vorläufigen Reisepass ausstellen lassen. Der vorläufige Reisepass wird bis Ende der Reise, aber maximal ein Jahr lang gültig sein.

Falls Ungarn das Endreiseziel ist, muss der vorläufige Reisepass innerhalb von fünf Tagen nach Einreise in Ungarn abgegeben werden. Der Antrag auf einen vorläufigen Reisepass ist am Honorarkonsulat persönlich zu stellen.

Folgende Dokumente sind dabei vorzulegen:

- ausgefülltes und unterzeichnetes Antragsformular. Bei Minderjährigen muss das Formular von beiden erziehungsberechtigten Eltern unterschrieben werden.
- Ein Dokument, das die ungarische Staatsbürgerschaft bestätigt: Reisepass, Personalausweis oder gültiges Staatsbürgerschaftszeugnis
- 1 aktuelles Foto
- Protokoll über den Verlust, Beschädigung, oder Vernichtung des Passes

- Ungarische Geburtsurkunde

5.) Angelegenheiten betreffend die Staatsbürgerschaft

a) Antrag auf die Bestätigung der Staatsbürgerschaft

die Bestätigung der ungarischen Staatsbürgerschaft kann durch einen gültigen ungarischen Reisepass, Personalausweis oder ein Staatsbürgerschaftszeugnis, das nicht älter als ein Jahr ist, erfolgen. Personen, die über keine der genannten Dokumente verfügen, und die Staatsangehörigkeit vor den ungarischen oder ausländischen Behörden nachweisen müssen, müssen folgenden Prozess durchführen. Mit dem Zeugnis ist zu bestätigen, dass die ungarische Staatsbürgerschaft besteht, verloren ging oder der Antragssteller keine ungarische Staatsbürgerschaft besitzt.

b) Der Wiedererhalt der ungarische Staatsbürgerschaft mit Antragsstellung

Folgende Personengruppen können die ungarische Staatsbürgerschaft durch Stellung eines Antrags wieder erhalten:

- Personen, denen die Staatsbürgerschaft entzogen wurde
- Personen, die durch ihre deutsche Nationalität bis 1949 nach Deutschland übersiedeln mussten
- Personen, die ihre Staatsbürgerschaft zw. 05.09.1947 - 02.05.1990 niedergelegt haben

c.) Verzicht auf die ungarische Staatsbürgerschaft

- das Verfahren beginnt auf Initiative des Antragsstellers

- der Antragssteller muss im Ausland leben, und darf keinen angemeldeten Wohnsitz in Ungarn haben
- muss über eine ausländische (in diesem Fall die deutsche) Staatsbürgerschaft verfügen

6.) Förderung der Ungarischen Wirtschaft:

- Vertretung der Wirtschaft Ungarns an internationalen Konferenzen, Kongressen und informellen Anlässen,
- Wahrnehmung der Interessen ungarischer Firmen in Baden-Württemberg, Unterstützung der Zusammenarbeit der Trägerorganisationen beider Länder im Bereich Forschung und Entwicklung.
- Erstberatung über ein mögliches Engagement in Ungarn,
- Kontaktanbahnungen in der Region im Interesse ungarischer Unternehmen und Wahrnehmung der Interessen ungarischer Firmen in Baden-Württemberg.
- Erstinformationen über das wirtschaftliche Umfeld an interessierte Unternehmen, Verbänden und Behörden.
- Kontaktpflege zu den deutschen Firmen, die in Ungarn präsent sind.

DAS WIENER ÜBEREINKOMMEN ÜBER KONSULARISCHE BEZIEHUNGEN VON 1963

veröffentlicht im Bundesgesetzblatt Jahrgang 1969 Teil II Nr. 59, Seite 1587 ff.,

ausgegeben zu Bonn am 2. September 1969

Wiener Übereinkommen
vom 24. April 1963 über konsularische Beziehungen

DIE VERTRAGSSTAATEN DES ÜBEREINKOMMENS -

EINGEDENK DESSEN, dass zwischen den Völkern von alters her konsularische Beziehungen aufgenommen worden sind,

IN ANBETRACHT der in der Charta der Vereinten Nationen verkündeten Ziele und Grundsätze in Bezug auf die souveräne Gleichheit der Staaten, die Wahrung des Weltfriedens und der internationalen Sicherheit sowie auf die Förderung freundschaftlicher Beziehungen zwischen den Nationen,

IN DER ERWÄGUNG, dass die Konferenz der Vereinten Nationen über die diplomatischen Beziehungen und Immunität das Wiener Übereinkommen über diplomatische Beziehungen angenommen hat, das am 18. April 1961 zur Unterzeichnung aufgelegt worden ist,

ÜBERZEUGT, dass ein internationales Übereinkommen über konsularische Beziehungen, Vorrechte und Immunitäten ebenfalls geeignet ist, ungeachtet der unterschiedlichen Verfassungs- und Sozialordnungen der Nationen zur Entwicklung freundschaftlicher Beziehungen zwischen ihnen beizutragen,

IN DER ERKENNTNIS, dass diese Vorrechte und Immunitäten nicht dem Zweck dienen, einzelne zu bevorzugen, sondern zum Ziel haben, den konsularischen Vertretungen die wirksame Wahrnehmung ihrer Aufgaben im Namen ihres Staates zu gewährleisten,

UNTER BEKRÄFTIGUNG des Grundsatzes, dass die Regeln des Völkergewohnheitsrechts auch weiterhin für alle Fragen gelten, die nicht ausdrücklich in diesem Übereinkommen geregelt sind -

HABEN FOLGENDES VEREINBART:

Art. 1
Begriffsbestimmungen

(1) Im Sinne dieses Übereinkommens haben die nachstehenden Ausdrücke folgende Bedeutung:

a) der Ausdruck "konsularische Vertretung" bezeichnet jedes Generalkonsulat, Konsulat, Vizekonsulat und jede Konsularagentur;
b) der Ausdruck "Konsularbezirk" bezeichnet das einer konsularischen Vertretung für die Wahrnehmung konsularischer Aufgaben zugeteilte Gebiet;
c) der Ausdruck "Leiter der konsularischen Vertretung" bezeichnet eine Person, die beauftragt ist, in dieser Eigenschaft tätig zu sein;
d) der Ausdruck "Konsularbeamter" bezeichnet jede in dieser Eigenschaft mit der Wahrnehmung konsularischer Aufgaben beauftragte Person einschließlich des Leiters der konsularischen Vertretung;
e) der Ausdruck "Bediensteter des Verwaltungs- oder technischen Personals" bezeichnet jede in dieser Eigenschaft in der konsularischen Vertretung beschäftigte Person;
f) der Ausdruck "Mitglied des dienstlichen Hauspersonals" bezeichnet jede als Hausbediensteter bei einer konsularischen Vertretung beschäftigte Person;
g) der Ausdruck "Mitglieder der konsularischen Vertretung" bezeichnet die Konsularbeamten, die Bediensteten des Verwaltungs- oder technischen Personals und die Mitglieder des dienstlichen Hauspersonals;
h) der Ausdruck "Mitglieder des konsularischen Personals" bezeichnet die Konsularbeamten mit Ausnahme des Leiters der konsularischen Vertretung, die Bediensteten des Verwaltungs- oder technischen Personals und die Mitglieder des dienstlichen Hauspersonals;
i) der Ausdruck "Mitglied des Privatpersonals" bezeichnet eine ausschließlich im privaten Dienst eines Mitglieds der konsularischen Vertretung beschäftigte Person;
j) der Ausdruck "konsularische Räumlichkeiten" bezeichnet ungeachtet der Eigentumsverhältnisse die Gebäude, die ausschließlich für die Zwecke der konsularischen Vertretung benutzt werden;
k) der Ausdruck "konsularische Archive" umfasst alle Papiere, Schriftstücke, Korrespondenzen, Bücher, Filme, Tonbänder und Register der konsularischen Vertretung sowie die Schlüsselmittel und Chiffriergeräte, die Karteien und die zum Schutz oder zur Aufbewahrung derselben bestimmten Einrichtungsgegenstände.
(2) Die Konsularbeamten sind in zwei Kategorien eingeteilt: Berufskonsularbeamte und Wahlkonsularbeamte. Kapitel II gilt für die von Berufskonsularbeamten geleiteten und Kapitel III für die von Wahlkonsularbeamten geleiteten konsularischen Vertretungen.
(3) Die Sonderstellung der Mitglieder konsularischen Vertretungen, die Angehörige des Empfangsstaates oder dort ständig ansässig sind, ist in Artikel 71 geregelt.

Kapitel I
Konsularische Beziehungen im Allgemeinen

Abschnitt I
Aufnahme und Pflege konsularischer Beziehungen

Art. 2
Aufnahme konsularischer Beziehungen

(1) Die Aufnahme konsularischer Beziehungen zwischen Staaten erfolgt in gegenseitigem Einvernehmen.

(2) Die Zustimmung zur Aufnahme diplomatischer Beziehungen zwischen zwei Staaten schließt, sofern keine gegenteilige Feststellung getroffen wird, die Zustimmung zur Aufnahme konsularischer Beziehungen ein.

(3) Der Abbruch diplomatischer Beziehungen hat nicht ohne weiteres den Abbruch konsularischer Beziehungen zur Folge.

Art. 3
Wahrnehmung konsularischer Aufgaben

Die konsularischen Aufgaben werden von konsularischen Vertretungen wahrgenommen. Sie werden auch von diplomatischen Missionen nach Maßgabe dieses Übereinkommens wahrgenommen.

Art. 4
Errichtung einer konsularischen Vertretung

(1) Eine konsularische Vertretung kann im Hoheitsgebiet des Empfangsstaats nur mit dessen Zustimmung errichtet werden.

(2) Sitz, Rang und Konsularbezirk der konsularischen Vertretung werden vom Entsendestaat bestimmt und bedürfen der Genehmigung des Empfangsstaats.

(3) Spätere Änderungen des Sitzes, des Ranges oder des Konsularbezirks der konsularischen Vertretung kann der Entsendestaat nur mit Zustimmung des Empfangsstaats vornehmen.

(4) Die Zustimmung des Empfangsstaats ist ebenfalls erforderlich, wenn ein Generalkonsulat oder ein Konsulat an einem anderen Ort als demjenigen, wo es selbst errichtet ist, ein Vizekonsulat oder eine Konsularagentur zu eröffnen wünscht.

Art. 5
Konsularische Aufgaben

Die konsularischen Aufgaben bestehen darin,

a) die Interessen des Entsendestaats sowie seiner Angehörigen, und zwar sowohl natürlicher als auch juristischer Personen, im Empfangsstaat innerhalb der völkerrechtlich zulässigen Grenzen zu schützen;

b) die Entwicklung kommerzieller, wirtschaftlicher, kultureller und wissenschaftlicher Beziehungen zwischen dem Entsendestaat und dem Empfangsstaat zu fördern und zwischen ihnen auch sonst nach Maßgabe dieses Übereinkommens freundschaftliche Beziehungen zu pflegen;

c) sich mit allen rechtmäßigen Mitteln über Verhältnisse und Entwicklungen im kommerziellen, wirtschaftlichen, kulturellen und wissenschaftlichen Leben des Empfangsstaats zu unterrichten, an die Regierung des Entsendestaats darüber zu berichten und interessierten Personen Auskünfte zu erteilen;

d) den Angehörigen des Entsendestaats Pässe und Reiseausweise und den Personen, die sich in den Entsendestaat zu begeben wünschen, Sichtvermerke oder entsprechende Urkunden auszustellen;

e) den Angehörigen des Entsendestaats, und zwar sowohl natürlichen als auch juristischen Personen, Hilfe und Beistand zu leisten;

f) notarielle, standesamtliche und ähnliche Befugnisse auszuüben sowie bestimmte Verwaltungsaufgaben wahrzunehmen, soweit die Gesetze und sonstigen Rechtsvorschriften des Empfangsstaates dem nicht entgegenstehen;

g) bei Nachlasssachen im Hoheitsgebiet des Empfangsstaats die Interessen von Angehörigen des Entsendestaats, und zwar sowohl natürlicher als auch juristischer Personen, nach Maßgabe der Gesetze und sonstigen Rechtsvorschriften des Empfangsstaats zu wahren;

h) im Rahmen der Gesetze und sonstigen Rechtsvorschriften des Empfangsstaats die Interessen minderjähriger und anderer nicht voll geschäftsfähiger Angehöriger des Entsendestaats zu wahren, insbesondere wenn für sie eine Vormundschaft oder Pflegschaft erforderlich ist;

i) vorbehaltlich der im Empfangsstaat geltenden Gepflogenheiten und Verfahren die Angehörigen des Entsendestaats vor den Gerichten und Behörden des Empfangsstaats zu vertreten oder für ihre angemessene Vertretung zu sorgen, um entsprechend den Gesetzen und sonstigen Rechtsvorschriften des Empfangsstaats vorläufige Maßnahmen zur Wahrung der Rechte und Interessen dieser Staatsangehörigen zu erwirken, wenn diese wegen Abwesenheit oder aus einem anderen Grund ihre Rechte und Interessen nicht selbst rechtzeitig verteidigen können;

j) gerichtliche und außergerichtliche Urkunden zu übermitteln und Rechtshilfeersuchen zu erledigen, soweit dies geltenden internationalen Übereinkünften entspricht oder, in Ermangelung solcher, mit den Gesetzen und sonstigen Rechtsvorschriften des Empfangsstaats vereinbar ist;

k) die in den Gesetzen und sonstigen Rechtsvorschriften des Entsendestaats vorgesehenen Rechte zur Kontrolle und Aufsicht über die See- und Binnenschiffe, welche die Staatszugehörigkeit des Entsendestaats besitzen, und über die in diesem Staat registrierten Luftfahrzeuge sowie über die Besatzungen dieser Schiffe und Luftfahrzeuge auszuüben;

l) den unter Buchstabe k bezeichneten Schiffen und Luftfahrzeugen sowie ihren Besatzungen Hilfe zu leisten, Erklärungen über die Reise dieser Schiffe entgegenzunehmen, Schiffspapiere zu prüfen und zu stempeln, unbeschadet der Befugnisse der Behörden des Empfangsstaats Erhebungen über Vorfälle während der Reise durchzuführen und, soweit dies nach den Gesetzen und sonstigen Rechtsvorschriften des Entsendestaats zulässig ist, Streitigkeiten jeder Art zwischen Kapitän, Offizieren und Mannschaften beizulegen;

m) alle anderen der konsularischen Vertretung vom Entsendestaat zugewiesenen Aufgaben wahrzunehmen, die nicht durch Gesetze und sonstige Rechtsvorschriften des Empfangsstaats verboten sind oder gegen die der Empfangsstaat keinen Einspruch erhebt oder die in den zwischen dem Entsendestaat und dem Empfangsstaat in Kraft befindlichen internationalen Übereinkünften erwähnt sind.

Art. 6
Wahrnehmung konsularischer Aufgaben außerhalb des Konsularbezirks

Unter besonderen Umständen kann ein Konsularbeamter mit Zustimmung des Empfangsstaats seine Aufgaben auch außerhalb seines Konsularbezirks wahrnehmen.

Art. 7
Wahrnehmung konsularischer Aufgaben in einem dritten Staat

Der Entsendestaat kann nach einer Notifikation an die beteiligten Staaten eine in einem Staat errichtete konsularische Vertretung auch mit der Wahrnehmung konsularischer Aufgaben in einem anderen Staat beauftragen, es sei denn, dass einer der beteiligten Staaten ausdrücklich Einspruch erhebt.

Art 8
Wahrnehmung konsularischer Aufgaben für einen dritten Staat

Nach einer angemessenen Notifikation an den Empfangsstaat kann, sofern dieser keinen Einspruch erhebt, eine konsularische Vertretung des Entsendestaats im Empfangsstaat konsularische Aufgaben auch für einen dritten Staat wahrnehmen.

Art. 9
Klassen der Leiter konsularischer Vertretungen

(1) Die Leiter konsularischer Vertretungen sind in folgende vier Klassen eingeteilt:
a) Generalkonsuln,
b) Konsuln,
c) Vizekonsuln,
d) Konsularagenten.

(2) Absatz 1 schränkt das Recht einer Vertragspartei nicht ein, die Amtsbezeichnung derjenigen Konsularbeamten festzusetzen, die nicht Leiter konsularischer Vertretungen sind.

Art. 10
Bestellung und Zulassung von Leitern konsularischer Vertretungen

(1) Die Leiter konsularischer Vertretungen werden vom Entsendestaat bestellt und vom Empfangsstaat zur Wahrnehmung ihrer Aufgaben zugelassen.

(2) Vorbehaltlich dieses Übereinkommens bestimmen sich die Förmlichkeiten der Bestellung und der Zulassung des Leiters einer konsularischen Vertretung nach den Gesetzen und sonstigen Rechtsvorschriften sowie der Übung des Entsendestaats und des Empfangsstaats.

Art. 11
Bestallungsschreiben oder Notifikation der Bestellung

(1) Der Entsendestaat versieht den Leiter einer konsularischen Vertretung mit einer Urkunde in Form eines Bestallungsschreibens oder eines entsprechenden Schriftstücks; die Urkunde wird für jede Bestellung ausgestellt; darin wird seine Eigenschaft bescheinigt und in der Regel sein Name und seine Vornamen, seine Kategorie und seine Klasse, der Konsularbezirk und der Sitz der konsularischen Vertretung angegeben.

(2) Der Entsendestaat übermittelt das Bestallungsschreiben oder das entsprechende Schriftstück auf diplomatischem oder einem anderen geeig-

neten Wege an die Regierung des Staates, in dessen Hoheitsgebiet der Leiter der konsularischen Vertretung seine Aufgaben wahrnehmen soll.

(3) Mit Zustimmung des Empfangsstaats kann der Entsendestaat das Bestallungsschreiben oder das entsprechende Schriftstück durch eine Notifikation ersetzen, welche die in Absatz 1 vorgesehenen Angaben enthält.

Art. 12
Exequatur

(1) Der Leiter einer konsularischen Vertretung wird zur Wahrnehmung seiner Aufgaben durch eine Ermächtigung des Empfangsstaats zugelassen, die unabhängig von ihrer Form als "Exequatur" bezeichnet wird.

(2) Lehnt ein Staat es ab, ein Exequatur zu erteilen, so ist er nicht verpflichtet, dem Entsendestaat die Gründe hierfür mitzuteilen.

(3) Vorbehaltlich der Artikel 13 und 15 kann der Leiter einer konsularischen Vertretung sein Amt nicht antreten, bevor er das Exequatur erhalten hat.

Art. 13
Vorläufige Zulassung des Leiters einer konsularischen Vertretung

Bis zur Erteilung des Exequaturs kann der Leiter einer konsularischen Vertretung zur Wahrnehmung seiner Aufgaben vorläufig zugelassen werden. In diesem Falle findet dieses Übereinkommen Anwendung.

Art. 14
Notifizierung an die Behörden des Konsularbezirks

Sobald der Leiter einer konsularischen Vertretung - wenn auch nur vorläufig - zur Wahrnehmung seiner Aufgaben zugelassen ist, hat der Empfangsstaat sofort die zuständigen Behörden des Konsularbezirks zu unterrichten. Er hat ferner dafür zu sorgen, daß die erforderlichen Maßnahmen getroffen werden, damit der Leiter der konsularischen Vertretung seine dienstlichen Obliegenheiten wahrnehmen und die in diesem Übereinkommen vorgesehene Behandlung genießen kann.

Art. 15
Vorübergehende Wahrnehmung der Aufgaben des Leiters einer konsularischen Vertretung

(1) Ist der Leiter einer konsularischen Vertretung außerstande, seine Aufgaben wahrzunehmen, oder ist sein Posten unbesetzt, so kann ein

anderer vorübergehend als amtierender Leiter der konsularischen Vertretung tätig sein.

(2) Namen und Vornamen des amtierenden Leiters notifiziert die diplomatische Mission des Entsendestaats oder, wenn es eine solche im Empfangsstaat nicht gibt, der Leiter der konsularischen Vertretung oder, wenn dieser verhindert ist, eine zuständige Behörde des Entsendestaats dem Ministerium für Auswärtige Angelegenheiten des Empfangsstaats oder der von diesem Ministerium bezeichneten Behörde. In der Regel hat diese Notifizierung im voraus zu erfolgen. Der Empfangsstaat kann es von seiner Zustimmung abhängig machen, ob er als amtierenden Leiter eine Person zulassen will, die weder Diplomat noch Konsularbeamter des Entsendestaats im Empfangsstaat ist.

(3) Die zuständigen Behörden des Empfangsstaats haben dem amtierenden Leiter Beistand und Schutz zu gewähren. Während seiner Amtsführung wird dieses Übereinkommen auf ihn in gleicher Weise wie auf den Leiter der betreffenden konsularischen Vertretung angewendet, jedoch braucht der Empfangsstaat dem amtierenden Leiter diejenigen Erleichterungen, Vorrechte und Immunitäten nicht zu gewähren, die der Leiter der konsularischen Vertretung nur auf Grund von Voraussetzungen genießt, die der amtierende Leiter nicht erfüllt.

(4) Bestellt unter den in Absatz 1 erwähnten Umständen der Entsendestaat ein Mitglied des diplomatischen Personals seiner diplomatischen Mission im Empfangsstaat zum amtierenden Leiter der konsularischen Vertretung, so genießt dieser weiterhin diplomatische Vorrechte und Immunitäten, falls der Empfangsstaat keinen Einspruch erhebt.

Art. 16
Rangfolge der Leiter konsularischer Vertretungen

(1) Innerhalb jeder Klasse richtet sich die Rangfolge der Leiter konsularischer Vertretungen nach dem Tag, an dem ihnen das Exequatur erteilt worden ist.

(2) Ist jedoch der Leiter einer konsularischen Vertretung vor der Erteilung des Exequaturs zur Wahrnehmung seiner Aufgaben vorläufig zugelassen worden, so richtet sich seine Rangfolge nach dem Tag der vorläufigen Zulassung; diese Rangfolge bleibt nach Erteilung des Exequaturs erhalten.

(3) Haben zwei oder mehr Leiter konsularischer Vertretungen das Exequatur oder die vorläufige Zulassung an demselben Tag erhalten, so richtet sich die Rangfolge zwischen ihnen nach dem Tag, an welchem

dem Empfangsstaat ihr Bestallungsschreiben oder das entsprechende Schriftstück vorgelegt worden oder die in Artikel 11 Absatz 3 vorgesehene Notifikation bei ihm eingegangen ist.

(4) Amtierende Leiter konsularischer Vertretungen sind allen Leitern konsularischer Vertretungen in der Rangfolge nachgeordnet. Zwischen ihnen richtet sich die Rangfolge nach dem Tag, an dem sie, wie in der Notifikation nach Artikel 15 Absatz 2 angegeben, ihre Aufgaben als amtierender Leiter übernommen haben.

(5) Wahlkonsularbeamte, die konsularische Vertretungen leiten, sind innerhalb jeder Klasse den Berufskonsularbeamten, die Leiter konsularischer Vertretungen sind, in der Rangfolge nachgeordnet; zwischen ihnen richtet sich die Rangfolge nach den vorstehenden Absätzen.

(6) Leiter konsularischer Vertretungen stehen in der Rangfolge vor Konsularbeamten, die nicht diese Stellung haben.

Art. 17
Vornahme diplomatischer Amtshandlungen durch Konsularbeamte

(1) In einem Staat, wo der Entsendestaat weder eine diplomatische Mission unterhält noch durch die diplomatische Mission eines dritten Staates vertreten ist, kann mit Zustimmung des Empfangsstaats ein Konsularbeamter beauftragt werden, diplomatische Amtshandlungen vorzunehmen, ohne dass dies seine Stellung als Konsularbeamten berührt. Die Vornahme solcher Amtshandlungen durch einen Konsularbeamten verleiht diesem keinen Anspruch auf diplomatische Vorrechte und Immunitäten.

(2) Ein Konsularbeamter kann nach einer Notifikation an den Empfangsstaat den Entsendestaat bei jeder zwischenstaatlichen Organisation vertreten. Handelt er in dieser Eigenschaft, so hat er Anspruch auf alle Vorrechte und Immunitäten, die einem Vertreter bei einer zwischenstaatlichen Organisation auf Grund des Völkergewohnheitsrechts oder internationaler Übereinkünfte zustehen; soweit er jedoch konsularische Aufgaben wahrnimmt, hat er keinen Anspruch auf eine weitergehende Immunität von der Gerichtsbarkeit, als einem Konsularbeamten auf Grund dieses Übereinkommens zusteht.

Art. 18
Bestellung derselben Person zum Konsularbeamten durch zwei oder mehr Staaten

Zwei oder mehr Staaten können mit Zustimmung des Empfangsstaats dieselbe Person zum Konsularbeamten in diesem Staat bestellen.

Art. 19
Bestellung der Mitglieder des konsularischen Personals

(1) Vorbehaltlich der Artikel 20, 22 und 23 bestellt der Entsendestaat die Mitglieder des konsularischen Personals nach freiem Ermessen.

(2) Namen und Vornamen, Kategorie und Klasse aller Konsularbeamten, die nicht Leiter einer konsularischen Vertretung sind, notifiziert der Entsendestaat dem Empfangsstaat so rechtzeitig, dass dieser, falls er es wünscht, die ihm in Artikel 23 Absatz 3 gewährten Rechte ausüben kann.

(3) Der Entsendestaat kann, wenn es seine Gesetze und sonstigen Rechtsvorschriften erfordern, den Empfangsstaat bitten, einem Konsularbeamten, der nicht Leiter einer konsularischen Vertretung ist, ein Exequatur zu erteilen.

(4) Der Empfangsstaat kann, wenn es seine Gesetze und sonstigen Rechtsvorschriften erfordern, einem Konsularbeamten, der nicht Leiter einer konsularischen Vertretung ist, ein Exequatur erteilen.

Art. 20
Personalbestand der konsularischen Vertretung

Ist keine ausdrückliche Vereinbarung über den Personalbestand der konsularischen Vertretung getroffen worden, so kann der Empfangsstaat verlangen, dass dieser Bestand in den Grenzen gehalten wird, die er in Anbetracht der im Konsularbezirk vorliegenden Umstände und Verhältnisse sowie der Bedürfnisse der betreffenden konsularischen Vertretung für angemessen und normal hält

Art. 21
Rangfolge der Konsularbeamten einer konsularischen Vertretung

Die Rangfolge der Konsularbeamten einer konsularischen Vertretung und jede Änderung dieser Rangfolge notifiziert die diplomatische Mission des Entsendestaats oder, wenn es eine solche im Empfangsstaat nicht gibt, der Leiter der konsularischen Vertretung dem Ministerium für Auswärtige Angelegenheiten des Empfangsstaats oder der von diesem Ministerium bezeichneten Behörde.

Art. 22
Staatsangehörigkeit der Konsularbeamten

(1) Konsularbeamte sollen grundsätzlich Angehörige des Entsendestaats sein.

(2) Angehörige des Empfangsstaats dürfen nur mit dessen ausdrücklicher Zustimmung zu Konsularbeamten bestellt werden; die Zustimmung kann jederzeit widerrufen werden.

(3) Der Empfangsstaat kann sich das gleiche Recht in Bezug auf Angehörige eines dritten Staates vorbehalten, die nicht gleichzeitig Angehörige des Entsendestaats sind.

Art. 23
Erklärung zur persona non grata

(1) Der Empfangsstaat kann dem Entsendestaat jederzeit notifizieren, dass ein Konsularbeamter persona non grata oder dass ein anderes Mitglied des konsularischen Personals ihm nicht genehm ist. In diesen Fällen hat der Entsendestaat die betreffende Person entweder abzuberufen oder ihre dienstliche Tätigkeit bei der konsularischen Vertretung zu beenden.

(2) Weigert sich der Entsendestaat oder unterlässt er es innerhalb einer angemessenen Frist, seinen Verpflichtungen auf Grund des Absatzes 1 nachzukommen, so kann der Empfangsstaat entweder der betreffenden Person das Exequatur entziehen oder sie nicht weiterhin als Mitglied konsularischen Personals betrachten.

(3) Eine zum Mitglied einer konsularischen Vertretung bestellte Person kann als nicht genehm erklärt werden, bevor sie im Hoheitsgebiet des Empfangsstaats eintrifft oder, wenn sie sich bereits dort befindet, bevor sie ihre dienstliche Tätigkeit in der konsularischen Vertretung aufnimmt. In diesen Fällen hat der Entsendestaat die Bestellung rückgängig zu machen.

(4) In den in den Absätzen 1 und 3 genannten Fällen ist der Empfangsstaat nicht verpflichtet, dem Entsendestaat die Gründe für seine Entscheidung mitzuteilen.

Art. 24
Notifizierung der Bestellungen, Ankünfte und Abreisen an den Empfangsstaat

(1) Dem Ministerium für Auswärtige Angelegenheiten des Empfangsstaats oder der von diesem Ministerium bezeichneten Behörde ist folgendes zu notifizieren:

a) die Bestellung von Mitgliedern einer konsularischen Vertretung, ihre Ankunft nach dieser Bestellung, ihre endgültige Abreise oder die Beendigung ihrer dienstlichen Tätigkeit sowie alle sonstigen ihre Stellung betreffenden Änderungen, die während ihrer Tätigkeit in der konsularischen Vertretung erfolgen;

b) die Ankunft und die endgültige Abreise eines im gemeinsamen Haushalt mit einem Mitglied einer konsularischen Vertretung lebenden Familienangehörigen und gegebenenfalls die Tatsache, dass eine Person Familienangehöriger wird oder diese Eigenschaft verliert;

c) die Ankunft und die endgültige Abreise von Mitgliedern des Privatpersonals und gegebenenfalls ihr Ausscheiden aus diesem Dienst;

d) die Anstellung und die Entlassung von im Empfangsstaat ansässigen Personen als Mitglied der konsularischen Vertretung oder als Mitglied des Privatpersonals mit Anspruch auf Vorrechte und Immunitäten.

(2) Die Ankunft und die endgültige Abreise sind nach Möglichkeit im Voraus zu notifizieren.

Abschnitt II
Beendigung der konsularischen Tätigkeit

Art. 25
Beendigung der dienstlichen Tätigkeit eines Mitglieds einer konsularischen Vertretung

Die dienstliche Tätigkeit eines Mitglieds einer konsularischen Vertretung wird unter anderem dadurch beendet,

a) dass der Entsendestaat dem Empfangsstaat die Beendigung seiner dienstlichen Tätigkeit notifiziert,

b) dass das Exequatur entzogen wird, oder

c) dass der Empfangsstaat dem Entsendestaat notifiziert, er betrachte die betreffende Person nicht mehr als Mitglied des konsularischen Personals.

Art. 26
Abreise aus dem Hoheitsgebiet des Empfangsstaats

Der Empfangsstaat gewährt, auch im Fall eines bewaffneten Konflikts, den Mitgliedern der konsularischen Vertretung und des Privatpersonals, die nicht seine Staatsangehörigen sind, sowie den mit ihnen im gemeinsamen Haushalt lebenden Familienmitgliedern ungeachtet ihrer Staatsangehörigkeit die Zeit und die Erleichterungen, die erforderlich sind, damit sie ihre Abreise vorbereiten und sein Hoheitsgebiet so bald wie möglich nach Beendigung ihrer dienstlichen Tätigkeit verlassen können.

Insbesondere stellt er ihnen im Bedarfsfall die benötigten Beförderungsmittel für sie selbst und ihre Vermögensgegenstände mit Ausnahme derjenigen zur Verfügung, die im Empfangsstaat erworben worden sind und deren Ausfuhr im Zeitpunkt der Abreise verboten ist.

Art. 27
Schutz der konsularischen Räumlichkeiten und Archive sowie der Interessen des Entsendestaats unter außergewöhnlichen Umständen

(1) Werden die konsularischen Beziehungen zwischen zwei Staaten abgebrochen,

a) so hat der Empfangsstaat, auch im Fall eines bewaffneten Konflikts, die konsularischen Räumlichkeiten, das Vermögen der konsularischen Vertretung und die konsularischen Archive zu achten und zu schützen;

b) so kann der Entsendestaat einem dem Empfangsstaat genehmen dritten Staat die Obhut der konsularischen Räumlichkeiten, des darin befindlichen Vermögens und der konsularischen Archive übertragen;

c) so kann der Entsendestaat einem dem Empfangsstaat genehmen dritten Staat den Schutz seiner Interessen und derjenigen seiner Angehörigen übertragen.

(2) Wird eine konsularische Vertretung vorübergehend oder endgültig geschlossen, so findet Absatz 1 Buchstabe a Anwendung. Ferner gilt folgendes:

a) Besitzt der Entsendestaat, obwohl er im Empfangsstaat nicht durch eine diplomatische Mission vertreten ist, in dessen Hoheitsgebiet noch eine andere konsularische Vertretung, so kann dieser die Obhut der Räumlichkeiten der geschlossenen konsularischen Vertretung, des darin befindlichen Vermögens und der konsularischen Archive sowie mit Zustimmung des Empfangsstaats die Wahrnehmung der konsularischen Aufgaben im Amtsbezirk der geschlossenen konsularischen Vertretung übertragen werden;

b) besitzt der Entsendestaat im Empfangsstaat weder eine diplomatische Mission noch eine andere konsularische Vertretung, so findet Absatz 1 Buchstaben b und c Anwendung.

Kapitel II
Erleichterungen, Vorrechte und Immunitäten für konsularische Vertretungen, Berufskonsularbeamte und sonstige Mitglieder einer konsularischen Vertretung

Abschnitt I
Erleichterungen, Vorrechte und Immunitäten für die konsularische Vertretung

Art. 28
Erleichterungen für die Tätigkeit der konsularischen Vertretung

Der Empfangsstaat gewährt der konsularischen Vertretung jede Erleichterung zur Wahrnehmung ihrer Aufgaben.

Art. 29
Benutzung der Nationalflagge und des Staatswappens

(1) Der Entsendestaat ist berechtigt seine Nationalflagge und sein Wappen nach Maßgabe dieses Artikels im Empfangsstaat zu benutzen.

(2) Die Nationalflagge und das Wappen des Entsendestaats können dem Gebäude, in welchem sich die konsularische Vertretung befindet, und an dessen Eingangstür, an der Residenz des Leiters der konsularischen Vertretung sowie an seinen Beförderungsmitteln, wenn dienstlich benutzt, geführt werden.

(3) Bei der Ausübung des in diesem Artikel gewährten Rechts sind die Gesetze und sonstigen Rechtsvorschriften sowie die Übung des Empfangsstaats zu berücksichtigen.

Art. 30
Unterbringung

(1) Der Empfangsstaat erleichtert nach Maßgabe seiner Gesetze und sonstigen Rechtsvorschriften dem Entsendestaat den Erwerb der für dessen konsularische Vertretung in seinem Hoheitsgebiet benötigten Räumlichkeiten oder hilft ihm, sich auf andere Weise Räumlichkeiten zu beschaffen.

(2) Erforderlichenfalls hilft der Empfangsstaat ferner der konsularischen Vertretung bei der Beschaffung geeigneten Wohnraums für ihre Mitlieder.

Art. 31
Unverletzlichkeit der konsularischen Räumlichkeiten

(1) Die konsularischen Räumlichkeiten sind in dem in diesem Artikel vorgesehenen Umfang unverletzlich.

(2) Die Behörden des Empfangsstaats dürfen den Teil der konsularischen Räumlichkeiten, den die konsularische Vertretung ausschließlich für ihre dienstlichen Zwecke benutzt, nur mit Zustimmung des Leiters der konsularischen Vertretung oder einer von ihm bestimmten Person oder des Chefs der diplomatischen Mission des Entsendestaats betreten. Jedoch kann bei Feuer oder einem anderen Unglück, wenn sofortige Schutzmaßnahmen erforderlich sind, die Zustimmung des Leiters der konsularischen Vertretung vermutet werden.

(3) Vorbehaltlich des Absatzes 2 hat der Empfangsstaat die besondere Pflicht, alle geeigneten Maßnahmen zu treffen, um die konsularischen Räumlichkeiten vor jedem Eindringen und jeder Beschädigung zu schützen und um zu verhindern, dass der Friede der konsularischen Vertretung gestört oder ihre Würde beeinträchtigt wird.

(4) Die konsularischen Räumlichkeiten, ihre Einrichtung, das Vermögen der konsularischen Vertretung und deren Beförderungsmittel genießen Immunität von jeder Beschlagnahme für Zwecke der Landesverteidigung oder des öffentlichen Wohls. Ist für solche Zwecke eine Enteignung notwendig, so werden alle geeigneten Maßnahmen getroffen, damit die Wahrnehmung der konsularischen Aufgaben nicht behindert wird; dem Entsendestaat wird sofort eine angemessene und wirksame Entschädigung gezahlt.

Art. 32
Befreiung der konsularischen Räumlichkeiten von der Besteuerung

(1) Die konsularischen Räumlichkeiten und die Residenz des eine konsularische Vertretung leitenden Berufskonsularbeamten, die im Eigentum des Entsendestaats oder einer für diesen handelnden Person stehen oder von ihnen gemietet oder gepachtet sind, sind von allen staatlichen, regionalen und kommunalen Steuern oder sonstigen Abgaben befreit, soweit diese nicht als Vergütung für bestimmte Dienstleistungen erhoben werden.

(2) Die in Absatz 1 vorgesehene Steuerbefreiung gilt nicht für diese Steuern und sonstigen Abgaben, wenn sie nach den Gesetzen und sonstigen Rechtsvorschriften des Empfangsstaats von einer Person zu ent-

richten sind, die mit dem Entsendestaat oder der für diesen handelnden Person Verträge geschlossen hat.

Art. 33
Unverletzlichkeit der konsularischen Archive und Schriftstücke

Die konsularischen Archive und Schriftstücke sind jederzeit unverletzlich, wo immer sie sich befinden.

Art. 34
Bewegungsfreiheit

Vorbehaltlich seiner Gesetze und sonstigen Rechtsvorschriften über Zonen, deren Betreten aus Gründen der nationalen Sicherheit verboten oder geregelt ist, gewährleistet der Empfangsstaat allen Mitgliedern der konsularischen Vertretung volle Bewegungs- und Reisefreiheit in seinem Hoheitsgebiet.

Art. 35
Verkehrsfreiheit

(1) Der Empfangsstaat gestattet und schützt den freien Verkehr der konsularischen Vertretung für alle amtlichen Zwecke. Die konsularische Vertretung kann sich im Verkehr mit der Regierung, den diplomatischen Missionen und den anderen konsularischen Vertretungen des Entsendestaats, wo immer sie sich befinden, aller geeigneten Mittel einschließlich diplomatischer oder konsularischer Kuriere, diplomatischen oder konsularischen Kuriergepäcks und verschlüsselter Nachrichten bedienen. Das Errichten und Betreiben einer Funksendeanlage ist der konsularischen Vertretung jedoch nur mit Zustimmung des Empfangsstaats gestattet.

(2) Die amtliche Korrespondenz der konsularischen Vertretung ist unverletzlich. Als "amtliche Korrespondenz" gilt die gesamte Korrespondenz, welche die konsularische Vertretung und ihre Aufgaben betrifft.

(3) Das konsularische Kuriergepäck darf weder geöffnet noch zurückgehalten werden. Haben jedoch die zuständigen Behörden des Empfangsstaats triftige Gründe für die Annahme, dass das Gepäck etwas anderes als Korrespondenz, Schriftstücke und Gegenstände im Sinne von Absatz 4 enthält, so können sie verlangen, dass ein ermächtigter Vertreter des Entsendestaats es in ihrer Gegenwart öffnet. Lehnen die Behörden des Entsendestaats dieses Verlangen ab, so wird das Gepäck an seinen Ursprungsort zurückbefördert.

(4) Gepäckstücke, die das konsularische Kuriergepäck bilden, müssen äußerlich sichtbar als solche gekennzeichnet sein; sie dürfen nur die amtliche Korrespondenz sowie ausschließlich für den amtlichen Gebrauch bestimmte Schriftstücke oder Gegenstände enthalten.

(5) Der konsularische Kurier muss ein amtliches Schriftstück mit sich führen, aus dem seine Stellung und die Anzahl der Gepäckstücke ersichtlich sind, die das konsularische Kuriergepäck bilden. Außer mit Zustimmung des Empfangsstaats darf er weder ein Angehöriger des Empfangsstaats noch, wenn er nicht Angehöriger des Entsendestaats ist, im Empfangsstaat ständig ansässig sein. Bei der Wahrnehmung seiner Aufgaben wird dieser Kurier vom Empfangsstaat geschützt. Er genießt persönliche Unverletzlichkeit und unterliegt keiner Festnahme oder Haft irgendwelcher Art.

(6) Der Entsendestaat, seine diplomatischen Missionen und seine konsularischen Vertretungen können konsularische Kuriere ad hoc ernennen. Auch in diesen Fällen gilt Absatz 5; jedoch finden die darin erwähnten Immunitäten keine Anwendung mehr, sobald der Kurier das ihm anvertraute konsularische Kuriergepäck dem Empfänger ausgehändigt hat.

(7) Konsularisches Kuriergepäck kann dem Kapitän eines Seeschiffes oder eines gewerblichen Luftfahrzeugs anvertraut werden, dessen Bestimmungsort ein zugelassener Einreisehafen oder -flugplatz ist. Der Kapitän muss ein amtliches Schriftstück mit sich führen, aus dem die Anzahl der Gepäckstücke ersichtlich ist, die das Kuriergepäck bilden; er gilt jedoch nicht als konsularischer Kurier. Auf Grund einer Abmachung mit den zuständigen Ortsbehörden kann die konsularische Vertretung eines ihrer Mitglieder entsenden, um das Kuriergepäck unmittelbar und ungehindert von dem Kapitän des Seeschiffes oder Luftfahrzeugs entgegenzunehmen.

Art. 36
Verkehr mit Angehörigen des Entsendestaats

(1) Um die Wahrnehmung konsularischer Aufgaben in Bezug auf Angehörige des Entsendestaats zu erleichtern, gilt folgendes:

a) Den Konsularbeamten steht es frei, mit Angehörigen des Entsendestaats zu verkehren und sie aufzusuchen. Angehörigen des Entsendestaats steht es in gleicher Weise frei, mit den Konsularbeamten ihres Staates zu verkehren und sie aufzusuchen;

b) die zuständigen Behörden des Empfangsstaats haben die konsularische Vertretung des Entsendestaats auf Verlangen des Betroffenen unverzüglich zu unterrichten, wenn in deren Konsularbezirk ein Angehöriger dieses Staates festgenommen, in Straf- oder Untersuchungshaft genommen oder ihm anderweitig die Freiheit entzogen ist. Jede von dem Betroffenen an die konsularische Vertretung gerichtete Mitteilung haben die genannten Behörden ebenfalls unverzüglich weiterzuleiten. Diese Behörden haben den Betroffenen unverzüglich über seine Rechte auf Grund dieser Bestimmung zu unterrichten;

c) Konsularbeamte sind berechtigt, einen Angehörigen des Entsendestaats aufzusuchen, der sich in Straf- oder Untersuchungshaft befindet oder dem anderweitig die Freiheit entzogen ist, mit ihm zu sprechen und zu korrespondieren, sowie für seine Vertretung in rechtlicher Hinsicht zu sorgen. Sie sind ferner berechtigt, einen Angehörigen des Entsendestaats aufzusuchen, der sich in ihrem Konsularbezirk auf Grund eines Urteils in Strafhaft befindet oder dem auf Grund einer gerichtlichen Entscheidung anderweitig die Freiheit entzogen ist. Jedoch dürfen Konsularbeamte nicht für einen Staatsangehörigen tätig werden, der in Straf- oder Untersuchungshaft genommen oder dem anderweitig die Freiheit entzogen ist, wenn er ausdrücklich Einspruch dagegen erhebt.

(2) Die in Absatz 1 genannten Rechte sind nach Maßgabe der Gesetze und sonstigen Rechtsvorschriften des Empfangsstaats auszuüben; hierbei wird jedoch vorausgesetzt, dass diese Gesetze und sonstigen Rechtsvorschriften es ermöglichen müssen, die Zwecke vollständig zu verwirklichen, für welche die in diesem Artikel vorgesehenen Rechte eingeräumt werden.

Art. 37
Benachrichtigung bei Todesfällen, Vormundschaften oder Pflegschaften, bei Schiffbruch und Flugzeugunglücken

Verfügen die zuständigen Behörden des Empfangsstaats über die entsprechenden Auskünfte, so sind sie verpflichtet,

a) beim Tod eines Angehörigen des Entsendestaats unverzüglich die konsularische Vertretung zu benachrichtigen, in deren Amtsbezirk der Todesfall eingetreten ist;

b) die zuständige konsularische Vertretung unverzüglich von allen Fällen zu benachrichtigen, in denen die Bestellung eines Vormunds oder Pflegers im Interesse eines minderjährigen oder anderen nicht voll geschäftsfähigen Angehörigen des Entsendestaats angebracht erscheint. Die Benachrichtigung lässt jedoch die Anwendung der Gesetze und sonstigen Rechtsvorschriften des Empfangsstaats auf diese Bestellung unberührt;

c) unverzüglich die dem Ort des Unglücks am nächsten gelegene konsularische Vertretung zu benachrichtigen, wenn ein Schiff, das die Staatszugehörigkeit des Entsendestaats besitzt, im Küstenmeer oder in den inneren Gewässern des Empfangsstaats Schiffbruch erleidet oder auf Grund läuft oder wenn ein im Entsendestaat registriertes Luftfahrzeug im Hoheitsgebiet des Empfangsstaats verunglückt.

Art. 38
Verkehr mit den Behörden des Empfangsstaates

Bei der Wahrnehmung ihrer Aufgaben können sich die Konsularbeamten

a) an die zuständigen örtlichen Behörden ihres Konsularbezirks sowie

b) an die zuständigen Zentralbehörden des Empfangsstaats wenden,

wenn und soweit letzteres auf Grund der Gesetze und sonstigen Rechtsvorschriften sowie der Übung des Empfangsstaats oder auf Grund entsprechender internationaler Übereinkünfte zulässig ist.

Art. 39
Konsulargebühren und -kosten

(1) Die konsularische Vertretung kann im Hoheitsgebiet des Empfangsstaats die in den Gesetzen und sonstigen Rechtsvorschriften des Entsendestaats für konsularische Amtshandlungen vorgesehenen Gebühren und Kosten erheben.

(2) Die vereinnahmten Beträge der in Absatz 1 genannten Gebühren und Kosten und die hierüber ausgestellten Quittungen sind im Empfangsstaat von allen Steuern und sonstigen Abgaben befreit.

Abschnitt II
Erleichterungen, Vorrechte und Immunitäten für Berufskonsularbeamte und andere Mitglieder der konsularischen Vertretung

Art. 40
Schutz der Konsularbeamten

Der Empfangsstaat behandelt die Konsularbeamten mit gebührender Achtung und trifft alle geeigneten Maßnahmen, um jeden Angriff auf ihre Person, ihre Freiheit oder ihre Würde zu verhindern.

Art. 41
Persönliche Unverletzlichkeit der Konsularbeamten

(1) Konsularbeamte unterliegen keiner Festnahme oder Untersuchungshaft, es sei denn wegen einer schweren strafbaren Handlung und auf Grund einer Entscheidung der zuständigen Justizbehörde.

(2) Außer in dem in Absatz 1 genannten Fall dürfen Konsularbeamte weder inhaftiert noch auf andere Weise in ihrer persönlichen Freiheit beschränkt werden, es sei denn in Vollstreckung einer rechtskräftigen gerichtlichen Entscheidung.

(3) Wird gegen einen Konsularbeamten ein Strafverfahren eingeleitet, so hat er vor den zuständigen Behörden zu erscheinen. Jedoch ist das Verfahren mit der ihm auf Grund seiner amtlichen Stellung gebührenden Rücksicht und, außer in dem in Absatz 1 vorgesehenen Fall, in einer Weise zu führen, welche die Wahrnehmung der konsularischen Aufgaben möglichst wenig beeinträchtigt. Ist es unter den in Absatz 1 genannten Umständen notwendig geworden, einen Konsularbeamten in Untersuchungshaft zu nehmen, so ist das Verfahren gegen ihn in kürzester Frist einzuleiten.

Art. 42
Benachrichtigung über Festnahme, Untersuchungshaft oder Strafverfolgung

Wird ein Mitglied des konsularischen Personals festgenommen, in Untersuchungshaft genommen oder wird ein Strafverfahren gegen dieses Mitglied eingeleitet, so hat der Empfangsstaat sofort den Leiter der konsularischen Vertretung zu benachrichtigen. Ist dieser selbst von einer der genannten Maßnahmen betroffen, so hat der Empfangsstaat den Entsendestaat auf diplomatischem Wege zu benachrichtigen.

Art. 43
Immunität von der Gerichtsbarkeit

(1) Konsularbeamte und Bedienstete des Verwaltungs- oder technischen Personals unterliegen wegen Handlungen, die in Wahrnehmung konsularischer Aufgaben vorgenommen worden sind, weder der Gerichtsbarkeit des Empfangsstaats noch Eingriffen seiner Verwaltungsbehörden.

(2) Absatz 1 wird jedoch nicht angewendet bei Zivilklagen,

a) wenn diese aus einem Vertrag entstehen, den ein Konsularbeamter oder ein Bediensteter des Verwaltungs- oder technischen Personals geschlossen hat, ohne dabei ausdrücklich oder sonst erkennbar im Auftrag des Entsendestaats zu handeln, oder

b) wenn diese von einem Dritten wegen eines Schadens angestrengt werden, der aus einem im Empfangsstaat durch ein Land-, Wasser- oder Luftfahrzeug verursachten Unfall entstanden ist.

Art. 44
Zeugnispflicht

(1) Mitglieder einer konsularischen Vertretung können in einem Gerichts- oder Verwaltungsverfahren als Zeugen geladen werden. Bedienstete des Verwaltungs- oder technischen Personals oder Mitglieder des dienstlichen Hauspersonals dürfen nur in den in Absatz 3 genannten Fällen das Zeugnis verweigern. Weigert sich ein Konsularbeamter auszusagen, so darf gegen ihn keine Zwangs- oder Strafmaßnahme getroffen werden.

(2) Die Behörde, welche das Zeugnis eines Konsularbeamten verlangt, darf ihn nicht bei der Wahrnehmung seiner Aufgaben behindern. Sie kann, soweit möglich, seine Aussage in seiner Wohnung oder in den Räumlichkeiten der konsularischen Vertretung, oder aber eine schriftliche Erklärung von ihm entgegennehmen.

(3) Mitglieder einer konsularischen Vertretung sind nicht verpflichtet, Zeugnis über Angelegenheiten zu geben, die mit der Wahrnehmung ihrer Aufgaben zusammenhängen, oder die darauf bezüglichen amtlichen Korrespondenzen und Schriftstücke vorzulegen. Sie sind auch berechtigt, die Aussage als Sachverständige über das Recht des Entsendestaats zu verweigern.

Art. 45
Verzicht auf Vorrechte und Immunitäten

(1) Der Entsendestaat kann hinsichtlich eines Mitglieds der konsulari-

schen Vertretung auf die in den Artikeln 41, 43 und 44 vorgesehenen Vorrechte und Immunitäten verzichten.

(2) Der Verzicht muss vorbehaltlich des Absatzes 3 stets ausdrücklich erklärt und dem Empfangsstaat schriftlich mitgeteilt werden.

(3) Strengt ein Konsularbeamter oder ein Bediensteter des Verwaltungs- oder technischen Personals ein Gerichtsverfahren in einer Sache an, in der er nach Maßgabe des Artikels 43 Immunität von der Gerichtsbarkeit genießen würde, so kann er sich in Bezug auf eine Widerklage, die mit der Hauptklage in unmittelbarem Zusammenhang steht, nicht auf die Immunität von der Gerichtsbarkeit berufen.

(4) Der Verzicht auf die Immunität von der Gerichtsbarkeit in einem Zivil- oder Verwaltungsgerichtsverfahren gilt nicht als Verzicht auf die Immunität von der Urteilsvollstreckung; hierfür ist ein besonderer Verzicht erforderlich.

Art. 46
Befreiung von der Ausländermeldepflicht und der Aufenthaltsgenehmigung

(1) Konsularbeamte und Bedienstete des Verwaltungs- oder technischen Personals sowie die mit ihnen im gemeinsamen Haushalt lebenden Familienmitglieder sind von allen in den Gesetzen und sonstigen Rechtsvorschriften des Empfangsstaats vorgesehenen Verpflichtungen in Bezug auf die Ausländermeldepflicht und die Aufenthaltsgenehmigung befreit.

(2) Absatz 1 gilt jedoch weder für Bedienstete des Verwaltungs- und technischen Personals, die nicht ständige Bedienstete des Entsendestaats sind oder die eine private Erwerbstätigkeit im Empfangsstaat ausüben, noch für ihre Familienmitglieder.

Art. 47
Befreiung von der Arbeitserlaubnis

(1) Mitglieder der konsularischen Vertretung sind in Bezug auf ihre Dienste für den Entsendestaat von allen in den Gesetzen und sonstigen Rechtsvorschriften des Empfangsstaats vorgesehenen Verpflichtungen hinsichtlich der Arbeitserlaubnis für ausländische Arbeitskräfte befreit.

(2) Mitglieder des Privatpersonals der Konsularbeamten und der Bediensteten des Verwaltungs- oder technischen Personals sind, wenn sie im Empfangsstaat keine andere private Erwerbstätigkeit ausüben, von den in Absatz 1 erwähnten Verpflichtungen befreit.

Art. 48
Befreiung vom System der sozialen Sicherheit

(1) Vorbehaltlich des Absatzes 3 sind die Mitglieder der konsularischen Vertretung in Bezug auf ihre Dienste für den Entsendestaat und die mit ihnen im gemeinsamen Haushalt lebenden Familienangehörigen von den im Empfangsstaat geltenden Vorschriften über soziale Sicherheit befreit.

(2) Die in Absatz 1 vorgesehene Befreiung gilt auch für die Mitglieder des Privatpersonals, die ausschließlich bei Mitgliedern der konsularischen Vertretung beschäftigt sind, sofern sie

a) weder Angehörige des Empfangsstaats noch dort ständig ansässig sind und

b) den im Entsendestaat oder in einem dritten Staat geltenden Vorschriften über soziale Sicherheit unterstehen.

(3) Beschäftigen Mitglieder der konsularischen Vertretung Personen, auf welche die in Absatz 2 vorgesehene Befreiung keine Anwendung findet, so haben sie die Verpflichtungen zu beachten, welche die Vorschriften des Empfangsstaats über soziale Sicherheit den Arbeitgebern auferlegen.

(4) Die in den Absätzen 1 und 2 vorgesehene Befreiung schließt die freiwillige Beteiligung am System der sozialen Sicherheit des Empfangsstaats nicht aus, sofern dieser eine solche Beteiligung zulässt.

Art. 49
Befreiung von der Besteuerung

(1) Konsularbeamte und Bedienstete des Verwaltungs- und technischen Personals sowie die mit ihnen im gemeinsamen Haushalt lebenden Familienmitglieder sind von allen staatlichen, regionalen und kommunalen Personal- und Realsteuern oder -abgaben befreit; ausgenommen hiervon sind

a) die normalerweise im Preis von Waren oder Dienstleistungen enthaltenen indirekten Steuern;

b) Steuern und sonstige Abgaben von privatem, im Hoheitsgebiet des Empfangsstaats gelegenem unbeweglichem Vermögen, jedoch vorbehaltlich des Artikels 32;

c) Erbschaftssteuern und Abgaben vom Vermögensübergang, die der Empfangsstaat erhebt, jedoch vorbehaltlich des Artikels 51 Buchstabe b,

d) Steuern und sonstige Abgaben von privaten Einkünften einschließlich Veräußerungsgewinnen, deren Quelle sich im Empfangsstaat befindet, sowie Vermögenssteuern von Kapitalanlagen in gewerblichen oder Finanzunternehmen, die im Empfangsstaat gelegen sind;

e) Steuern, Gebühren und sonstige Abgaben, die als Vergütung für bestimmte Dienstleistungen erhoben werden;

f) Eintragungs-, Gerichts-, Beurkundungs-, Beglaubigungs-, Hypotheken- und Stempelgebühren, jedoch vorbehaltlich des Artikels 32.

(2) Die Mitglieder des dienstlichen Hauspersonals sind von Steuern und sonstigen Abgaben auf ihre Dienstbezüge befreit.

(3) Beschäftigen Mitglieder der konsularischen Vertretung Personen, deren Bezüge nicht von der Einkommenssteuer im Empfangsstaat befreit sind, so haben sie die Verpflichtungen einzuhalten, welche die Gesetze und sonstigen Rechtsvorschriften dieses Staates den Arbeitgebern in Bezug auf die Erhebung der Einkommensteuer auferlegen.

Art. 50
Befreiung von Zöllen und Zollkontrollen

(1) Nach Maßgabe seiner geltenden Gesetze und sonstigen Rechtsvorschriften gestattet der Empfangsstaat die Einfuhr der nachstehend genannten Gegenstände und befreit sie von allen Zöllen, Steuern und ähnlichen Abgaben mit Ausnahme von Gebühren für Einlagerung, Beförderung und ähnlicher Dienstleistungen:

a) Gegenstände für den amtlichen Gebrauch der konsularischen Vertretung;

b) Gegenstände für den persönlichen Gebrauch des Konsularbeamten und der mit ihm im gemeinsamen Haushalt lebenden Familienmitglieder, einschließlich der für seine Einrichtung vorgesehenen Gegenstände. Die zum Verbrauch bestimmten Gegenstände dürfen die für die unmittelbare Verwendung durch die Beteiligten erforderliche Menge nicht überschreiten.

(2) Die Bediensteten des Verwaltungs- oder technischen Personals genießen die in Absatz 1 vorgesehenen Vorrechte und Befreiungen in Bezug auf Gegenstände, die anlässlich ihrer Ersteinrichtung eingeführt werden.

(3) Konsularbeamte und die mit ihnen im gemeinsamen Haushalt lebenden Familienmitglieder genießen Befreiung von der Zollkontrolle ihres mitgeführten persönlichen Gepäcks. Es darf nur kontrolliert werden,

wenn triftige Gründe für die Vermutung vorliegen, dass es Gegenstände enthält, die in Absatz 1 Buchstabe b) nicht bezeichnet sind oder deren Ein- oder Ausfuhr nach den Gesetzen und sonstigen Rechtsvorschriften des Empfangsstaats verboten ist oder die dessen Gesetzen und sonstigen Rechtsvorschriften über Quarantäne unterliegen. In solchen Fällen darf die Kontrolle nur in Anwesenheit des Konsularbeamten oder des betreffenden Familienmitglieds stattfinden.

Art. 51
Nachlass eines Mitglieds der konsularischen Vertretung oder eines seiner Familienangehörigen

Stirbt ein Mitglied der konsularischen Vertretung oder ein mit ihm im gemeinsamen Haushalt lebender Familienangehöriger, so ist der Empfangsstaat verpflichtet,

a) die Ausfuhr des beweglichen Vermögens des Verstorbenen mit Ausnahme von im Empfangsstaat erworbenen Vermögensgegenständen, deren Ausfuhr im Zeitpunkt des Todesfalles verboten war, zu gestatten,

b) von dem beweglichen Vermögen, das sich nur deshalb im Empfangsstaat befindet, weil sich der Verstorbene als Mitglied der konsularischen Vertretung oder als Familienangehöriger eines solchen in diesem Staat aufhielt, keine staatlichen, regionalen oder kommunalen Erbschaftssteuern oder Abgaben vom Vermögen zu erheben.

Art. 52
Befreiung von persönlichen Dienstleistungen und Auflagen

Der Empfangsstaat befreit die Mitglieder der konsularischen Vertretung und die zu ihrem Haushalt gehörenden Familienmitglieder von allen persönlichen Dienstleistungen, von allen öffentlichen Dienstleistungen jeder Art und von militärischen Auflagen wie zum Beispiel Beschlagnahmen, Kontributionen und Einquartierungen.

Art. 53
Beginn und Ende konsularischer Vorrechte und Immunitäten

(1) Die in diesem Übereinkommen vorgesehenen Vorrechte und Immunitäten stehen den Mitgliedern der konsularischen Vertretung von dem Zeitpunkt an zu, in dem sie in das Hoheitsgebiet des Empfangsstaates einreisen, um dort ihren Posten anzutreten, oder, wenn sie sich bereits in seinem Hoheitsgebiet befinden, von dem Zeitpunkt an, in dem sie ihre dienstliche Tätigkeit in der konsularischen Vertretung aufnehmen.

(2) Den im gemeinsamen Haushalt mit einem Mitglied der konsularischen Vertretung lebenden Familienangehörigen sowie den Mitgliedern seines Privatpersonals stehen die in diesem Übereinkommen vorgesehenen Vorrechte und Immunitäten von dem Zeitpunkt an zu, in dem das Mitglied der konsularischen Vertretung nach Absatz 1 in den Genuss der Vorrechte und Immunitäten kommt oder in dem die Mitglieder der Familie oder des Privatpersonals in das Hoheitsgebiet des Empfangsstaats einreisen oder in dem sie Mitglied der Familie oder des Privatpersonals werden, je nachdem, welcher Zeitpunkt am spätesten liegt.

(3) Ist die dienstliche Tätigkeit eines Mitglieds einer konsularischen Vertretung beendet, so werden seine Vorrechte und Immunitäten sowie diejenigen der mit ihm im gemeinsamen Haushalt lebenden Familienangehörigen und der Mitglieder seines Privatpersonals normalerweise im Zeitpunkt der Ausreise des Betreffenden aus dem Empfangsstaat oder nach Ablauf einer hierfür gewährten angemessenen Frist hinfällig, je nachdem, welcher Zeitpunkt früher liegt; bis zu diesem Zeitpunkt bleiben sie bestehen, und zwar auch im Fall eines bewaffneten Konflikts. Die Vorrechte und Immunitäten der in Absatz 2 bezeichneten Personen werden beim Ausscheiden aus dem Haushalt oder dem Privatpersonal eines Mitglieds der konsularischen Vertretung hinfällig; beabsichtigen sie jedoch, innerhalb einer angemessenen Frist aus dem Empfangsstaat auszureisen, so bleiben ihre Vorrechte und Immunitäten bis zu ihrer Ausreise bestehen.

(4) In Bezug auf die von einem Konsularbeamten oder einem Bediensteten des Verwaltungs- oder technischen Personals in Wahrnehmung seiner Aufgaben vorgenommenen Handlungen bleibt jedoch die Immunität von der Gerichtsbarkeit auf unbegrenzte Zeit bestehen.

(5) Stirbt ein Mitglied der konsularischen Vertretung, so genießen die mit ihm im gemeinsamen Haushalt lebenden Familienangehörigen weiterhin die ihnen zustehenden Vorrechte und Immunitäten bis zu ihrer Ausreise aus dem Empfangsstaat oder bis zum Ablauf einer hierfür gewährten angemessenen Frist, je nachdem, welcher Zeitpunkt früher liegt.

Art. 54
Verpflichtungen dritter Staaten

(1) Reist ein Konsularbeamter, um sein Amt anzutreten oder um auf seinen Posten oder in den Entsendestaat zurückzukehren, durch das Hoheitsgebiet eines dritten Staates oder befindet er sich aus einem der genannten Gründe im Hoheitsgebiet dieses Staates, der ihm erforderli-

chenfalls einen Sichtvermerk erteilt hat, so gewährt ihm dieser Staat alle in den anderen Artikeln dieses Übereinkommens vorgesehenen Immunitäten, soweit sie für seine sichere Durchreise oder Rückkehr erforderlich sind. Das gleiche gilt, wenn im gemeinsamen Haushalt mit dem Konsularbeamten lebende Familienangehörige, denen Vorrechte und Immunitäten zustehen, ihn begleiten oder wenn sie getrennt von ihm reisen, um sich zu ihm zu begeben oder in den Entsendestaat zurückkehren.

(2) Unter den Voraussetzungen des Absatzes 1 dürfen dritte Staaten auch die Reise anderer Mitglieder der konsularischen Vertretung oder der mit ihnen im gemeinsamen Haushalt lebenden Familienangehörigen durch ihr Hoheitsgebiet nicht behindern.

(3) Dritte Staaten gewähren in Bezug auf die amtliche Korrespondenz und sonstige amtliche Mitteilungen im Durchgangsverkehr, einschließlich verschlüsselter Nachrichten, die gleiche Freiheit und den gleichen Schutz, die der Empfangsstaat auf Grund dieses Übereinkommens zu gewähren verpflichtet ist. Konsularischen Kurieren, denen erforderlichenfalls ein Sichtvermerk erteilt worden ist, und konsularischem Kuriergepäck im Durchgangsverkehr gewähren sie die gleiche Unverletzlichkeit und den gleichen Schutz, die der Empfangsstaat auf Grund dieses Übereinkommens zu gewähren verpflichtet ist.

(4) Die Verpflichtungen dritter Staaten auf Grund der Absätze 1, 2 und 3 gelten gegenüber den in jenen Absätzen bezeichneten Personen sowie in Bezug auf amtliche Mitteilungen und das konsularische Kuriergepäck auch dann, wenn sie sich infolge höherer Gewalt im Hoheitsgebiet des dritten Staates befinden.

Art. 55
Beachtung der Gesetze und sonstigen Rechtsvorschriften des Empfangsstaats

(1) Alle Personen, die Vorrechte und Immunitäten genießen, sind unbeschadet derselben verpflichtet, die Gesetze und sonstigen Rechtsvorschriften des Empfangsstaats zu beachten. Sie sind ferner verpflichtet, sich nicht in dessen innere Angelegenheiten einzumischen.

(2) Die konsularischen Räumlichkeiten dürfen nicht in einer Weise benutzt werden, die mit der Wahrnehmung der konsularischen Aufgaben unvereinbar ist.

(3) Absatz 2 schließt die Möglichkeit nicht aus, dass Büros anderer Institutionen oder Dienststellen in einem Teil des Gebäudes untergebracht werden, in dem sich die konsularischen Räumlichkeiten befinden; Vor-

aussetzung hierfür ist, dass die Räumlichkeiten dieser Büros von den Räumlichkeiten getrennt sind, welche die konsularische Vertretung benutzt. In diesem Falle gelten diese Büros nicht als Teil der konsularischen Räumlichkeiten im Sinne dieses Übereinkommens.

Art. 56
Haftpflichtversicherung

Die Mitglieder der konsularischen Vertretung haben allen Verpflichtungen nachzukommen, die in den Gesetzen und sonstigen Rechtsvorschriften des Empfangsstaats in Bezug auf die Haftpflichtversicherung für die von ihnen benutzten Land-, Wasser- oder Luftfahrzeuge vorgesehen sind.

Art. 57
Sonderbestimmungen über private Erwerbstätigkeit

(1) Berufskonsularbeamte dürfen im Empfangsstaat keinen freien Beruf und keine gewerbliche Tätigkeit ausüben, die auf persönlichen Gewinn gerichtet sind.

(2) Die in diesem Kapitel vorgesehenen Vorrechte und Immunitäten werden folgenden Personen nicht gewährt:

a) Bediensteten des Verwaltungs- oder technischen Personals oder Mitgliedern des dienstlichen Hauspersonals, die im Empfangsstaat eine private Erwerbstätigkeit ausüben;

b) Mitgliedern der Familie oder des Privatpersonals der unter Buchstabe a bezeichneten Personen;

c) Familienangehörigen eines Mitglieds einer konsularischen Vertretung, die im Empfangsstaat eine private Erwerbstätigkeit ausüben.

Kapitel III
Regelung für Wahlkonsularbeamte und die von ihnen geleiteten konsularischen Vertretungen

Art. 58
Allgemeine Bestimmungen über Erleichterungen, Vorrechte und Immunitäten

(1) Die Artikel 28, 29, 30, 34, 35, 36, 37, 38 und 39, Artikel 54 Absatz 3 und Artikel 55 Absätze 2 und 3 gelten für konsularische Vertretungen, die von Wahlkonsularbeamten geleitet werden. Außerdem bestimmen

sich die Erleichterungen, Vorrechte und Immunitäten dieser konsularischen Vertretungen nach den Artikeln 59, 60, 61 und 62.

(2) Die Artikel 42 und 43, Artikel 44 Absatz 3, die Artikel 45 und 53 und Artikel 55 Absatz 1 gelten für Wahlkonsularbeamte. Außerdem bestimmen sich die Erleichterungen, Vorrechte und Immunitäten dieser Konsularbeamten nach den Artikeln 63, 64, 65, 66 und 67.

(3) Die in diesem Übereinkommen vorgesehenen Vorrechte und Immunitäten gelten nicht für Familienmitglieder eines Wahlkonsularbeamten oder eines Bediensteten des Verwaltungs- oder technischen Personals, der in einer von einem Wahlkonsularbeamten geleiteten konsularischen Vertretung beschäftigt ist.

(4) Der Austausch von konsularischem Kuriergepäck zwischen zwei von Wahlkonsularbeamten geleiteten konsularischen Vertretungen in verschiedenen Staaten ist nur mit Zustimmung der beiden Empfangsstaaten zulässig.

Art. 59
Schutz der konsularischen Räumlichkeiten

Der Empfangsstaat trifft alle erforderlichen Maßnahmen, um die konsularischen Räumlichkeiten einer von einem Wahlkonsularbeamten geleiteten konsularischen Vertretung vor jedem Eindringen und jeder Beschädigung zu schützen und um zu verhindern, dass der Friede der konsularischen Vertretung gestört oder ihre Würde beeinträchtigt wird.

Art. 60
Befreiung der konsularischen Räumlichkeiten von der Besteuerung

(1) Die konsularischen Räumlichkeiten einer von einem Wahlkonsularbeamten geleiteten konsularischen Vertretung, die im Eigentum des Entsendestaats stehen oder von diesem gemietet oder gepachtet sind, genießen Befreiung von allen staatlichen, regionalen und kommunalen Steuern oder sonstigen Abgaben, soweit diese nicht als Vergütung für bestimmte Dienstleistungen erhoben werden.

(2) Die in Absatz 1 vorgesehene Steuerbefreiung gilt nicht für diese Steuern und sonstigen Abgaben, wenn sie nach den Gesetzen und sonstigen Rechtsvorschriften des Empfangsstaats von einer Person zu entrichten sind, die mit dem Entsendestaat Verträge geschlossen hat.

Art. 61
Unverletzlichkeit der konsularischen Archive und Schriftstücke

Die konsularischen Archive und Schriftstücke einer von einem Wahlkonsularbeamten geleiteten konsularischen Vertretung sind jederzeit unverletzlich, wo immer sie sich befinden, sofern sie von anderen Papieren und Schriftstücken getrennt gehalten werden, insbesondere von der Privatkorrespondenz des Leiters der konsularischen Vertretung und seiner Mitarbeiter sowie von den Gegenständen, Büchern oder Schriftstücken, die sich auf ihren Beruf oder ihr Gewerbe beziehen.

Art. 62
Befreiung von Zöllen

Nach Maßgabe seiner geltenden Gesetze und sonstigen Rechtsvorschriften gestattet der Empfangsstaat die Einfuhr der nachstehend genannten Gegenstände, sofern sie für den amtlichen Gebrauch einer von einem Wahlkonsularbeamten geleiteten konsularischen Vertretung bestimmt sind, und befreit sie von allen Zöllen, Steuern und ähnlichen Abgaben mit Ausnahme von Gebühren für Einlagerung, Beförderung und ähnliche Dienstleistungen: Wappen, Flaggen, Schilder, Siegel und Stempel, Bücher, amtliche Drucksachen, Büromöbel, Büromaterial und ähnliche Gegenstände, die der konsularischen Vertretung vom Entsendestaat oder auf dessen Veranlassung geliefert werden.

Art. 63
Strafverfahren

Wird gegen einen Wahlkonsularbeamten ein Strafverfahren eingeleitet, so hat er vor den zuständigen Behörden zu erscheinen. Jedoch ist das Verfahren mit der ihm auf Grund seiner amtlichen Stellung gebührenden Rücksicht und, außer wenn der Betroffene festgenommen oder inhaftiert ist, in einer Weise zu führen, welche die Wahrnehmung der konsularischen Aufgaben möglichst wenig beeinträchtigt. Ist es notwendig geworden, einen Wahlkonsularbeamten in Untersuchungshaft zu nehmen, so ist das Verfahren gegen ihn in kürzester Zeit einzuleiten.

Art. 64
Schutz des Wahlkonsularbeamten

Der Empfangsstaat ist verpflichtet, dem Wahlkonsularbeamten den auf Grund seiner amtlichen Stellung etwa erforderlichen Schutz zu gewähren.

Art. 65
Befreiung von der Ausländermeldepflicht und der Aufenthaltsgenehmigung

Wahlkonsularbeamte mit Ausnahme derjenigen, die im Empfangsstaat einen freien Beruf oder eine gewerbliche Tätigkeit ausüben, welche auf persönlichen Gewinn gerichtet sind, genießen Befreiung von allen in den Gesetzen und sonstigen Rechtsvorschriften des Empfangsstaats vorgesehenen Verpflichtungen in Bezug auf die Ausländermeldepflicht und die Aufenthaltsgenehmigung.

Art. 66
Befreiung von der Besteuerung

Ein Wahlkonsularbeamter ist von allen Steuern und sonstigen Abgaben auf die Bezüge jeder Art befreit, die er vom Entsendestaat für die Wahrnehmung konsularischer Aufgaben erhält.

Art. 67
Befreiung von persönlichen Dienstleistungen und Auflagen

Der Empfangsstaat befreit die Wahlkonsularbeamten von allen persönlichen Dienstleistungen jeder Art und von militärischen Auflagen wie zum Beispiel Beschlagnahmen, Kontributionen und Einquartierungen.

Art. 68
Fakultativer Charakter der Institution des Wahlkonsularbeamten

Jeder Staat kann nach freiem Ermessen entscheiden, ob er Wahlkonsularbeamte bestellen oder empfangen will.

Kapitel IV
Allgemeine Bestimmungen

Art. 69
Konsularagenten, die nicht Leiter einer konsularischen Vertretung sind

(1) Jeder Staat kann nach freiem Ermessen entscheiden, ob er Konsularagenturen errichten oder zulassen will, denen Konsularagenten vorstehen, welche der Entsendestaat nicht zum Leiter der konsularischen Vertretung bestellt.

(2) Die Bedingungen, unter denen Konsularagenturen im Sinne von Absatz 1 ihre Tätigkeit ausüben können, und die Vorrechte und Immunitäten, welche die ihnen vorstehenden Konsularagenten genießen sollen, werden in gegenseitigem Einvernehmen zwischen dem Entsendestaat und dem Empfangsstaat festgesetzt.

Art. 70
Wahrnehmung konsularischer Aufgaben durch eine diplomatische Mission

(1) Dieses Übereinkommen gilt, soweit der Zusammenhang es erlaubt, auch für die Wahrnehmung konsularischer Aufgaben durch eine diplomatische Mission.

(2) Die Namen der Mitglieder einer diplomatischen Mission, die der Konsularabteilung zugeteilt oder sonst mit der Wahrnehmung der konsularischen Aufgaben der Mission beauftragt sind, werden dem Ministerium für Auswärtige Angelegenheiten des Empfangsstaats oder der von diesem Ministerium bezeichneten Behörde notifiziert.

(3) Bei der Wahrnehmung konsularischer Aufgaben kann sich die diplomatische Mission

a) an die örtlichen Behörden des Konsularbezirks sowie

b) an die Zentralbehörden des Empfangsstaats wenden, sofern letzteres auf Grund der Gesetze und sonstigen Rechtsvorschriften sowie der Übung des Empfangsstaats oder auf Grund entsprechender internationaler Übereinkünfte zulässig ist.

(4) Die Vorrechte und Immunitäten der in Absatz 2 bezeichneten Mitglieder der diplomatischen Mission richten sich auch weiterhin nach den Regeln des Völkerrechts über diplomatische Beziehungen.

Art. 71
Angehörige des Empfangsstaats und Personen, die dort ständig ansässig sind

(1) Soweit der Empfangsstaat nicht zusätzliche Erleichterungen, Vorrechte und Immunitäten gewährt, genießen Konsularbeamte, die Angehörigen des Empfangsstaats oder dort ständig ansässig sind, lediglich Immunität von der Gerichtsbarkeit und persönliche Unverletzlichkeit wegen ihrer in Wahrnehmung ihrer Aufgaben vorgenommenen Amtshandlungen sowie das in Artikel 44 Absatz 3 vorgesehene Vorrecht. Hinsichtlich dieser Konsularbeamten ist der Empfangsstaat ferner durch die in Artikel 42 festgelegte Verpflichtung gebunden. Wird gegen einen solchen Konsularbeamten ein Strafverfahren eingeleitet, so ist dieses, außer wenn der Betroffene festgenommen oder inhaftiert ist, in einer Weise zu führen, welche die Wahrnehmung der konsularischen Aufgaben möglichst wenig beeinträchtigt.

(2) Anderen Mitgliedern der konsularischen Vertretung, die Angehörige des Empfangsstaats oder dort ständig ansässig sind, und ihren Familienmitgliedern sowie den Familienmitgliedern der in Absatz 1 bezeichneten Konsularbeamten stehen Erleichterungen, Vorrechte und Immunitäten nur in dem vom Empfangsstaat zugelassenen Umfang zu. Denjenigen Familienangehörigen von Mitgliedern der konsularischen Vertretung und denjenigen Mitgliedern des Privatpersonals, die Angehörige des Empfangsstaats oder dort ständig ansässig sind, stehen ebenfalls Erleichterungen, Vorrechte und Immunitäten nur in dem vom Empfangsstaat zugelassenen Umfang zu. Der Empfangsstaat darf jedoch seine Hoheitsgewalt über diese Personen nur so ausüben, dass er die Wahrnehmung der Aufgaben der konsularischen Vertretung nicht ungebührlich behindert.

Art. 72
Nichtdiskriminierung

(1) Bei der Anwendung dieses Übereinkommens unterlässt der Empfangsstaat jede diskriminierende Behandlung von Staaten.

(2) Es gilt jedoch nicht als Diskriminierung,

a) wenn der Empfangsstaat eine Bestimmung dieses Übereinkommens deshalb einschränkend anwendet, weil sie im Entsendestaat auf seine eigenen konsularischen Vertretungen einschränkend angewandt wird;

b) wenn Staaten auf Grund von Gewohnheit oder Vereinbarung einander eine günstigere Behandlung gewähren, als es nach diesem Übereinkommen erforderlich ist.

Art. 73
Verhältnis zwischen diesem Übereinkommen und anderen internationalen Übereinkünften

(1) Dieses Übereinkommen lässt andere internationale Übereinkünfte unberührt, die zwischen deren Vertragsstaaten in Kraft sind.

(2) Dieses Übereinkommen hindert Staaten nicht daran, internationale Übereinkünfte zu schließen, die seine Bestimmungen bestätigen, ergänzen, vervollständigen oder deren Geltungsbereich erweitern.

Kapitel V
Schlussbestimmungen

Art. 74
Unterzeichnung

Dieses Übereinkommen liegt für alle Mitgliedstaaten der Vereinten Nationen oder einer ihrer Sonderorganisationen, für Vertragsstaaten der Satzung des Internationalen Gerichtshofs und für jeden anderen Staat, den die Generalversammlung der Vereinten Nationen einlädt, Vertragspartei des Übereinkommens zu werden, wie folgt zur Unterzeichnung auf: bis zum 31. Oktober 1963 im Bundesministerium für Auswärtige Angelegenheiten der Republik Österreich und danach bis zum 31. März 1964 am Sitz der Vereinten Nationen in New York.

Art. 75
Ratifizierung

Dieses Übereinkommen bedarf der Ratifizierung. Die Ratifikationsurkunden sind beim Generalsekretär der Vereinten Nationen zu hinterlegen.

Art. 76
Beitritt

Dieses Übereinkommen liegt zum Beitritt für jeden Staat auf, der einer der in Artikel 74 bezeichneten vier Kategorien angehört. Die Beitrittsurkunden sind beim Generalsekretär der Vereinten Nationen zu hinterlegen.

Art. 77
In-Kraft-Treten

(1) Dieses Übereinkommen tritt am dreißigsten Tag nach Hinterlegung der zweiundzwanzigsten Ratifikations- oder Beitrittsurkunde beim Generalsekretär der Vereinten Nationen in Kraft.

(2) Für jeden Staat, der nach Hinterlegung der zweiundzwanzigsten Ratifikations- oder Beitrittsurkunde das Übereinkommen ratifiziert oder ihm beitritt, tritt es am dreißigsten Tag nach Hinterlegung seiner eigenen Ratifikations- oder Beitrittsurkunde in Kraft.

Art. 78
Notifikationen durch den Generalsekretär

Der Generalsekretär der Vereinten Nationen notifiziert allen Staaten, die einer der in Artikel 74 bezeichneten vier Kategorien angehören,

a) die Unterzeichnungen dieses Übereinkommens und die Hinterlegung der Ratifikations- oder Beitrittsurkunden gemäß den Artikeln 74, 75 und 76;

b) den Tag, an dem dieses Übereinkommen gemäß Artikel 77 in Kraft tritt.

Art. 79
Verbindliche Wortlaute

Die Urschrift dieses Übereinkommens, dessen chinesischer, englischer, französischer, russischer und spanischer Wortlaut gleichermaßen verbindlich ist, wird beim Generalsekretär der Vereinten Nationen hinterlegt; dieser übermittelt allen Staaten, die einer der in Artikel 74 bezeichneten vier Kategorien angehören, beglaubigte Abschriften.

ZU URKUND DESSEN haben die unterzeichneten, von ihren Regierungen hierzu gehörig befugten Bevollmächtigten dieses Übereinkommen unterschrieben.

GESCHEHEN zu Wien am 24. April 1963.

DIE DIPLOMATSISCHE IMMUNITÄT EINES HONORARKONSULS

Den Schutz bzw. die diplomatische Immunität eines Honorarkonsuls entnehmen Sie Artikel 58 des Wiener Übereinkommens über konsularische Beziehungen von 1963.

WELCHE STAATEN SIND ZUR VERGABE EINES HONORARKONSULS GEEIGNET

Diese Staaten ernennen Sie gerne zum Diplomaten, allerdings nur, wenn Sie von einer einflussreichen Unternehmensgruppe unterstützt werden und dieses Geld natürlich im entsprechenden Staat verbleibt. Außerdem wäre es ratsam, einen ortsansässigen Rechtsanwalt zu konsultieren und ihn mit der Aufgabe zu betrauen, die nötigen Arrangements zu treffen. Zu diesen Staaten gehören: Argentinien, Bolivien, Brasilien, Chile, Kolumbien, Costa Rica, Dominikanische Republik, Ecuador, El Salvador, Guatemala, Haiti, Honduras, Mexiko, Panama, Paraguay, Peru, Uruguay, Venezuela und die »neuen« Oststaaten.

Die hier angeführten Staaten sind bekannt dafür, dass sie für Geld alles verkaufen, auch Regierungsdokumente, Diplomaten-Pässe, Berufung zum Konsul usw. Sie können hier jede Art von Unterstützung anbringen. Vielleicht liefern Sie ja neue Autos für den Regierungspräsidenten, eine Computeranlage für das Rathaus oder Sie geben einfach nur Bargeld her. Es ist aber besser, wenn Sie einen ortsansässigen Rechtsanwalt kontaktieren, der für Sie ein »Bittschreiben« an den Regierungschef richtet.

Zu dieser Gruppe zählen: Bangladesch, Kamerun, Ghana, Guinea, Malawi, Niger, Senegal, Sierra Leone, Liberia, Sudan und Togo.

Diese Staaten gehören zu den ärmsten der Welt. Das Bruttosozialprodukt pro Kopf liegt bei weniger als 300 Dollar. Während für uns ein paar Tausend Dollar in Europa so gut wie gar nichts sind, ist das für diese Staaten ein Riesenvermögen. Alles was Sie tun müssen, ist, den Botschafter oder einen anderen Vertreter dieser Staaten zu konsultieren. Wenn es um größere Summen geht, sind diese Herren gerne bereit, mit Ihnen »Verkaufsgespräche« zu führen. Benin: Offiziell ist Benin ein marxistisch-leninistischer Staat. Allerdings hat das politische System – sofern man bei Diktatur, Brutalität und Korruption noch von System sprechen kann – sehr wenig mit den Ideen von

Lenin oder Marx zu tun. Der Kommunismus wird hier als das uneingeschränkte Recht des Herrschers interpretiert. Es wird das getan, was der Herrscher für richtig hält. Des Weiteren Myanmar: Myanmar ist ein sozialistischer Staat. Ideologien lassen sich immer besser verkaufen als Wahrheiten. Die Wahrheit ist, dass sich das ganze Geschäft auf dem schwarzen Markt – oder besser, auf freiem Markt – abspielt. Die festgesetzten Preise und Abgabemengen der sozialistischen Möchtegern-Führer werden hier genauso kontrolliert wie die Geschwindigkeitsregelungen auf bundesdeutschen Autobahnen. Äquatorial Guinea: Das jetzige Regime wird sicher froh darüber sein, einen Europäer oder US-Amerikaner zum Diplomaten berufen zu dürfen. Besonders, wenn es dafür die obigen Dollar als »Kostenersatz« gibt.

Diese Staaten sind zwar sehr seriös, aber extrem arm, und sie haben eine Reihe von unlösbaren Schwierigkeiten. Die Repräsentanten dieser Staaten werden Ihnen kaum irgendein Dokument verkaufen. Aber wenn Sie ihnen klar machen, dass Sie versuchen, ein Problem zu lösen oder aus der Welt zu schaffen (vielleicht durch Ihren Einfluss, vielleicht durch Ihr Geld), steht Ihrem Diplomaten-Status nichts mehr im Wege. Vor allem, wenn Sie mit internationalen Waren handeln, die für diese Staaten einen sehr hohen Stellenwert haben, z.B. Landmaschinen, Autos, Computer. Laden Sie doch einfach den Minister oder einen anderen hochrangigen Repräsentanten zum Essen ein und erklären Sie ihm, dass Sie den Staat finanziell oder mit der Lieferung von Waren unterstützen wollen. Wenn Sie denken, dass das äußerst kompliziert wäre und dass Sie diplomatisch oder gar mit deutscher Zurückhaltung vorgehen müssten, haben Sie sich geirrt. Sie werden sich wundern, wie offen und freimütig sich mit den Ministern und Repräsentanten verhandeln lässt.

Da diese Staaten nur eine begrenzte Repräsentation im Ausland haben und auch fernab von allen Wirtschaftszentren liegen, wird es Ihnen nicht schwer fallen, als Europäer einen Termin zu bekommen. Man wird froh sein, wieder etwas »Neues« von Ihnen zu hören. Zu diesen Staaten gehören: Cap Verde, Djibouti, Nepal, Sao Tome e Principe, (2 Inseln im Golf von Guinea, Hauptstadt: Sao Tome), Vanuatu, Eritrea und Äthiopien.

WELCHE STAATEN SIE AM BESTEN NICHT VERTRETEN SOLLTEN

Diese Staaten können Sie eigentlich gleich wieder vergessen, denn hier gibt es keinen Weg, das zu bekommen, was Sie wünschen. Zu dieser Gruppe gehören: Afghanistan, Algerien, Angola, Bulgarien, Volksrepublik China, Kuba, Iran, Syrien, Libyen, Rumänien, Russland, Ukraine, Vietnam, Nordkorea und Zimbabwe.

Diese sind de jure unabhängige Staaten, und sie sind normalerweise auch offen für jede Art von Geschäften. Die »auswärtigen« Angelegenheiten werden jedoch von anderen Nationen übernommen. Es ist theoretisch zwar möglich, durch diese Staaten in den diplomatischen Status erhoben zu werden, aber in der Realität ist das eher ungewöhnlich. Zu diesen Staaten gehören: Andorra, Bhutan und Liechtenstein.

Diese de jure unabhängigen Staaten sind de facto sehr abhängig von anderen Staaten und deren Repräsentanten im Ausland. Es empfiehlt sich, die aktuelle politische Situation in den nachstehend angeführten Kleinstaaten näher zu untersuchen. Diese Staaten sind: Nauru, Palau, Mikronesien und die Marshall-Inseln.

Diese Staaten sind durchaus in der Lage, Ihnen den Diplomaten-Status, den Diplomatenpass oder ein Konsulat zu übertragen. Sie wären aber verrückt, diese zu beantragen, wenn Sie kein ergebener Moslem sind. Ferner sollte der Regierungschef des entsprechenden Staates zu Ihren persönlichen Freunden gehören. Nebenbei müssten Sie den Staat auch noch politisch und finanziell unterstützen. Wenn Sie all diese Punkte erfüllen können, dann sollten Sie die folgende Liste genauer betrachten: Bahrain, Ägypten, Kuwait, Malediven, Oman, Katar, Saudi-Arabien, Syrien, VAE, Jemen.

WELCHE VORAUSSETZUNGEN BENÖTIGE SIE FÜR DEN HONORARKONSUL

Wenn Sie Konsul werden wollen, sollten Sie zunächst einmal ein Land auswählen das Ihnen politisch angenehm ist. Sie müssen schließlich auch die Interessen dieses Staates vertreten.

Der zweite Schritt ist es herauszufinden welcher Staat noch keine Vertretung in Ihrer Stadt bzw. in Ihrem Bundesland hat. Jedes Bundesland kann nur jeweils eine Vertretung eines bestimmten Entsendestaates haben. Natürlich ist es einfacher, wenn Sie in der Provinz wohnen, die wirtschaftlich einiges hergibt.

Doch es gibt noch eine weitere Schwelle zu nehmen: das »Exequatur«. Genau wie die Botschaft, muss ein Konsul von dem Staat (Empfangsstaat), in dem er »sitzt«, eine Erlaubnis organisieren. Denn ohne Zustimmung ist Ihr Konsulat wertlos.

Unabhängig davon sollten Sie auch über das notwendige Kleingeld verfügen um ein Honorarkonsulat und die damit verbundenen Verpflichtungen aufrecht erhalten zu können. Dazu ist es selbstverständlich, dass Sie ein repräsentatives Büro oder Villa für das Konsulat haben sollten sowie eine entsprechende Limousine Ihr eigen nennen, also somit am besten nicht in der Plattenbausiedlung hausen und einen Ford Transit vor der Türe geparkt haben sollten.

DAS EXEQUATUR

Doch das Exequatur wird Ihnen nicht geschenkt. Besonders in der Bundesrepublik sind die Behörden dazu übergegangen, die Bewerber genau zu prüfen. Der Kandidat muss einen Eid ablegen, dass er das Konsulat nicht gekauft hat. Dem Honorarkonsulat wird die Zulassung entzogen, wenn dem Auswärtigen Amt nachträglich bekannt wird, dass der Honorarkonsul oder eine dritte Person im Zusammenhang mit der Auswahl und/oder der Bestellung zum Honorarkonsul finanzielle oder Sachleistungen erbracht hat oder erbringt.

Stellen Sie den Antrag niemals selbst. Lassen Sie ihn vom ausstellenden Staat stellen. Zur Überprüfung:

- Sie dürfen keine Steuern hinterzogen haben.

- Ihre Geschäfte müssen absolut seriös sein. Was unter seriös zu verstehen ist, entscheidet das Auswärtige Amt.
- Denken Sie an alle Daten, die es über Sie geben könnte. Irgendwo ein Widerspruch oder ein schwarzer Fleck, vielleicht ein falscher Doktortitel. Vielleicht mal als Student auf einer Demo gewesen? Das ist schlecht.
- Wie sieht es mit Ihrem Beruf aus? Als Banker, Rechtsanwalt oder Unternehmer stehen Sie gut da, als Filmemacher eher weniger gut.

Nur wenn Sie in den obigen Punkten unangreifbar sind, haben Sie eine Chance, das Exequatur zu bekommen. Ansonsten lassen Sie lieber die Finger davon. Auch der kleinste Versuch kosten Sie Ihr Geld und Ihren guten Ruf.

Wählen Sie nun Ihr bevorzugtes Land aus und setzen Sie sich mit dem Botschafter in Verbindung.

DIE ERNENNUNGSURKUNDE

Auch hier sollten Sie höchste Vorsicht walten lassen! Dem Autor selbst wurden unendliche viele absolut wertlose Ernennungsurkunden vorgelegt, die meisten stammten aus Liberia. Hier gab es Ernennungen zum Consul, Consul General und sogar zum Ambassador at Large also einem sogenannten Sonderbotschafter. Alle Dokumente sind in dieser Hinsicht echt, da diese vom Außenminister und/oder Präsidenten original unterschrieben und ausgefertigt wurden und manchmal auch sogar direkt im Ministerium bzw. einer Botschaft oder Konsulat des Empfangsstaates ausgehändigt worden sind. Jedoch nützt Ihnen derartiges Papier nicht mal als Toilettenpapier wenn die Ernennung nicht auch vom

Empfangsstaat anerkannt und mit einer anschließenden Bestätigung und Exequatur vom Empfangsstaat honoriert wird. In einem besonderem, dem Autor selbst bekannten Fall, wurde sogar gegen Aushändigung eines kleinen Gastgeschenkes (Rolex) sowie der Zahlung eines Business Class Tickets die Übergabe der Ernennungsurkunde im Außenministerium eines europäischen Empfangsstaates vorgenommen und diese sogar durch einem Abgesandten des Außenministeriums des Entsendestaates überbracht.

Hier werden die noch so kleinsten Zweifel an der Echtmäßigkeit der Dokumente und der Ernennung für den neuen Konsul ausgeräumt, wenn man zusammen im Außenministerium diese Unterlagen übergibt, -sollte man denken,- doch weit gefehlt! Der Trick liegt hier wiederum in der Tücke des Gesetzes was eben aber für den »Möchtegern Diplomat« und den Laien nicht erkennbar und durchschaubar ist.

Der Trick liegt darin, dass die übergebenen Ernennungsdokumente durchaus alle echt und korrekt sind, diese müssen aber dann nach diesem formellen Akt und der Übergabe im Außenministerium durch den Entsendestaat, auch von diesem auf dem sogenannten »Diplomatischen Weg« oder »Diplomatic Channel« beim Außenministerium des Empfangsstaates eingehen. Dies bedeutet in der Praxis, dass die Ernennungsurkunde vom Außenministerium des Entsendestaates über dessen Botschaft im jeweiligen Empfangsstaat dem Außenministerium des Empfangsstaates mit diplomatischem Kurier zugestellt werden muss. Sollte dies nicht der Fall sein, ist Ihre Ernennung, auch wenn Sie persönlich vom Außenminister im Außenministerium des Empfangsstaates abgegebenen werden sollte, was in der Praxis NIE passieren wird, absolut wertlos, weil diese nicht auf dem »Diplomatischen Wege« im Außenministerium des Empfangsstaates eingegangen ist und somit behandelt wird wie wenn diese dort NIE eingegangen wäre!

Also war die ganze Aktion mit der persönlichen Überreichung zwar für Ihr Ego wichtig aber für die Ausstellung der Exequatur völlig sinnlos und wertlos! Achten Sie daher unbedingt darauf, im Falle Sie Ihr Konsulat durch eine »Sach-oder Geldspende« erlangen wollen, dass Sie Ihre »Spende« erst überreichen wenn Sie die Exequatur in den Händen halten und niemals etwas Spenden für die Ernennung! Die Ernennungsurkunde kann Ihnen jeder korrupte Beamte organisieren und vom Präsidenten oder Außenminister unterzeichnen lassen, die je nach Staat dies sogar gegen entsprechende Vorkasse gerne machen, weil diese Leute genau wissen, dass Ihre Ernennung niemals zu einer Exequatur führen wird und daher für die eigene Regierung unerheblich ist, der entsprechende Minister oder Präsident muss dies nicht mal seinem Parlament oder anderen offiziellen Stellen mitteilen, dass er Sie ernannt hat, weil er genau weiß, dass Sie »offiziell« so und so nicht an Ihren Posten als Konsul kommen. Lassen Sie daher erhöhte Vorsicht walten, wenn bei Ihnen jemand schon für die Ernennungsurkunde abkassieren möchte!

DAS MÄRCHEN VON KONSUL WEYER GRAF VON YORCK

Die Vorteile eines Konsuls

Zunächst erhalten Sie erstklassige Handelsbeziehungen zu dem Land, das Sie zum Konsul ernennt. In der Praxis gibt es dann natürlich auch noch die gesellschaftlichen Vorteile. Consul H. H. Weyer (www.consulweyer.de) hat dies zusammen mit Joachim Hemmann, Richard Kerlerin in seinem leider vergriffenen Buch »Schwarz-Goldene Titelträger« recht anschaulich dargestellt. Ich zitiere:

»Als typisches Beispiel wird der Fall des Brotfabrikanten Emanuel B. geschildert. Der Gute ist vollkommen außer sich, als sich die Einweihung seines neuen Hauses als gesellschaftlicher Reinfall erwies. Kein VIP ist der Einladung gefolgt. Seine Laune bessert sich auch nicht, als er in den nächsten Tagen Direktionsbesprechung hat und erfährt, dass sich das Bauprojekt einer neuen und lebenswichtigen Warenverteilung nur realisieren lässt, wenn die Stadt der Firma ein ganz bestimmtes Grundstück überlässt. Leider bemühen sich die Brause-Werke auch um das gleiche Areal. Der Architekt meint, man müsse bei so großen Vorhaben zaubern können, indem man einschlägige Beziehungen spielen lässt. Deshalb hat der Brotfabrikant am nächsten Tag eine Unterredung mit einem Public-Relations-Experten. Der sagt ihm, dass es mehrere Möglichkeiten gäbe, um zu mehr Respekt und Ansehen in der Gesellschaft und in deren Folge auch zu Kontakten zu kommen, die ihm bei der Baugenehmigung des städtischen Grundstückes weiter helfen würden. Er könne z.B. einen größeren Scheck für einen Kinderhort stiften.

Der PR-Experte: »Den Scheck können Sie dem Bürgermeister übergeben. Dafür hole ich Presse und Fotografen. Anschließend laden Sie alle wichtigen Leute zu einem kalten Buffet ein. Die Leute werden dann mit Sicherheit kommen.«

Doch der vorgesehene Scheckbetrag von einer halben Million für ein Zufallsspiel ist Emanuel B. zu hoch. Der PR-Experte mit den großen Verbindungen lächelt nur. Es gäbe auch noch andere Wege. Bei deren Auswahl komme es nur darauf an, ob B. nur das Projekt mit einem Erweiterungsbau durchpauken wolle oder ob B. Dauerkontakt zur lokalen Gesellschaft suche. Herr B. denkt an die Blamage der verschmähten Einladung: »Ich will beides, aber ich habe keine Lust, in diesem Kreis nur als neureicher Aufsteiger zu gelten.«

»Also echte Würden, die niemand übersehen kann. Ich glaube, das ließe sich machen.«

Der PR-Experte greift zum Telefonhörer: »Verbinden sie mich bitte mit Herrn Weyer in Feldafing.«

Der Experte wirft dem Brotfabrikanten einen Blick zu:

»Hätten Sie Lust, Konsul zu werden?«

Es folgt ein Besuch bei Consul Weyer dem Großen, der damals Deutschland und seinen Staatsanwälten den Rücken zugewandt hatte. »Gut, Ihre Unterlagen habe ich. Zum Geschäftlichen wäre noch zu sagen, dass ich in Anbetracht der Eile wegen dieser Sache persönlich nach Südamerika fliegen muss. Die Spesen gehen zu Ihren Lasten.«

Der Brotfabrikant nickt. – »Vielen Dank, dass Sie sich die Mühe machen wollen. Soll ich vielleicht lieber mitkommen, um mich vorzustellen?«

»Nein, lieber nicht. Solche Verhandlungen mit meinem Freund, dem Präsidenten, mache ich lieber alleine. Er und seine Regierung verlassen sich da ganz auf mich.« – Weyer geht Richtung Schreibtisch. – »Das wäre es. Wenn Sie jetzt noch die Anzahlung hinterlegen …«

»Ein Verrechnungsscheck?«

»Bargeld ist mir bei kleineren Beträgen lieber.«

Fünf Wochen später gratuliert der PR-Mensch dem Brotfabrikanten zur Konsulernennung: »Hier ist die Urkunde, vom Staatspräsidenten und vom Außenminister unterschrieben.«

Der Brotfabrikant betrachtet das großformatige Dokument ergriffen und liest zwischen dem spanischen Text immer wieder seinen Namen. Jetzt müsse man nur noch dafür sorgen, dass Emanuel B. auch das Exequatur erhalte. Das ist die offizielle Zustimmung des Landes, in dem der frischgebackene Konsul tätig wird. Am besten statte B. dem Protokollchef der Landesregierung einen Besuch ab, stelle sich als neu ernannter Konsul vor und bittet um möglichst baldige Weiterleitung nach Berlin. Dann gehe alles seinen Amtsweg. Er solle aber nichts darüber verlauten lassen, dass Geld im Spiel war. Wenn die Sache des Titelhandels auffliegt, wäre ihm das Exequatur versagt.

»Und wie bin ich dann zu den Ehren gekommen?« will der Brotfabrikant wissen.

»Niemand hat etwas dagegen einzuwenden, wenn Sie einem befreundeten Land einen Dienst erweisen, dort Persona grata wären und dieses Land deshalb in Ihrer Heimat konsularisch vertreten sollen.«

Die weitere Strategie:

Emanuel B. soll dem Oberbürgermeister eine auf 200.000 EUR reduzierte Spende für die Gründung eines Kuratoriums-Kinderhort anbieten und auch dessen Vorsitz übernehmen. Gleichzeitig möge er das Stadtoberhaupt um Übernahme eines Protektorates bitten. Dies sollte auch die Staatskanzlei erfahren.

Der PR-Experte wird dann die Lokalpresse zusammentrommeln und dafür sorgen, dass diese Initiative gebührend belohnt wird. Erst einige Tage danach ist das Exequatur zu beantragen. Fünf Wochen später ist die Sache gelaufen und nach Ablauf weiterer zwei Monate kann das Auslieferungslager der Brotwerke seiner Bestimmung übergeben werden. Bei der Einweihung sind alle Geladenen vollständig erschienen – keiner sagte ab. Großfabrikant B. hat jetzt ein CC-Schild an seinem schwarzen Mercedes und die Leute haben großen Respekt vor ihm. Soweit der Bericht aus Weyers Buch.

Alles weitere hierzu lesen Sie am besten auf der Webseite des schönen Konsuls selbst: www.consulweyer.de

WAS SIND DIE ALTERNATIVEN WENN ICH DIE ANFORDERUNGEN NICHT ERFÜLLE

Hierzu sollte erst einmal angemerkt werden, dass es nur in Deutschland derartige hohe Ansprüche an einen Honorarkonsul gibt bevor das Exequatur überhaupt vergeben wird. Andere Staaten sehen das wesentlich einfacher und lockerer. Es bleibt daher Ihnen überlassen sich einfach in Deutschland abzumelden und in einen anderen Staat zu ziehen der kein Problem damit hat

Ihnen das Exequatur zu erteilen. Besonders einfach sind Staaten wie Spanien und Portugal wenn Sie Honorarkonsul eines Südamerikanischen Staates werden wollen oder auch einfach gestaltet sich die Sache in den ehemaligen Oststaaten wie z.B. Ungarn, Polen, Tschechei, Slowakei usw. und besonders dann wenn Sie Honorarkonsul eines anderen Oststaates werden wollen.

Alternativ dazu haben Sie dann nur noch die Möglichkeit anstatt Konsul zu werden sich ganz normal bei einer entsprechenden Botschaft als Diplomat bzw. Attachè oder als anderer Mitarbeiter der Botschaft eintragen zu lassen (lesen Sie auch hierzu unser Kapitel Diplomatenpass).

Diese Variante ist für Ihre Immunität die absolut bessere, jedoch wird es dadurch erschwert, dass Sie als Mitarbeiter der Botschaft unbedingt Staatsangehöriger des Entsendestaates sein sollten.

Dies würde bedeuten dass Sie bevor Sie den Schritt zum Diplomat machen können, zuerst einmal eine Zweitstaatsbürgerschaft beantragen müssen. Dies hat zur Folge, dass Sie in manchen Staaten wie Deutschland Ihre aktuelle Staatsbürgerschaft aufgeben müssten oder in der Hoffnung leben müssten, dass Ihnen niemand auf die Schliche kommt, dass Sie zwei Staatsbürgerschaften besitzen. Sollten sie Ihre aktuelle Staatsbürgerschaft nicht aufgeben wollen ist diese Variante nichts für Sie bzw. Sie sollten dann in einen Drittstaat Ihren Wohnsitz verlegen z.B. Spanien und dann dort mit Ihrer Zweitstaatsbürgerschaft die Mitarbeit in der Botschaft Ihres Entsendestaates beantragen. Aber auch dann ist die ganze Angelegenheit etwas wage. Sollten Sie sich für ein derartiges Vorgehen entscheiden ist es am besten Sie suchen sich ein geeignetes Land das Ihnen das Kompaktangebot komplett ermöglicht bzw. nehmen Sie sich Hilfe durch sogenannte Vermittler oder entsprechende Anwälte mit Regierungskontakten.

Sie sollten dann Ihrem Vermittler z.B. auf der Dominikanischen Republik oder in Paraguay am besten gleich vorab sagen was Sie vorhaben, so kann er Ihnen die Einbürgerung und die spätere Anstellung in einer geeigneten Botschaft gleichzeitig einfädeln. Allerdings dürfte die »Spende« hier für derartige Wünsche, je nach Entsendestaat, bei einem Minimum von 250.000-500.000 Euro liegen.

DIE REGIERUNGSKONTAKTE DES AUTORS

Bitte beachten Sie hierzu die Ausführungen unter dem Kapitel Zweit-Pass.

NACHWORT

Für Fragen und Anregungen zu diesem Werk steht Ihnen der Autor gerne per Mail zur Verfügung unter:

Dr.Goldmann@publicist.com

HAFTUNGSAUSSCHLUSS

Zeitfracht Medien GmbH
Ferdinand-Jühlke-Straße 7
99095 Erfurt, Deutschland
produktsicherheit@kolibri360.de